business | 企业管理

BALANCED

BCC

COMPENSATION CARD

平衡计酬卡

超越BSC的战略管理新工具

李宝元 著

中信出版集团 · CHINACITICPRESS · 北京

图书在版编目（CIP）数据

平衡计酬卡：超越BSC的战略管理新工具 / 李宝元著. -- 北京：中信出版社, 2015.12

ISBN 978-7-5086-5751-6

Ⅰ. ①平… Ⅱ. ①李… Ⅲ. ①企业绩效—企业管理 Ⅳ. ①F272.5

中国版本图书馆CIP数据核字(2015)第286207号

平衡计酬卡：超越BSC的战略管理新工具

著　　者：李宝元

策划推广：中信出版社（China CITIC Press）

出版发行：中信出版集团股份有限公司

（北京市朝阳区惠新东街甲4号富盛大厦2座　邮编　100029）

（CITIC Publishing Group）

承 印 者：中国电影出版社印刷厂

开　　本：787mm × 1092 mm　1/16　　印　　张：15.75　　字　　数：220千字

版　　次：2015年12月第1版　　印　　次：2015年12月第1次印刷

广告经营许可证：京朝工商广字第8087号

书　　号：ISBN 978-7-5086-5751-6/F · 3548

定　　价：45.00元

版权所有 · 侵权必究

凡购本社图书，如有缺页、倒页、脱页，由发行公司负责退换。

服务热线：010-84849555　　服务传真：010-84849000

投稿邮箱：author@citicpub.com

序

在数字化、全球化和绿色化发展的时代大背景下，从传统线性的、直接的和机械操作性质的组织运作架构逐渐转向非线性的、复杂的和生态有机式的战略演进框架，从传统“可计算”的工具理性驱动逐渐转向基于“共同愿景”的价值理性驱动，基于“以人为本，战略性激励”理念推行大刀阔斧的组织流程再造及结构变革，以更加人性化、强调内在价值驱动的绩效与薪酬管理策略积极激发员工进行学习与创新，成为世界各国企业人力资源战略管理发展的主轴线和大趋势。

五年前，基于人本发展与管理价值指向，同时紧接地气立足中国本土企业管理实践，借鉴绩效管理领域卡普兰和诺顿的“平衡计分卡”（Balanced Score Card，BSC）思想方法，我在薪酬管理层面相应地提出“平衡计酬卡”（Balanced Compensation Card，BCC）的四维薪酬战略整合管理框架，并结合青岛啤酒、IBM（国际商用机器公司）等中外著名公司绩效薪酬管理成功案例，于“战略性激励焦点”框架内在实操层面上进一步探索了BCC-BSC双卡对接整合设计思路、导入可行性及应用实施路径。

目前，如何基于“以人为本，战略性激励”的人本核心价值理念，充分汲取现代组织绩效与薪酬管理前沿理论和实战操作方法，立足中国转型期特殊国情和本土管理实践，沿着“绩效—薪酬挂钩联动架构，BSC–BCC 双卡对接导入，激励焦点模块对偶设计，战略激励水平整合提升”的核心理念思路及技术操作路线，进一步探索构建中国各类组织特别是工商企业组织人力资源战略规划与管理落地实施的新平台、新路径和新方法，已经成为中外人力资源管理学界广泛关注的重大理论与实践课题。

在这样的背景下，为了推广 BCC 理论和方法，北京师范大学人本发展与管理研究中心、北京师范大学经济与工商管理学院、中国人民大学公共管理学院、首都经贸大学劳动管理学院、中南财经政法大学人力资源培训中心与清华大学出版社及《中国人力资源开发》杂志社联合，于 2014 年 11 月 16 日在北京师范大学京师大厦 9406 会议室举办了“全国首届 BCC 暨绩薪整合管理研讨会”。

与此次活动相配合，为了照顾我国南方的区域性特殊需要，北京师范大学人本发展与管理研究中心与福州人力资源管理师协会、珠海湖南商会（湘籍企业家协会）等单位合作，分别于 2014 年 11 月 9 日（福州）和 12 日（珠海）同步举办分论坛或推介会，以让因路途不便而不能参加北京会议的同人，可以参加两个地区性会议。北京会议与会人员 100 人，福州会议与会人员 50 人，珠海会议与会人员 70 人，会议总人数 220 人，获得丰硕成果。诚挚感谢人力资源管理学界同人，特别是中国人民大学董克用教授、吴春波教授、刘昕教授、许光建教授、程延园教授，北京师范大学赖德胜教授、崔学刚教授，首都经贸大学杨河清教授、朱勇国教授，中南财经政法大学王长城教授、李波教授，福建林业大学李中斌教授，中国人事科学研究院何凤秋研究员，以及章哲先生、李新吾女士等对本研究团队的大力支持和帮助！

本书是在这样一系列学术研究和交流活动的基础上，萃取精华编辑而成的。在撰稿成书过程中，参与讨论的研发团队成员有李中斌、崔学刚、王文周、李海、李永瑞、李静、柯江林、于然、许志星、江燕、董青、张静、仇勇、白静、刘晓峰、肖杰、韩天慧、王永丽、施黎蒙、张丽峰、马路遥、兰京等，其中董青、江燕老师提供了部分初稿。本书初稿形成后，先后奉送全国著名人力资源管理学者及专家批阅评点，并得到王通讯先生、张一弛先生、姚先国先生、杨河清先生、时勘先生、吴春波先生、杨百寅先生、顾琴轩女士、杨宜勇先生、姜宏女士、杲占强先生、田效勋先生、李雪松先生等诸多业界名流的一致好评和大力推荐，在此特致谢忱！

在集思广益、博采众长的基础上，现以《平衡计酬卡：超越 BSC 的战略管理新工具》正式成书，向社会各界朋友隆重推出，希望BCC能够为中国工商企业、政府及非政府组织基于广义薪酬实施战略性激励、实现绩效薪酬整合管理并推动组织可持续发展提供思想动力。

2015 年 10 月 15 日于北京师范大学

人本发展与管理研究中心

目录

〔CONTENTS〕

BALANCED
BCC
COMPENSATION CARD

平衡计酬卡

超越 BSC 的战略管理新工具

第一章
什么是平衡计酬卡

基于广义薪酬概念、战略性激励理念和综合平衡思想，从内在薪酬、外在薪酬、直接薪酬和间接薪酬等四个基本维度分别将组织薪酬战略目标明晰化、具体化，从而构建一个赖以进行薪酬综合平衡设计的四维标度盘。

第一节　主旨心路：工作体验更重要，内外激励要平衡

在现代人力资源管理中，薪酬泛指社会从业者从所供职组织中获得的各种形式报酬或好处的总和，即凡是员工从组织得到的一切收益性要素，都属于“薪酬”范畴。按照广义薪酬概念，薪酬项目可以分为内在薪酬（intrinsic compensation）与外在薪酬（extrinsic compensation）两大类。前者是指员工直接从组织劳动或工作过程本身所获得的好处，后者是指员工从组织劳动或工作之外所间接获得的货币或物质性报酬。[①]内外在薪酬各自又可分为直接薪酬与间接薪酬（见图1–1）。

---

① 在有关教科书或文献中，也有以“隐性薪酬”和“显性薪酬”、“软薪酬”和“硬薪酬”以及“物质薪酬”和“精神薪酬”或“非物质薪酬”等术语，来称呼我们所说的内在薪酬和外在薪酬。不过，我们认为，以工作内外为标准来划分薪酬类型，相对来说更容易理解和把握一些，也更为准确贴切。

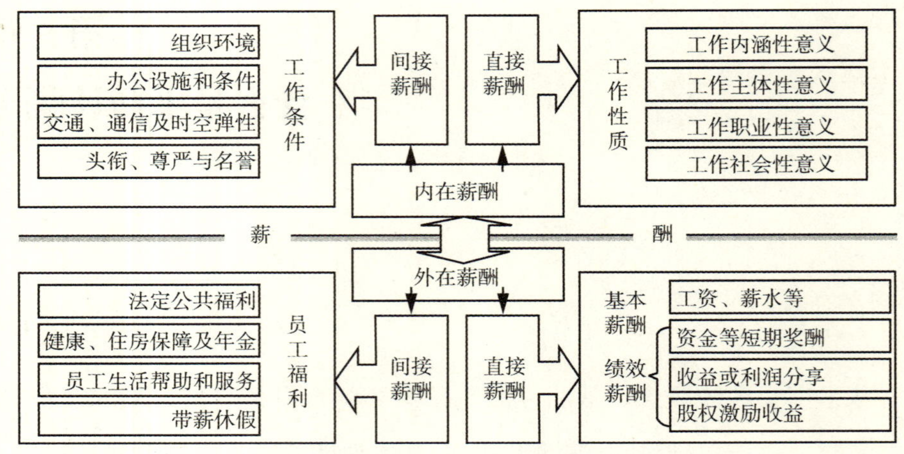

图 1–1　广义薪酬四维度项目分类

直接内在薪酬，是指富有意义的工作性质所带来的好处，诸如：工作富有挑战性、趣味性，工作为个人成长和发展所带来的机会，工作能够参与决策管理而让人有权威感、责任感和成就感，以及工作具有令人鼓舞的团队精神和氛围等。间接内在薪酬，主要是指优越便利的工作条件所带来的好处，诸如：宽松的工作环境，满意的办公设施和设备，弹性的工作时间，便利的交通和通信条件，体面的头衔，名誉较好，以及和谐的人际关系，等等。这类薪酬与工作绩效也具有同时共生性，对工作绩效具有直接激励作用。内在薪酬，特别是直接内在薪酬，在传统薪酬管理中，往往被排除在薪酬框架和项目体系之外；但从战略性激励角度来看，这类薪酬是更为直接而重要的薪酬变量和激励因子。

外在薪酬，是人们通常所关注的薪酬类型，其在激励管理中所具有的职能，就是计划经济时代常被批评的“物质刺激”。外在直接薪酬，包括基本薪酬、短期奖酬与股权收益三项基本内容，后两项的合称即所谓绩效薪酬。基本薪酬是组织对员工劳动或工作贡献的基础性回报，是按照时间和劳动定额支付的固定性劳动报酬。与固定性的基本薪酬相比，绩效薪酬即各类短期奖酬与股权激励收益，是一种带有不确定性的风险收入，它通过让员工参与剩余收益分配，根据工作努力程度或工作绩效不同而获得一定比例的剩余收益。外在间接薪酬，即通常所说的“福利”（benefits）。所谓“间接”，是指这种薪酬通常不直接支付给员工个人，对它的享用与员工个人的工作绩效不直接挂钩或根本无关；一般来说，员工是作为某种组织成员身份而间接享受有关福利待遇的。福利性薪酬的主要目标不是提高员工个人的工作绩效，而是希望以此吸引、保留和凝聚员工，从而提高组织整体和长期绩效水平。

基本薪酬，对从事体力性劳动的普通员工（俗称“蓝领员工”）来说，就是“工资”（wage）；对于专业技术人员和经营管理人员（即“白领员工”）而言，基本薪酬就是“薪水”（salary）。基本薪酬是关系员工切身利益、权重最大的绩效价值，因而对人力资源战略管理具有决定意义。短期奖酬，是通过奖金或其他利润分享的形式，基于过去一定时期员工的工作成绩或突出成就，而额外支付的奖励性报酬。这种奖酬是与过去特定时期的工作表现或绩效直接挂钩的，大多具有一次性、临时性的激励效应；也有企业将之放入基本工资项目以“成就工资”（merit pay）的形式给予永久性“追认”，但这仍然不具有“面向未来”的长期激励效应，所以都属于短期奖酬类型。至于股权收益，即让员工作为企业所有者长期分享的一种剩余收益，它将员工自身利益与企业长期经营绩效直接关联起来，具有长期激励效应。

员工福利类型，除法定社会保险福利外，大致可以分为基金补助型福利、生活服务型福利和带薪休假型福利三大类。基金补助型福利，是组织根据员工不同情况提供的有关福利基金项目，如退休金、互助储蓄基金、辞退金、住房津贴、交通补助费、免费工作午餐、海外津贴及人寿保险等。生活服务型福利，包括组织为方便员工生活而提供的各类服务项目，如法律顾问、心理咨询、贷款担保、托儿所、养老院、子女教育补助、内部优惠商品或服务等等。带薪休假型福利，即组织成员享有薪酬待遇的非工作或休闲时间，如带薪病事假、公休日、节日假、工间休息、带薪度假或旅游及脱产培训等。

基于“广义薪酬”概念、“战略性激励”理念和“综合平衡”战略思想，从内在薪酬、外在薪酬、直接薪酬和间接薪酬等四个基本维度，分别将组织薪酬战略目标明晰化、具体化、实操化，就是我们所说的“平衡计酬卡”（Balanced Compensation Card，BCC）四维标度盘（见图1–2）。这样，在实际操作中，薪酬管理工作者就可以平衡计酬卡的四维标度盘为基架，一一选择和设置相应的薪酬项目指标体系，在内在薪酬与外在薪酬、直接薪酬与间接薪酬项目综合平衡的基础上，对整个组织薪酬体系总体状态进行统筹规划、平衡设计和整合监控。

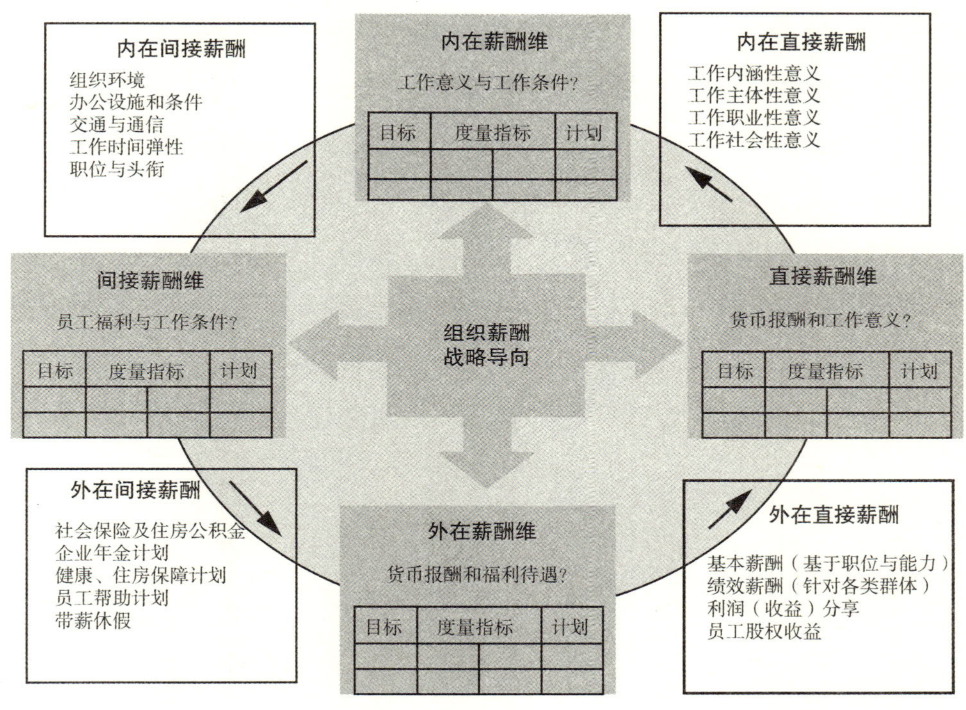

图 1-2 平衡计酬卡四维标度盘

第二节 总体思路：四维一体，综合平衡

BCC的管理目标功能定位，就是瞄准并解决组织战略落地执行过程中如何对员工进行战略性薪酬平衡激励的重大现实问题，为组织战略形成及落地实施提供一个与绩效驱动相匹配的综合平衡激励理念模型、操作平台或工具（见图1–3）。有了这个理念模型或操作工具，人们就可以更加通透地认识绩效与薪酬作为组织激励基本矛盾两个方面的内在逻辑关系及战略性焦点意义，在战略框架构建及实际运营操作上不仅可以实现薪酬管理的内外在综合

平衡，而且还能真正与战略描述、战略实施及战略反馈评价环节有效连接，实现与绩效目标驱动均衡匹配的人力资源战略性跨文化整合管理。

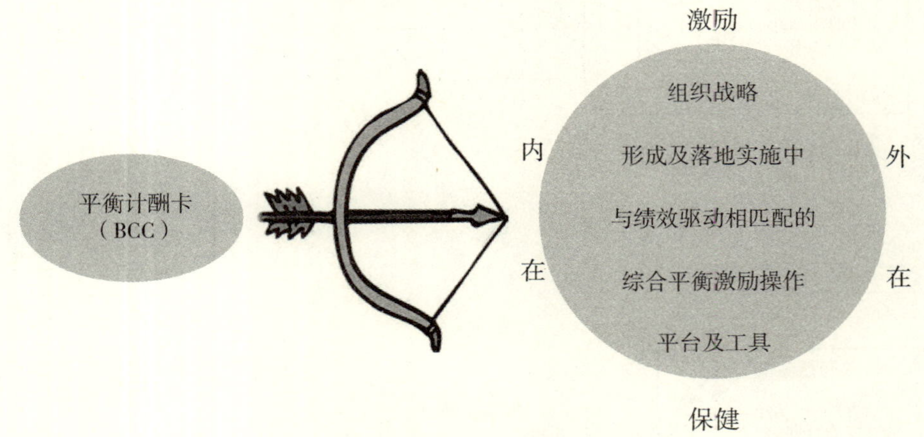

图 1–3　BCC 组织管理目标功能定位

在BCC四维框架体系中，关于内在薪酬与外在薪酬的平衡设计，可以说是最为关键的。同时，它也是技术上最难、最具挑战性的工作。因为，在特性上，一个是主观内隐性的、抽象的、难以用货币度量的，一个是客观外显性的、实实在在的、往往可用货币确切计量的，要将这样两个性质截然不同、彼此并无关联的东西硬“拉扯”在一起，用一个统一标尺衡量彼此，并给出一个“平衡”的方案，这无疑是件极为困难的事情。但是，在“广义薪酬”概念和“战略性激励”理念框架下，如果想进行薪酬整合规划与管理，这种虚实并重的平衡设计又是非常必要的。

首先，在薪酬战略目标设置上，要做到内在薪酬目标与外在薪酬目标相统一。内在薪酬目标设置要立足于“工作本位，价值激励”，外在薪酬目标设置则要立足于“市场基础，保健功能”，将二者整合起来说，薪酬战略目标设置的一般原则或基本方针，就应该是：“立足工作本位，注重价值激励；夯实竞争平台，强化保健功能。”在薪酬战略目标设置时，要高度重视外在薪酬的市场竞争基准意义，以及它所具有的“有向下刚性”的基础保健功能；同时，还要特别注意工作本身的内隐价值和外显条件，应明确这才是保证“战略性激励”目标顺利实现的关键所在。

其次，在薪酬项目量度方法上，要做到内在薪酬指标与外在薪酬指标相衔接。内在薪酬，特别是内在直接薪酬与外在薪酬不同，往往是一种“心理收入”或“主观价值收益”，即工作本身在性质上对员工的某种直接精神心理满足，很难用客观价值（货币）指标来衡量。但是，随着现代心理学、经济学和行为科学研究的深入发展，先进心理测量技术和方法的出现，关于工作主观内在价值的外化（货币化）度量并非完全不可能。工作的内在价值可以转化为客观描述性因素来进行度量，例如，工作内涵性意义可转化为内容丰富性、任务完整性和价值重要性等几个维度，工作主体性意义转化为决策自主性、过程挑战性和结果成就性等几个维度，工作职业性意义可以转化为成长空间、晋升机会和发展潜力等几个维度，然后在不同维度上设计不同的价值评价量表或主观调查问卷，来分别描述和分析员工对工作内在价值的主观感受，最后将之整合起来，甚至将之适当转化为货币价值，以与外在薪酬在量上进行比较。在进行薪酬项目度量时，可以在同样的“心理尺度”上通过将外在薪酬与内在薪酬“打通”来衡量把握，无论是外在薪酬还是内在薪酬，都应注意员工真实的精神情感状态及心理满足程度，并进一步探索设计出有可能综合度量内外在薪酬的统一尺度和方法。

最后，在薪酬体系计划安排上，要做到内在薪酬项目与外在薪酬项目相平衡。具体薪酬项目设计，要在长期短期、有形无形、物质精神、宏观微观、大小权重和货币非货币等各个维度上对内在薪酬项目与外在薪酬项目有一个分类清晰、明确对应的平衡设计。例如，在长期短期薪酬项目平衡设计中，一定要明确哪些外在薪酬项目和哪些内在薪酬项目属于短期，哪些外在薪酬项目和哪些内在薪酬项目属于长期，最好能够做到一一对应、明确细化。在大小权重方面，可以根据组织性质、价值导向、发展阶段和战略要求，明确设定各明细内在薪酬项目与外在薪酬项目在整个薪酬项目体系中各自所占权重比例究竟有多大，是以外在薪酬为主还是以内在薪酬为主，在外在薪酬和内在薪酬项目内部又以哪些项目为重哪些项目为轻，如此等等。总之，在整个薪酬计划安排上，内外在项目应平衡有序。

基于以上原则，关于薪酬体系“两面四维”的综合平衡，首先是直接薪酬项目与间接薪酬项目的平衡设计，直接薪酬项目是与员工人力资源特性或人力资本水平直接相关联的，而间接薪酬项目往往与员工人力资源特性或人力资本水平没有直接关联性，或关联性不显著，而主要是员工作为组织成员身份间接享有的待遇，就内外在薪酬两个方面来说，直接薪酬与间接薪酬的平衡设计两两组合有四种情况；此外，还有外在直接薪酬与内在直接薪酬、外在间接薪酬与内在间接薪酬的平衡设计两个要点，总共有六种组合情况。

1. 关于外在薪酬项目内部直接薪酬与间接薪酬的平衡设计

在这方面，传统薪酬设计大都关注到了，基本平衡原则是“直接薪酬促效益，间接薪酬确保障”。

2. 关于外在直接薪酬与内在间接薪酬的平衡设计

在外在直接薪酬设计中，无论是基本薪酬设计中的职位基准还是能力基准，抑或是绩效薪酬设计中的短期奖酬还是长期激励计划，都与工作条件方面的内在间接项目，诸如组织环境、办公设施和条件、交通与通信、工作时空弹性和职位职衔等，有着紧密的关联性。例如，基于工作职位和能力的基本薪酬设计，必须充分考虑组织的软环境和硬条件，以及工作弹性特点和职位职衔的具体情况及其对员工产生多大的内在激励性回报，二者之间的相互影响情况如何，彼此怎么搭配，等等。同样，由于工作条件对绩效状态的直接而重要的影响，在对外在的绩效薪酬进行设计时，更是需要充分考虑工作条件方面的匹配性和适应性，如果不能将工作条件对绩效水平的影响从实际绩效总体效应中剥离出来，就无法准确衡量员工个人或团队努力程度与工作绩效的关联性，也就无法科学设计相关绩效薪酬项目体系。因此，在薪酬体系整合设计中，外在直接薪酬项目与内在间接薪酬项目的平衡设计至关重要。

3. 关于外在间接薪酬与内在直接薪酬的平衡设计

外在间接薪酬即员工福利计划与内在直接薪酬即工作内在价值意义之间有什么关系？按照赫茨伯格的因素论，前者显然属于“保健因素”，而后者正是赫氏所说的“激励因素”。由于员工福利具有普适性保健功能及向下刚性的特点，外在间接薪酬计划安排一定要本着“适度从紧，周而不滥”的基本设计原则；同时，要将薪酬平衡的天平向工作本身的内在价值方面倾斜，按照“以人为本，快乐工作”这个基本准则，最大限度地从工作丰富化、团队化的角度进行激励性设计。

4. 关于内在薪酬内部直接薪酬与间接薪酬的平衡设计

在内在薪酬中，工作性质方面的直接薪酬与工作条件的间接薪酬，其划分有很大的人为成分，在实际当中往往是彼此难（不）分的，你中有我我中有你，当事者很少在理性上做“科学区分”。但在组织薪酬体系设计者的思想方法上，应该有“辩证统一”的综合把握和科学设计思路。总的原则应该是，以内在直接薪酬为本位或主导，以内在间接薪酬为保障或辅助，在长期战略上设置好内在直接薪酬项目，而在短期策略上随机应变安排好内在间接薪酬项目，从而使二者在动态上匹配起来。

5. 关于外在直接薪酬与内在直接薪酬的平衡设计

外在直接薪酬，包括基本薪酬、绩效薪酬，特别是长期激励机制设计，要充分考虑工作本身的内在激励意义，只有工作的内在价值得到了充分体现，外在薪酬设计才能获得最大限度的激励效果。另一方面，工作价值的内在激励意义，包括工作内涵性意义（内容丰富性、任务完整性和价值重要性）、工作主体性意义（决策自主性、过程挑战性和结果成就性）和工作职业性意义（成长空间、晋升机会和发展潜力）等，只有与外在直接薪酬设计的职位、能力和绩效基准挂起钩来，才有实实在在的依托基础，从而将直接激励作用发挥到极致。

6. 关于外在间接薪酬与内在间接薪酬的平衡设计

外在间接薪酬，即工作条件方面间接性报偿，与内在间接薪酬也就是员工福利计划安排，其中有一部分是重叠的。例如，办公设施和交通条件等方面的待遇，往往是许多组织员工福利计划的重要内容；而员工福利计划如带薪休假和员工帮助计划中的一些项目，也都有很强的内在间接薪酬性质。不过，总的说来，员工福利计划是外在于工作条件的，而内在间接薪酬虽然是工作条件方面的待遇，但毕竟是工作本身的内容。因此，在进行薪酬体系整合设计时，一定要在指导思想和策略上把握好二者的彼此通性、内外差异及大小轻重。

总之，关于薪酬体系“两面四维”的综合平衡，直接薪酬与间接薪酬的平衡设计是关键，要特别注意组织人力资源个性化差异与整体凝聚力之间的辩证统一关系，以及组织薪酬体系的直接激励功能与间接保障功能在整个人力资源战略性激励机制中的协力作用关系，其具体策略设计要根据实际的组织情形而变化。要特别强调的是，进行薪酬体系的综合平衡，设计者必须树立“全盘统筹”观念，注意从总体上、战略上以长远眼光进行全面安排，做到统筹兼顾，在计划上留有余地、在运行中有变通空间。此外，设计者还应注意摆脱自以为是的精英意识，坚持“群众观点”，鼓励各级管理者和员工积极参与，做到“从群众中来，到群众中去”，坚持群策群力，这样设计出的方案就容易被各方面普遍接受，实际执行起来也较为顺利，并能够获得满意效果。

第三节　操作套路：战略目标价值导向，因应情景上下贯通

BCC是一种基于组织战略价值导向，因应情景态势上下贯通实现组织薪酬战略管理的操作系统、平台和工具，其根本用意在于综合平衡组织成员的各种薪酬所得，有效整合激励全体员工协力实现组织既定战略导向下的绩效目标，其操作套路概括地讲就是五句话，即薪酬激励战略衔接，四维平衡关

键计酬，绩薪联动双轨同步，对比评估动态调整，综合平衡总体协同。

一、薪酬激励战略衔接

在实际中，薪酬设计往往与组织战略联系不起来，即使与绩效“挂钩”也往往只局限在外在狭义薪酬（工资福利待遇）层面，结果所谓挂钩其实是将员工导向“急功近利”“斤斤计较”的工具性算计，此种所谓“工效挂钩”的激励机制异化到最后就是“给钱干活，不给钱不干活，给多少钱干多少活”乃至“多给钱少干活”最好是“光给钱不干活”，不但与组织战略目标渐行渐远，而且长此以往，严重危及甚至彻底消解了组织可持续发展的动力基础。BCC作为一种战略性广义薪酬综合平衡激励理念模型及操作工具，主要回应并解决的关键问题是，组织战略制定与落地执行过程中如何凝聚员工并平衡员工内外在、长短期多元诉求，使他们聚焦组织绩效战略目标形成巨大合作动力及整合协力。借助此平台及工具，组织薪酬设计及管理就可以很方便地与组织战略绩效目标分解体系有机、紧密、动态地衔接起来，使薪酬设计的出发点和落脚点都集中组织战略目标导向及落地实施上，使组织管理者及全体员工对组织战略“看得清楚、干得到位”，而且在战略执行中能够做到“配合默契、执行给力”。

二、四维平衡关键计酬

目前绝大多数组织薪酬设计都局限在狭义薪酬层面，与工作设计在操作系统上分属于两个工作模块，这样就严重肢解乃至消解了作为组织个人目标诉求的薪酬之战略性整合激励功能。BCC基于组织战略性激励功能的逻辑标准及效应划分而设计了四维标度盘维度（内在直接薪酬、内在间接薪酬、外在直接薪酬、外在间接薪酬）。四个薪酬维度的激励目标及功能定位各有侧重，从内在到外在、从直接到间接，因应情势通过综合平衡产生整合激励效应。通过工作内涵性、主体性、职业性和社会性意义本身驱动的内在直接激励，延伸到与工作能力、工作绩效有直接关联性的外在性货币薪酬驱动，进而扩展到工作条件本身内在间接驱动及各项物质福利保健性功能，由此循着激励动力机制的逻辑层次把握不同薪酬模块的激励方式、时机及力度，就可以很方便地找出驱动组织战略绩效目标实现的关键成功要素背后的“关键薪酬指标”（Key Compensation Index，KCI）体系及其目标衡量标准。

三、绩薪联动双轨同步

在实际人力资源管理工作中，相对来说，由于受组织管理者的视角局限，只有绩效管理能够较直观、直接地与组织战略相挂钩，而薪酬管理往往从设计层面就与组织战略失去平衡对接性联系，仅局限在外在的、货币的、看得见摸得着的薪酬项目上，这就使组织战略目标的落地实施及绩效管理陷于功利性引诱、短期性循环和功能性错乱。基于BCC，组织各级管理者可以清晰描述、分析、度量、评估、调整和平衡设计全体员工的各项薪酬项目，并将之与组织绩效战略目标层层对应分解、自洽对接、挂钩落实；员工也可以清晰理解组织战略目标，在实操层面明确个人工作绩效与组织战略目标、自我内外在薪酬激励因子之间的实际关联性。这样，在目标管理特别是导入BSC基础上，就可以沿着绩效和薪酬两条线路在动态管理上实现“战略同步、双向对接、双轨联动”的理想运作状态。

四、对比评估动态调整

BCC所设置的四维KCI指标体系及各维指标的预设标准，在战略执行过程中需要阶段性地进行度量和评估（借助专业量表或调查问卷）。这种度量与评估，不仅要看员工个人、团队及组织所有成员基于特定的薪酬偏好、层次及诉求对薪酬体系设计的特殊满意度目标或激励性要求，而且要对照相应的关键绩效指标（KPI）实际完成情况及度量评估结果。换言之，对员工个人、团队及组织四维薪酬项目及KCI指标体系进行综合度量评估有两个标准：一是相对于组织绩效目标驱动功能，其目标、指标及标准设置是否合理、是否匹配；二是相对于组织员工特定薪酬偏好及诉求，其目标、指标及标准设置是否具有合理性、匹配性和激励性。根据综合评估的结果，管理者需要对员工下一周期的四维薪酬指标构成及标准进行动态调整，以保持或改进薪酬激励目标要求及实际效果。

五、综合平衡总体协同

BCC要实现的“综合平衡”，并非要求必须面面俱到，也不是要求组织所有成员薪酬结构趋同、水平划一和项目组合类同，而是在“凝聚精神动力、调动各方力量、协同全员步调”的意义上，通过清晰描述、合理解释、综合平衡和聚焦提升组织不同群体员工薪酬维度构成水平及其整合激励效应，有效促进工作绩效目标完成、组织战略实现和初期可持续发展。

总之，借助BCC这样一种战略性薪酬整合激励理念模型、系统化操作平台和工具，薪酬战略管理工作就可以很方便地沿着“薪酬激励战略衔接—四维平衡关键计酬—绩薪联动双轨同步—对比评估动态调整—综合平衡总体协同”的实操系统进行程序化操作，不仅可以清晰描述、沟通、度量、评估与平衡员工内外在薪酬项目，而且使管理者和员工都能理解、认可、接受并协力配合组织战略落地实施，从而为组织战略落地实施和长期可持续发展提供可靠的激励基础和保障。

第四节 实施线路：高瞻战略图，关注KCI，目标细分解

概括地说，组织导入并实施BCC的目标任务及总体思路是：高瞻远瞩组织战略地图，聚焦关注关键薪酬指标（KCI），沿着“绩效—薪酬挂钩联动架构，BSC-BCC双卡对接导入，激励焦点模块对偶设计，战略激励水平整合提升”技术操作路线，将组织绩效—薪酬战略目标层层分解落地，循序渐进推动组织人力资源战略性激励整合管理及长期可持续发展。

一、在宏观层面高瞻远瞩绘制组织战略地图

基于BCC绘制战略地图，就如同飞机驾驶舱中的标度盘，可以让各级管理者迅速清楚组织战略目标，并有效操控保障战略安全着陆。具体地说，该模板在聚焦战略执行方面发挥着如下重要功能：（1）为组织战略规划提供一种逻辑清晰、简单明了的思维模型；（2）为组织普通员工理解高层战略意图，在组织成员间实现愿景相互沟通，提供一种必要而重要的基础操作平台；（3）为统筹配置组织资源、协同相关部门步调提供一种战略目标导向；（4）为全程监控组织运作状况和绩效状态提供一种罗盘标度性质的评价测量基准；（5）为组织长期健康可持续发展提供一种“战略性激励”机制。通过绘制战略地图，将内在直接、内在间接、外在间接与外在直接四维薪酬之

间的内在逻辑关系，包括各种前置薪酬驱动因素与后续业绩成果之间的战略关联性，以一种“行军路线图”的形式全面完整系统地呈现出来，使战略愿景变得清晰可视、形象生动。借助这样一种战略模板，人们在认识、理解、讨论、研究和执行组织战略时就有了一种得力、实用的操作工具或技术手段。具体绘制，要从战略目标开始，首先从组织使命出发确定战略愿景，将战略分解为若干战略主题，以由上而下的方式进行。根据我们给定的基础模板，实际工作者可以根据工商企业、非营利组织和政府公共组织等不同组织的具体情形，以及特殊研究目标和要求，绘制出形式多种多样、内容丰富多彩的BSC–BCC战略路线图。

二、聚焦关注KCI

基于BCC，可以对广义薪酬体系中四维度薪酬项目坐标功能进行定位及KCI体系设置（如图1–4所示）。结合组织所处的行业、生命周期、环境因素、结构模式、规模大小及具体战略目标要求，确定和调整各维度目标及KCI设置组织目标值（综合影响因子）、部门目标值（影响调整因子）、团队目标值（影响调整因子）及个人目标值和指标权重及维度权重，构建层次清晰、切合实际且富有特色的KCI目标管理体系，并综合运用工作分析、德尔菲法、问卷调查法、测量计算法等多种方法定期测定计算KCI，动态跟踪检核并及时调整组织薪酬体系存在的偏差、倒错、矛盾和问题。组织管理层可运用BSC及战略地图在组织内部对战略进行全面、系统、清晰、具体的描述，明确组织总体战略目标在四个绩效维度之间的因果关系，并对各维度具体目标进行平衡与协调，设置具有内在因果关系的KPI体系；与此同时，在组织内清晰描述四维薪酬平衡激励框架，让员工清楚自己的薪酬回报总体框架，并根据KPI体系设置情况，对四个维度的具体薪酬项目加以界定，并设置相应的KCI体系。

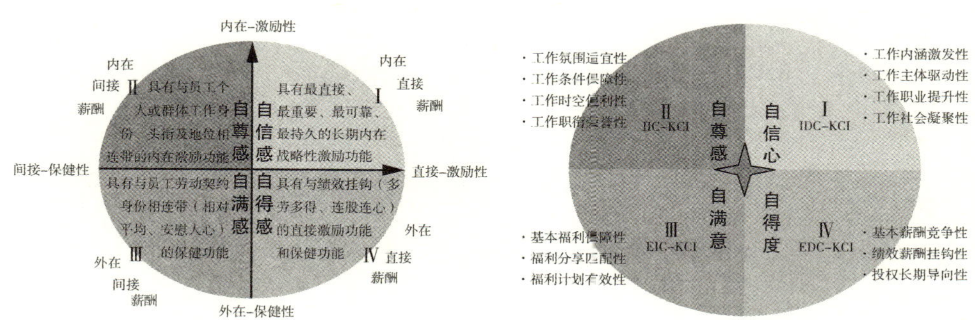

图 1–4　BCC 四维度薪酬项目坐标功能定位及 KCI 设置

三、将战略目标层层分解并落地实施

通过自上而下与自下而上的双向沟通方式，将战略目标进行逐层分解落地，并设定各级各类岗位KPI应达到的目标值，形成三层四维关键绩效目标体系；与此同时，根据关键绩效目标体系的设定情况，对各级各类岗位的KCI设定合理的具有激励性的预期目标值，形成三层四维关键薪酬目标体系。由此实现KPI目标体系与KCI目标体系的合理衔接。进而，以绩效目标阶段性检核结果为参照，同步度量薪酬四个维度的KCI，评价KCI目标值的实际达成情况，以此来对四维薪酬平衡激励效应，包括实际绩效目标及任务的完成情况、四维薪酬激励目标实际达成及其对绩效实际完成情况的贡献程度等进行综合对比评估。对整个战略周期内的关键薪酬目标进行度量，综合评估四维薪酬平衡激励的总体效果，并根据战略及关键绩效目标体系的动态调整情况，平衡调整下一周期的关键薪酬目标体系，动态调整广义薪酬战略。随着对绩薪目标达成结果的评估、平衡及动态调整，绩薪整合管理也随之进入新的战略实施周期，如此周而复始，循序渐进、整合提升。

总之，借助BCC绘制战略地图，聚焦关注KCI，可以在操作层面将战略目标及其激励动力层层分解落实，打通组织层级间多元沟通渠道，推动学习型、创新型组织的建设，因应情势不断动态优化调整组织战略，以绩薪整合管理为焦点激活组织整个人力资源战略管理系统功能及动力机制。

第二章 平衡计酬卡是怎么提出来的

从理论渊源及历史逻辑来看，BCC没什么“了不起”，它是沿着BSC逻辑思路及实践脉络直接延伸出来的一种战略管理操作平台及杠杆工具；但从概念革命、理念创新及实践前瞻性指引意义来看，BCC也很“了不起”，它是超越BSC组织管理者偏态视角，直面现实特别是中国本土实践而提出来的一个“革命性”理念工具。

第一节 捅破窗纸：基于组织管理基本矛盾厘清薪酬与绩效的关系

很多高深的管理学理论所蕴藏的道理往往属于“常识”，回归并抓住常识就可以将复杂问题简单化。很多看似复杂的管理问题就如同“窗户纸”一样一捅就破，有高度、有眼界的学者，其所做的工作实际上就是“捅窗户纸”，即基于逻辑思考抓住基本矛盾纲举目张解析问题。

从组织管理角度来看，所谓“激励”意味着一个简单而复杂的问题，那就是如何最大限度地开发、调动、鼓励或强化与组织目标相契合的个人行为，换句话说，就是怎样引导个人行为最大限度地开发和运用其人力资源去实现组织目标。基于此，现代组织人力资源管理的基本任务就是：激励员工积累和最大限度地利用其潜在的人力资源，以帮助组织获取生存竞争和持续发展的战略优势。

任何组织都是由人组成的。各有目标和行为动机的个人，虽然可能“来自五湖四海”，但是“为了一个共同目标走到一起来了”。他们之所以要加入组织，并作为组织的一员去做事，就是因为想做那些他们自己单个人做不了的事情，这种事情就构成了他们的“共同目标”，这也从根本上决定了一个组织存在并进一步发展下去的战略目标。

但是，加入组织的个人其最初动机和最终目标，可能并非为了达成“组织目标”，他们可能各有各的“打算”，各有各的特殊利益和目的，因而在实际工作中可能有种种行为表现。这些行为有些与组织目标相一致、相融合，有些可能与组织目标不一致、不协调，有的甚至相矛盾、相对立。

针对组织目标与个人行为这种错综复杂的关系，激励的核心意义和基本任务就是，强化、鼓励、奖励那些与组织目标相契合的行为，弱化、调和、协同那些与组织目标不一致的行为，矫正、规制、惩戒那些与组织目标相矛盾、相对立的行为，使每个组织成员的个人行为与组织目标契合在一起。这就是组织激励面临的基本问题，并由此构成人力资源激励管理工作的核心内容。

为了更直观地解析组织激励的实质意义、基本矛盾和主要工作内容，我们可以借助日本学者中松义郎的“人际关系方程式”来描述（见图2–1）。[①]

为此，我们需要进行两个基本假设。

---

① 转引自：张德．人力资源开发与管理．北京：清华大学出版社，1996：171.

假设1：一个人的能力是既定的。也就是说，组织成员个人的人力资源存量或人力资本水平有大有小，对于我们要讨论的问题来说是一个给定的量，这里可以用一个圆的半径来表示；如果其能力强即人力资源存量大或人力资本水平高，就将圆圈画大些，否则就画小些，总之是一个给定的变量。

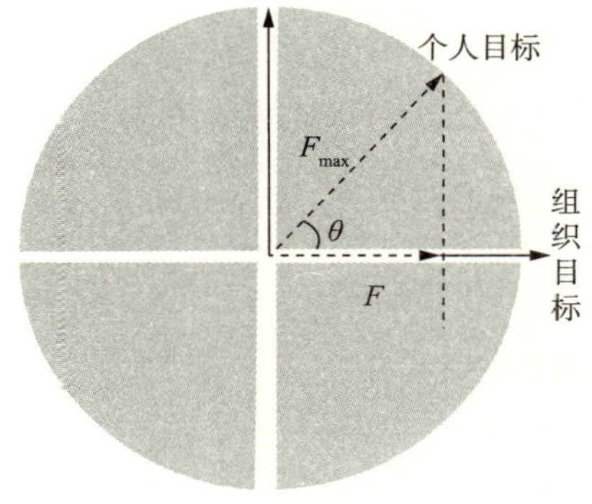

图 2-1　组织激励基本矛盾图解

假设2：一个人如果自己给自己工作，就不存在“激励”问题。也就是说，假定一个人为自己做事情会“不遗余力”，有多大能力使出多大能力；当然，在实际中，一些人即使给自己工作，也可能是“吊儿郎当”的，这不在我们讨论的范围内。

那么，在这两个假设下，我们就可以用一个如图2-1中所示的三角集合图形来描述我们的组织激励问题了。图中，F_{max}表示一个人潜在的最大能力；F表示一个人实际发挥的能力，也就是激励效应；θ（夹角）表示个人目标与组织目标的一致性或差异性。三者之间的关系可表达为：

$$F = F_{max} \cdot \cos\theta \ (0° < \theta < 90°)$$

显而易见，当个人努力方向与组织目标完全一致时，即当$\theta = 0$，$\cos\theta = 1$时，$F = F_{max}$，就是说，个人的潜在能力得到最大限度的运用，激励效应达到最大；如果个人行为方向与组织目标成直角，即$\theta = 90°$，$\cos\theta = 0$时，

$F = 0$，说明没有激励效应。这样的直观解说，适用于$0° < \theta < 90°$的情况，如果$\theta > 90°$ ，就不好直观说明了。但是如果忽略“精确性”，也可以在一定程度上说明问题。一个极端的情况可能是，个人行为方向与组织目标正好形成反方向，即θ=180°，cosθ=−1时，这种情况下，这个人可能也会有多大能力使出多大能力，但是他在“拉倒车”，组织获得的是最大“负激励”效应。

在实际人力资源管理中，组织激励的基本矛盾具体体现为“绩效”与“薪酬”两个焦点职能之间的关系。绩效体现的是组织目标，薪酬体现的是组织成员的个人目标，组织目标与个人行为的一致协同要求，就表现为绩效与薪酬在制度设计理念和具体制度安排上的相容性，以及二者在运作管理机制层面的契合性。因此，人力资源管理的基本任务，就是通过设计恰当的薪酬–绩效制度框架及激励机制，使个人与组织目标最大限度地一致起来，有能动性、积极性和创造性开发利用其人力资源去实现组织目标。

第二节　看破趋势：从现代化背景认知薪酬概念的泛化演变

在英语中，词语“compensation”含有“平衡”“报偿”“弥补”的意思，此外还有如“报酬”（rewards）、“挣得”（earnings）等，其基本含义大都是指某种“劳动所得”，即因提供劳动服务而得到的各种报偿。在汉语中，与“薪酬”意思相近的词语，传统上有“薪俸”“俸禄”“俸饷”“工钱”等，其意思基本上是指官吏、士兵或雇工以金钱或实物形式获得的劳役报酬，这当然与获得者日常“柴、薪、浆、醋”等基本生活所需密切有关。在日文中，与“薪酬”相对应的词语是“kyuyo”，其前缀是一个称呼地位较高的施舍者的敬词，意思是指地位较高者给予下属的施舍，以及保障其家庭生活所必需的“给料”。现在，日语中习惯用新合成词“hou-syu”来替代“kyuyo”。可见，“薪酬”的词源意义大致相近，无外乎指人们为基本生活得到保障而获取的劳动报偿。

实际上，“薪酬”概念也是一个历史范畴，在不同的时代背景和地域环境下，其内涵、外延是不断变化的。随着工业化起步、大发展，到后工业化社会的来临，薪酬含义由狭义到广义，从货币到非货币，从直接到间接，从物质、经济层面到精神、非经济层面，从外在到内在，逐渐扩展开来。工业化初期，从事体力劳动的雇佣工人从工厂获得的“工资”（wage），就是他们维持“柴薪浆醋”之基本生活条件的“薪酬”。而在工业化社会，“薪酬”概念扩展到整个社会的所有劳动者群体，对于白领雇员或政府雇员来说，一个普遍的称呼就是“薪水”（salary）。随着后工业化社会的来临，人们工作不仅仅是为了物质层面的“谋生”，而在越来越大的程度上开始追求精神层面的“价值”，更加注重从工作本身获得主体意义上的内在精神满足。这时候，“薪酬”概念被赋予更丰富的含义，相应地，其外延也更加广泛。具体而言，可以从其与货币、物质福利及工作本身的关系三个层面来阐述其含义的历史演化。

一、薪酬与货币有关，又与货币无关

现代意义上的“薪酬”概念，其形成显然与工业化、市场经济时代大背景有关。只有在工业化大生产、社会化大交换的市场经济条件下，劳动力市场才成为整个社会产品及要素市场网络体系中一个必不可少且举足轻重的组成部分，以货币支付为基本媒介、手段和形式的雇佣劳动关系成为人们日常生活中最普遍的社会交往关系。这时，与现代组织管理直接相关、以货币工资为基本形式的“薪酬”概念才开始形成，并逐渐成为相关理论研究及管理实践中的专门词汇乃至关键术语。

在市场经济中，挣钱多少是一个人贡献大小的综合衡量指标。薪酬，无论是最初针对蓝领阶层（从事体力劳动的工人）来说的“工资”（wage），还是后来针对白领阶层（办公室工作人员，乃至现代各行业的普通职员）来说的“薪水”（salary），都与“钱”有关，或主要是以“货币”形式支付的。基于此，有学者甚至将薪酬定义为“雇员由于就业所得到的各种货币与实物报酬的总和”，或“与就业有关的、以货币形式直接支付或间接衡量的劳动报酬”。他们认为：薪酬仅是与雇员就业（受雇用）相联系的“报酬”（rewards），但并非所有与就业相关的报酬都是薪酬，薪酬不包括职务晋升、职业发展机会、精神鼓励等非货币形式的报酬，而只是能够以货币形式直接或间接衡量的部分。①

显然，这种解释与人们长期形成的经验相吻合。但应该明白，薪酬概念的货币关联度或权重大小，有一个历史演化过程，而且可以作为量度一个国家或地区经济社会“现代化”程度的标尺。从工业化初期的“钱就是一切”，薪酬就是“钱酬”；到高度工业化社会时期，薪酬形式逐渐走向虚拟化、多

① Mjlkovich & Newman. *Compensation*. Irwin McGram-Hill，1996；米尔科维奇，纽曼 . 薪酬管理 . 北京：中国人民大学出版社，2002：5~6；董克用 . 中国转轨时期薪酬问题研究 . 北京：中国劳动社会保障出版社，2003：1~2.

样化，人们也开始明白“钱不是一切”；乃至今天一些进入“后工业化”时代的西方国家或发达地区，人们越来越意识到“钱远不是一切”，非货币表现的组织报偿具有更为重要的意义。其间，显然不只是一个简单的概念界定问题，而是一个基于艰辛曲折历史的“概念革命”或“思想飞跃”过程。事实上，现代组织人力资源管理中普遍认同的薪酬概念，确实在逐渐超越“金钱”或“货币”的局限，扩展为一种涵盖所有与组织成员个人职业工作相关报酬活动的新理念、新境界。

应该承认，货币作为一般等价物，无论什么时候都是衡量个人财富和价值的最重要尺度。但是，在现代后工业化的市场经济社会中，虽然“没钱万不能”，但“钱远非万能”，“金钱”在价值论层面具有非常丰富的意义（见专栏2-1）。因此，在界定现代组织人力资源管理意义上的“薪酬”概念时，如何提醒人们在“理直气壮拿钱”的同时，不忘记金钱之外难以用货币衡量的内在价值和人生目标，确实是一个攸关薪酬管理成败的“理念革命”。

专栏2-1 相关链接

金钱价值论

金钱作为一般等价物，其价值具有象征意义。金钱，其具体实物形式在历史上五花八门，从石头、食物、烟草到兽皮、贝壳和人的头盖骨，什么都有，但其与生俱来所代表的都是人类某种社会交往关系。金钱必须首先在我们心中具有力量，才能在现实世界中具有力量。从最广泛的意义上说，金钱是一种关系的载体，它使我们能与别人合作，告诉我们应该怎样配置自己的能量。

在现实中，金钱往往被人顶礼膜拜。从本源上来看，是因为它与生俱来带有某种“神圣性”。《圣经》警告“爱金恋钱是万恶之源”。但要知道，这里所说的万恶之源是对金钱的“爱恋”而不是金钱本身。从某种意义上讲，金钱在实际生活中确实是一种“考验”，它让我们明了什么才是真正值得我们热爱的东西。美元纸币上赫然印着“以上帝的名义，让我们相互信任”，也是金钱神圣性渊源的有力明证。但是，对金钱的崇拜乃至顶礼膜拜可能带来灾难性后果，不过，恰如驾驭魔鬼让它做天使的事情一样，如果将这种爱财求富、追钱逐利的潜在能量进行恰当引导和利用，也会给人类社会的发展带来巨大的好处。

说到金钱问题，总让我们感到性命攸关。钱可以使我们得到物质满足，获得权力地位，从许多生存压力和外在束缚中脱身，但同时也使我们感到迷茫，觉得悬在空中总也抓不到，即使抓到之后，也容易稍纵即逝，结果，飘来荡去无所依托。金钱象征着活力和丰足，如果拥有金钱却不拥有金钱象征的活力和丰足，只能使金钱变成危险的幻觉。我们应该消除对于金钱的虚无缥缈的幻想，应该超越金钱而看到我们生命中更美好、更深层的真义。

金钱要为真善美服务，而不应该成为假恶丑的仆役。金钱代表了外在的丰富，而灵魂则要求内在的丰富，二者的关系经常令我们迷惑。如果我们把挣钱本身看作生活的目标，那我们就很可能被金钱所束缚、所困扰，使金钱变成我们快乐幸福的障碍和负担。耶稣说：“让富人进入天国比让骆驼穿过针眼还难。”金钱崇拜会使人们失去精神家园，失去人生的真正目标和意义。

金钱的确与人类社会经济可持续发展有关。“继承遗产是获得欢乐的一大障碍，遗产对于理想丧失所起的作用，正如可卡因对道德沦丧一样。”其实，我们真正能从父母处继承的，只有爱、勇气、关照和激励。在我们寻找外在的富有和内在的丰富时，诚实守信始终是最重要的东西。简单重复父辈的生活方式是一种生命力的无能和丧失，这是因为，当一种事物变得只能延续过去时，必然是衰败的开始。

金钱折射人际关系、人生百态。“借债还钱”，是人与人之间的一种动态支付关系，说得更宽泛些，它反映的是大自然中所有生灵在天堂与地狱之间的轮回关系。我们因为得到生命而欠下了对大自然的债务，如果能偿还的话，那只能是死亡。当我们向人借债时，实际上是在告诉别人并让其相信，自己将来会成为什么样的人，在社会上取得什么样的地位，能够获得什么样的回报。有些人自视很高，有些人自甘平庸，也有些人自暴自弃，通过金钱连为债务链，也由此形成错综复杂的人际关系。

我们今天的货币信用虽然不再根植于对金银的信任，但始终依托的是人与人之间的信任，直接根源于对社会、对政府、对每个劳动者的信任。正是每个劳动者年复一年地劳作，生产出源源不断的商品和服务，才赋予本无价值的信用卡以充实的财富内容。金融市场将人类能量导向最具生产力的社会机制，其熊牛变幻实际上象征着人类生命的循环变化。

资料来源：泰德·克罗福德.金钱传.珠海:珠海出版社，1997.内容经过笔者改动、修饰和整理。

二、薪酬不仅仅是一种“物质报偿”或“经济报酬”

在人们传统观念中，薪酬应该是一种“实实在在”的劳动报酬。确实，在工业化初期，在经济发展和收入水平较低的历史阶段中，以及当今一些处于“发展中”的国家或地区，包括一些“发达”社会的贫民、普通劳工或底层群体，人们大都觉得“薪酬”就是与“吃饭”、“养家糊口”、“生存”和“民生”等有关的事情，甚至直接等同于“物质报偿”或“经济报酬”。

但是，随着社会经济发展水平的不断提高，薪酬概念所蕴含的意义也在发生变化。人们在说到薪酬概念时，对于其“物质”或“经济”（财务）层面的考量已大大淡化，而对于“精神性”或“非经济（财务）性”方面的权衡则逐渐加重。事实上，现代人力资源管理中的“薪酬”概念，不仅限于传统物质或经济性报偿，而且广泛涵盖了各种非物质或非经济性报偿。对此，人力资源管理领域的很多专家已经达成共识。

例如，1996年，美国的蒙迪（R.W.Mondy）教授和诺埃（R.M.Noe）教授在其撰写的《人力资源管理》教科书中，曾将薪酬界定为“作为个人劳动回报而得到的各种类型酬劳”，并将整体薪酬项目分为“直接经济报偿”（direct financial compensation）、“间接经济报偿”（indirect financial compensation）和“非经济报偿”（nonfinancial compensation）三大类。[①]这种界定和分类具有广泛代表性。

三、薪酬与“劳动观点”或“工作态度”直接相关

“社会”是由“人”有机地“组织”在一起的，而组织就是由一群人凑在一起做事而形成的。薪酬就与在特定组织中“做事情”的人们有关，他们为组织“劳动”或“工作”所获得的报偿，就是所谓“薪酬”。“劳动”是针对前工业社会或工业化初期体力性工作方式的惯用语，而在工业化时代，特别是走向后工业化的当今社会，人们一般惯称“工作”。如上文所述，对于组织劳动者或工作者主体及其价值意义来说，其所得“薪酬”的内涵和外延，也同样有一个从“外在”到“内在”的历史逻辑演化维度。由此看来，在学理意义上关于薪酬概念的界定，与如何看待劳动或工作的“观点”有关。

传统经济学，特别是劳动经济学的一个想当然的假定是：劳动对人来说意味着一种“外在的苦难”。在那里，劳动被假定为一种给人带来“负效用”的东西，是人们一种“谋生的手段”，劳动者都是为了“挣钱”“吃饭”而不得不为之。在这种情景下，人们认为从组织中获得的薪酬，主要是一种“外在”于劳动或工作主体的、仅具有“手段”意义的物质或经济性报偿。但是，如果历史地、动态地、深层次地看问题，就可以发现：人相当大程度上

① 蒙迪，诺埃 . 人力资源管理 . 葛新权，郑兆红，王斌，译 . 北京：经济科学出版社，1998：328~329.

是由“工作”来定义的。从人类学及社会心理学意义上来看，劳动是人区别于其他低等动物的根本标志，工作是人类实现自我潜能和价值的基本途径；劳动创造了人本身，工作本身界定了人性价值和人生意义。也就是说，人需要通过劳动成为真正意义上的人，只有通过工作才能体现“人之所以为人”的生命意义。对于“真正意义上的人”来说，劳动不仅是“谋生的手段”，其本身就是人生存和发展的具体生命形式，具有内在的人生价值和意义。确实，在人类历史上，原始社会中人的劳动还处于“蒙昧初开”的低下状态，往往与生物界捕食性活动“自然一体化”在一起，难分彼此；后来经历的奴隶制、封建制和资本雇佣制，都在一定程度上带有“轻视人，使人不成其为人”的专制性、奴役性乃至邪恶性，也往往使一大部分人（如奴隶、农奴或雇佣工人）的劳动或工作“非人化”，异化为一种外在的、被迫的、不自由和不人道的甚至是苦难深重的“非人性”活动。但是，对于“人”来说，这是一种“劳动异化”或“工作变态”，它毕竟不属于人类社会的“本质”，不符合人类社会进步的“正义”指向。正如马克思所说，历史应该是超脱于自然的“真正人的社会史”，我们不能对这种非本质、非人性、非正义、非正常的假象“信以为真”，去误解“人”、误导人本体存在的“劳动价值”或“工作意义”。

随着社会进步、经济发展和文明提升，人们在社会组织中的工作越来越具有内在价值和直接主体意义。尤其是在当代社会，一个人没有工作机会，不能从组织中获得相应的薪酬，已经不只是“没饭吃”那样简单的谋生问题，而且是更为根本的“人权”问题，因为劳动（工作）权是一个公民天然的、绝对的、在任何情况下都不可被剥夺的关于“人之所以为人”的基本权利。正因如此，当今世界各国，无论大小穷富，都将“充分就业”作为政府首要宏观政策目标和施政任务来抓，历届政府首脑都不敢稍有懈怠。总之，人是被工作定义的，工作本身蕴含着最直接、最重要的主体价值意义。

综上所述，在现代社会组织中，“薪酬”概念寓意十分丰富。简单地说，薪酬是现代社会从业者从所供职组织中获得的各种形式报偿或好处之总称。对于一个人来说，薪酬不仅是其收入的主要组成部分，是决定其生活质量和水平的重要因素，更重要的，是其（人力资本）价值和社会性存在意义的具体体现。对于作为组织成员的个人来说，“薪酬”不仅是组织对其劳动成果和工作贡献的认可（一般称作“劳动报酬”），是组织对其个人价值或人力资本要素贡献的报偿，更重要的是，反映了组织对其的“态度”（即通常人们所说的“待遇”）。对于组织经营或管理者来说，“薪酬”不仅是一种外在的“保健因素”，而且是决定其成员工作态度、工作方式和工作绩效的内在“激励因素”。对于作为组织财务风险承担者、物质资本所有者的出资人或股东来说，“薪酬”不仅是决定“人工成本”高低的要素价格，即作为人力资源要素价值市场表现形式的“人力资源价格”，也不仅是劳资集体谈判中讨价还价的一种“报价”或“筹码”，更是一个关系到组织可持续发展的重要制度动因。

第三节　坐破板凳：厚积薄发创造性转述经典激励理论

俗话说，“板凳要坐十年冷”，所有大学问家都是直面现实经年累月打坐修行，才最终厚积薄发有所发现的。BCC是笔者近十余年来，直面中国转型期企事业单位管理现实情境，认真检核审视现代管理学中关于组织激励的相关经典理论，在长期学术研究积累的基础上进行创造性转述而形成的。

专栏2-2　学术档案

经典激励理论家小传

马斯洛，人本主义心理学代表人物。1908年4月生于纽约一俄裔犹太移民家庭，从小与父母关系冷淡，并终生仇恨母亲。1928年与表妹结婚，并在之前考入威斯康星大学，1934年获博士学位并留校任教，1935~1951年先后在哥伦比亚大学和布鲁克林学院从事性行为等相关研究。1951年开始，任布兰迪斯大学心理学系主任，1961年创办《人本主义心理学杂志》，1962年建立美国人本主义心理学会。1968年接受一管理公司研究员职位，如愿自由思考和写作，直到1970年6月突发心脏病去世，享年62岁。

麦克利兰，1917年出生于美国纽约州弗农山庄，1938年获卫斯理大学心理学学士，1939年获密苏里大学心理学硕士，1941年获耶鲁大学心理学哲学博士学位。曾先后任康涅狄格女子大学讲师、卫斯理大学教授及布林莫尔学院教授，1956年开始在哈佛大学任心理学教授，1987年获得美国心理学会杰出科学贡献奖，后转任波士顿大学教授直到退休。1998年逝于马萨诸塞州列克星敦市。

麦格雷戈，1906年生，美国组织行为学家，20世纪中叶行为科学时代最具有影响力的管理思想家之一。1924年（18岁）获韦恩州立大学文学学士学位，1935年获哈佛大学哲学博士学位，随后留校任教。1937~1964年，在麻省理工学院从事心理学、工业管理和组织发展方面的教学科研工作，1948~1954年，任安第奥克学院院长。1964年辞世。主要代表作《企业的人性面》（1957）。

赫茨伯格，1923年生，著名组织行为学家、管理学家。先后获纽约市立学院学士学位和匹兹堡大学博士学位。曾任犹他大学特级管理学教授、凯斯西储大学心理系主任。长期在美国及全球30多个国家从事管理教育和咨询工作。在各种学术刊物上发表论文百余篇，代表作有：《工作激励》（1959）、《工作与人性》（1966）等。

弗洛姆，国际上最具影响力的组织行为学家之一。早年毕业于加拿大麦吉尔大学，先后获得学士及硕士学位，后于美国密歇根大学获博士学位。曾在宾夕法尼亚大学和卡内基－梅隆大学执教，并长期担任耶鲁大学管理学院“约翰塞尔”讲座教授兼心理学教授。曾任美国管理学会（AOM）主席、工业与组织心理学会（STOP）会长，1998年获STOP卓越科学贡献奖，2004年获AOM卓越科学贡献奖。

莱曼・波特，美国著名组织行为学家。从耶鲁大学获得博士学位后，曾在加州大学伯克利分校任教10余年。1967年开始，任加利福尼亚大学欧文分校管理研究院院长和管理及心理学教授，后为该院名誉教授。曾任管理学会和工业组织心理学学会会长，并获得两个学会颁发的特别科学贡献奖。其主要学术贡献为1968年与爱德华・劳勒一起在《管理态度和绩效》中提出著名的激励过程模型。

一、需要层次论

需要层次论（Need-hierarchy Theory）是最著名、最经典的激励基础理论。人本主义心理学代表人物亚伯拉罕·哈罗德·马斯洛（Abraham Harold Maslow）于1943年在《人类激励理论》（*A Theory of Human Motivation*）中首次提出，后又于1954年在其名著《激励与人格》（*Motivation and Personality*）中更加详细地论述了需要层次论。①马斯洛的需要层次论是凭借直觉推演出来的假说，几乎没有得到实证支持。1961年，美国社会心理学家戴维·麦克利兰（David C. McClelland）在批判吸收马斯洛理论的基础上，从管理工作的社会性特征角度提出自己的需要层次论。②此外，20世纪60

① Maslow，A.H.，*Motivation and Personality*，New York：Harper and Row，1954.

② McClelland，D.C.，*The Achieving Society*，Princeton，N.J.：Van Nostrand，1961.

年代末70年代初，耶鲁大学组织行为学教授克雷顿·奥尔德弗（Clayton Alderfer）在其一系列著作中重组了马斯洛的需要层次，并进行了实证研究，提出ERG（生存、关联、成长三层次）需要论。[①]笔者注意到，在所有需要层次论中，马斯洛需要层次论是人们最为熟知的，对国人来说几乎“妇孺皆知”，但其中十有八九是基于中国功利文化思维定式而产生的错误解读——将其视为把关注点、注意力及激励聚焦点锁定在物质利益驱动层面的理论借口。

所谓“需要”（Need），在生理和心理学意义上，是指生命个体在其生存和发展中所必须具备的内在要素或外在条件得不到满足时，大脑神经中枢所感知的生理失衡或心理紧张状态。换言之，“需要”就是个人在特定的自然和社会环境中，由于赖以生存、成长和发展的要素、手段或条件缺乏，而引起的生理、心理及精神紧张状态。所谓“动机”（Motive），则是由需要引起的、促进个体采取某种满足需要的行为的内在驱动力。在特定的社会环境约束下，一个人的一系列动机中，某个时刻表现得最为强烈者即“优势动机”，就会变成“目标”，目标引导其采取行动，就是所谓“行为”（Behavior）。总之，人的行为是由需要引起的动机驱动的，人总是在为满足不同层次的需要而努力奋斗。

马斯洛研究发现，需要是有层次的。有基于生理或生物的、非习得或本能性的“基本需要”，如饥饿、口渴、睡眠、怕痛、性欲及母爱等，这类需要的满足或动机达成，须通过减少刺激或缓解紧张来实现。也有一些需要，不一定存在生理或生物基础，但同样是非习得或本能性的，称作“一般需

① Alderfer, P. Clayton, *Existence*, *Relatedness*, *and Growth*, New York: Free Press, 1972.

要”，如好奇心、控制欲、活动要求及情感需求等，这类需要的满足或动机达成，则须通过增加刺激或紧张来实现。还有的需要或动机，是后天在特定社会经济文化环境中习得的“次级需要”，如权力威望、阶级地位、事业成就、社会保障等。所谓“需要层次论”就是以此为基本线索经过思辨提出来的。马斯洛需要层次论的要点有三：（1）人乃有“需要”之动物，人的行为是由需要推动的，一旦需要满足即无“动力”，只有当需要还未被满足时才有激励作用；（2）人的需要有轻重缓急不同层次，它们依次是生理需要、安全需要、社交需要、自尊需要和自我实现需要，不同的人其需要的层次也可能并不相同，对于所有人来说，并不是只有在低一层次的需要得到满足时才能产生高一层次的需要；（3）低级与高级需要获得满足的途径是不同的，前三个层次的低级需要主要借助外在条件的改善来获得满足，而后两层高级需要则须由内在驱动才能得到有限满足。马斯洛需要层次论提出后，得到普遍认同并产生了广泛的影响力，但很多人对其进行机械理解，误以为对于所有人来说，“只有在低一层次的需要得到满足时才能产生高一层次的需要”，由于自身的“低层次需要”还没有得到满足（其实是由于自己受极端功利甚至急功近利的物本主义价值观的局限，所谓欲壑难填，这样的“低层次需要”永远也满足不了），所以终生处于“低层次需要陷阱”内无法自拔。实际上，马斯洛本人强调的并不是人的低层次需要，他自己特别关注的，恰是人在基本需要满足后（甚至在没有满足的情况下）所进入的“自我实现”状态，即一个人不断实现潜能（能力或天赋），完成使命（召唤、命运或天职），趋于内在统一（整合或协同）的过程。

20世纪60年代，美国进入了一个“精神喧嚣”的时代，在反战运动、种族抗议活动中，新成长起来的一代对传统文化价值观进行“嬉皮士化”叛逆，他们在肉体本能上追求更加“自由”和放荡不羁的感官刺激，在精神情感上有明显的世俗化和颓废化倾向。在这样的时代背景下，一种不同于行为主义和精神分析论的“第三势力”（Third Force）在心理学界悄然兴起，这就是以马斯洛为代表的“人本主义心理学”（Humanistic Psychology）。人本主义者认为：行为主义将人等同于低等动物或机器人去研究，精神分析论则以异常个体病态行为来推断正常人的精神状态，如果说前者是一种“幼稚心理学”，那么后者则是一种“伤残心理学”，二者在研究人的完整精神状态和现实行为方面都有局限性。他们宣称，应该建立一门真正研究人本身的“主观实在”的新学科，这门学科不是将人作为“客观物体”来考察，而是“把人当人”，将人当作有意识、有情感、有价值追求、能够主动进行选择的独特存在去研究。人本主义心理学关注的是人的特殊性，即那些使人之所以为人、人与其他物种区别开来的特有属性。在人本主义者眼里，人不仅仅是一个被经验和文化改造的生物有机体，更重要的是一个能够反思自身存在并赋予其意义和方向的精神性实体。也就是说，人本主义认为人的本性是善的，其本身就蕴藏着无限的发展潜力，心理学应该以“正常人”为研究对象，研究人类特有的需要层次和复杂经验，诸如动机、欲望、需要、价值、快乐、幽默、情感、责任、爱情、嫉妒和仇恨及生命意义，并在此基础上探索有利于个性全面自由发展的条件和途径。马斯洛认为，指引性知觉是高度集中的探照灯，把光照到这儿或那儿，以寻找满足需要的物体，而忽视与需要无关的东西。一个人的行为就是特定情境下最迫切的需要即动机激发出来的，而需要是有层次的。如果按照与动物需要的远近程度，人的需要可以分为生理、安全、归属和爱及尊重等不同层次的基本需要，以及最高层次的“自我实现”（Self-actualization）需要。前者是一种“缺失性动机”（Deficiency Motivation），而后者则是一种“存在性动机”（Being Motivation）。马斯洛关注的是基本需要满足后人所进入的“自我实现”状态，即一个人不断实现潜能（能力或天赋），完成使命（召唤、命运或天职），趋于内在统一（整合或协同）的过程。

马斯洛通过比较研究诸如爱因斯坦、弗洛伊德、詹姆斯和林肯等一些他认为是“自我实现者”的杰出人物，归纳出自我实现者的一些共同特征，诸如：能准确、全面地洞察现实；对自己及他人表现出极大的认同和接纳；具有自发自然性；有独处的需要并独立于环境和文化；以持续新奇的眼光欣赏事物；关心全人类而不只限于亲友和熟人；往往只有少数几个挚友；有强烈的道德感，但并不一定接受传统道德标准；具有良好的、善意的幽默感；富有创造力；经常经历神秘或高峰体验；等等。所谓“高峰体验”（Peak Experience），按照马斯洛在《动机与人格》一书中的描述，就是：“感到视界被无限打开；既感到前所未有的强大，同时又感到前所未有的无助；感到巨大的狂喜、惊喜和敬畏；感到失去了时间和空间；最后，相信发生了某种极为重大且有价值的事，使主体某种程度上在这种经验中得到了改造和加强，即使在日常生活中也是如此。”[①]当然，自我实现者不是没有生活缺点，诸如憨直、轻率、固执、易怒、骄傲等，这些毛病在杰出人物身上都是存在的。到了晚年，马斯洛更加“走火入魔”，进一步关注人性更神秘、迷醉或奇异的一面，进一步致力追求“超个人心理学”

① Maslow，A.H.，*Motivation and Personality*，New York：Harper and Row，1954.

（Transpersonal Psychology），即一种超个人、超人类、以宇宙为中心的所谓“第四势力”心理学。

人本主义心理学的基本理念和信条，归纳起来主要有三点：（1）研究非人类的动物对研究人没有什么价值，主观实在是人类行为的特殊心理指向；（2）研究个体（特别是杰出人物的个体）比研究具有共同特征的群体更有意义，应将主要精力放在发现那些能拓展并丰富人类经验的事情上；（3）研究应寻求那些能够帮助解决“人的问题”的信息，其根本目标应该是完整地阐释并回答这样一个基本问题，即“成为一个人究竟意味着什么”。人本主义以现实中“人的需要”本身而不是纯科学上的需要，去研究人性、研究人类行为和精神活动，这样，就又将心理学当初崇尚的“科学”色彩给冲淡了，将心理学研究重新拉回到人的现实生活中。近年来，人本主义心理学的兴起和传播，不仅直接引发了教育心理学、发展心理学、管理心理学等一系列当代新兴应用心理学的形成和发展，而且在更加广泛性和普适性的意义上，给人们认识、应对和处理现实生活或工作中人类的行为动机或动力，也给学术界关于组织行为问题的研究，提供了直接的、实用的和鲜活的理论指引。

从20世纪40、50年代起，美国社会心理学家麦克利兰就开始对人的需要和动机进行研究，提出了著名的“三种需要论”（Three Needs Theory），并得出了一系列重要实证研究成果。麦克利兰突破精神分析和行为主义学派的传统思想方法，认为人的需要和动机有特殊性，不应该将人的行为主要归因于性和动物本能的低层次需要或动机，应该采用系统、客观的科学方法，特别是针对人的高层次需要与社会性动机进行实证研究。麦克利兰认为，马斯洛过分强调了个人的自我意识和内在价值，而忽视了人的社会属性；因此，他利用“主题统觉测验”等心理实验方法，着重对人的社会性需要进行测量研究。基于此，麦克利兰提出人在组织工作情境中有三种需要：（1）成就需要（Need for Achievement），即“在竞争中有出色表现的需要”；（2）权力需要（Need for Power），即影响或控制他人或事态的需要；（3）合群需要（Need for Affiliation），即建立友好亲密人际关系，寻求被他人喜爱和接纳的需要。麦克利兰的“三种需要论”，其实是对马斯洛需要层次论的补充和完善，其所说的成就需要、权力需要与合群需要，实际相当于马斯洛“五层次说”后三个层次的需要。麦克利兰的特殊贡献在于，他首次将需要层次与组织行为联系起来，特别关注三种需要对于组织管理者的意义。他认为，这三种需要都是一个组织管理者成功的必备要素，三者缺一不可，但三者的权重不同。其中，成就需要对于一个成功的管理者来说最为重要，通过训练培养较强的成就感，能使管理者倾向于承担个人责任、希望获得工作反馈和喜欢适度冒险或挑战性的工作环境。但是，一个高成就需要者不一定就是优秀的管理者，一个优秀的组织管理者除了高成就需要之外，还应该有高制度性权力需要，以及一定的合群需要。此外，麦克利兰还在方法论上对组织中人的成就动机及其行为研究做出了突出贡献。他通过在实验中引入“主题统觉测验”（Thematic Apperception Test，TAT）来测量个人的动机，经过大量深入研究发现：从根本上影响个人绩效的不是智力高低，而是“才能”（Competency），即“能区分在特定工作岗位和组织环境中绩效水平的个人特征”，诸如成就动机、人际敏感性、团队影响力等。

1969年，美国耶鲁大学教授奥尔德弗在《人类需要新理论的经验测试》一文中修正了马斯洛的观点，并以实证研究为基础提出人有三种核心需要，即“生存需要”（Existence Needs）、“关联需要”（Relatedness Needs）和“成长需要”（Growth Needs），简称ERG理论（ERG Theory）。奥尔德弗ERG理论在需要层次分类上，其实是对马斯洛需要层次的进一步归并：其所说的生存需要（E），相当于马斯洛的生理需要和安全需要；第二种需要即关联需要（R），相当于马斯洛的社交需要和自尊需要的外在部分（指对于名誉、威信、表扬、注意或重视及赞赏等方面的需要）；最后，成长需要（G）相当于马斯洛所说的自尊需要的内在部分（指对于力量、成就、合格、自由和独立等方面的需要），以及自我实现的需要。与马斯洛需要层次论不同的是，奥尔德弗ERG理论证实：生存、关联和成长三层次需要可以同时存在或一起发挥作用，其中任何一个的缺少或得不到满足，不仅会促使人们去追求该层次的需要，也会促使人们转而追求高一层次的需要，还会使人退而更多地追求低一层次的需要。在更多的情况下，如果高层次需要不能得到满足，那么满足低层次需要的愿望会更强烈，受挫折可以使高层次需要倒退到较低层次的需要。例如，甚至在生存和关联需要没有得到满足的情况下，一个人也可以为成长而工作；无法满足社会交往的需要，可能会导致对工资或工作条件的更强烈需要。在实际中，人们追求需要的层次或先后顺序并不是严格而清晰的，优势需要相对于劣势需要也不一定那么突出，因而多种需要可以同时作为激励因素，组织激励措施可以多样化。当然，不同的人其偏好结构不同，具体的需要层次结构是多样的，并且会随所处的社会环境、人生状态变化而变化，不同社会文化中的人其需要种类的排列顺序是不一样的。相对于马斯洛需要层次论，奥尔德弗ERG理论更适用于解析和把握组织行为特征和规律，对于组织激励实践有更强的针对性和指导意义。在组织中，有的员工生存需要占主导地位，有的是关联或成长需要占主导地位，组织管理人员应该针对每个员工的个人情况，采取灵活多样的措施来满足其不同需要，以便激发和控制组织成员的行为去实现组织绩效目标。

二、双因素论

关于组织激励问题的"双因素论"（Two-factor Theory），其基本宗旨和思路可以这样来归纳：借助理论抽象和实证研究方法，将影响组织行为的诸因素分为内在和外在两个层面，进而观察和分析组织激励的根本动因。以下主要介绍两个著名理论，即道格拉斯·麦格雷戈（Douglas M. McGregor）的X-Y理论和弗雷德里克·赫茨伯格（Frederick Herzberg）的激励–保健因素论，前者主要通过理论抽象方法分析组织中人的两种本性及行为假设，后者主要借助实证方法研究组织激励的根本动因。这里拟以这两种理论为主线，讨论评述双因素论的核心思想及政策含义。

（一）麦格雷戈X-Y理论

20世纪50年代，美国组织行为学家麦格雷戈通过实际观察发现，组织管理者处理员工关系的方式和风格，往往是建立在组织管理者的不同人性假设基础上的。在理论上，存在两种截然不同的人性假设：一种是消极的、性本恶的，另一种是积极的、性本善的。前者导致独裁式的组织管理风格，后者引出民主式的组织管理风格。基于此，麦格雷戈在《管理评论》杂志1957年11月号上发表《企业的人性面》一文，提出了著名的“X-Y理论”。[①]

麦格雷戈把传统组织行为的人性观点称作“X理论”（Theory X）。其要点，归纳起来主要有：（1）大多数人是懒惰的，他们将工作看作外在负担，一有机会就尽可能地逃避、偷懒；（2）大多数人都缺乏信心，没有什么雄心壮志和责任心，在工作中宁可让别人领导和控制；（3）个人目标与组织目标是相互矛盾的，为了达到组织目标必须靠外力严加管制；（4）大多数人都是基于满足基本的生理和安全需要，选择那些短期内可以获利最大的事去做；（5）组织中的人大致可以分为两类，多数人符合上述假设，少数人能克制自己，所以应由后者负起组织管理职责。麦格雷戈为“X理论通行于美国工商界，并实实在在地影响了管理战略”而感到悲哀。他认为，虽然当时工业组织中人的行为表现同X理论所描述的情况大致相当，但是，这些行为表现并非源于人的固有天性，而是传统工业组织在特定历史阶段的制度属性、管理理念和经营实践所造成的。在人们基本需要尚不能得到满足的情况下，“胡萝卜加大棒”的组织激励模式在一定的环境中能够合理发挥作用；但是，当人一旦达到了相当的生活水平而主要由较高级需要来激励时，基于X理论的激励模式必然失效。在现代社会环境下，一个组织要想真正有效地运作和管理，就应放弃X理论假设，否则，即使有时采用了授权、民主协商、目标管理等新策略，那也只是“新瓶装旧酒”。与X理论消极的人性观点相对应，麦格雷戈提出了“Y理论”（Theory Y）。其主

① 麦格雷戈的《企业中的人性面》（*The Human Side of Enterprise*）1960年又以书的形式出版。关于X-Y理论，在他以后的有关著作中也有进一步的发挥。

要内容是:(1)一般人并非天生讨厌工作，工作中体力和脑力的消耗，完全可以像娱乐游戏一样自然而愉快;(2)人们愿意通过自我管理和自我控制来完成应当实现的组织目标，而外在控制和惩罚并不是促使人们为实现组织目标而努力的好方法;(3)人的自我实现需要和组织要求的行为是没有矛盾的，如果策略和方法得当，完全可以将个人目标和组织目标统一起来;(4)一般人在适当条件下可以学会接受和担当职责，逃避责任、缺乏抱负以及强调安全感，通常是经验的结果而非人的本性;(5)大多数人在解决组织困难问题时，都能发挥较高的想象力、聪明才智和创造性，但在实际中，一般人的智慧潜能往往远未发挥出来。根据Y理论，对组织中人的激励主要是给予来自工作本身的内在激励，即赋予其更多的自主权，让他担当富有挑战性的工作、承担更多的责任，提供更多机会和条件让他们满足其自我实现的需要。

麦格雷戈的X–Y理论，实际上是从现实组织管理行为的人性假设层面，对马斯洛需要层次论给出的进一步的归并性解说，即X理论假设较低层次、外在的基本需要支配着组织行为，而Y理论则假设较高层次的内在需要对组织行为具有决定性影响。麦格雷戈认为，与X理论的假设相比，Y理论更实际有效，而且是真正能够实现“个人目标与组织目标相结合”的激励理论;并且，在实际操作层面，关键不在于采用“强硬的”还是“温和的”策略，而在于要在管理理念上从X理论变为Y理论，这样才能使组织管理模式真正从“独裁—监督”式转变到“参与—社团”式。当然，在实际中，并无确切证据证实某一种理论假设和模式是更为有效的，因而，不可以机械分割式地使用X或Y理论，来分析、研究和解决实际组织激励问题。

（二）赫茨伯格的激励-保健因素论

1959年，美国心理学家赫茨伯格与莫斯纳（Mausner）和斯奈德曼（Snyderman）合作，对宾夕法尼亚州匹兹堡一家企业200名工程师和会计师工作满意情况进行了实验调查，并在此基础上出版了《工作激励》一书，首次提出激励-保健因素（Motivation-hygiene Factors）论。[①] 1966年，赫茨伯格在《工作与人性》一书中对于激励-保健因素论做了进一步的阐发。[②] 1968年，他又在《哈佛商业评论》1~2月号上发表《再论如何激励员工》一文，再次回顾了激励-保健因素论提出的背景、主要观点及其政策含义，受到了广泛好评并产生深远影响。

赫茨伯格等人先后进行了十余次相关的调查研究，样本总共包括1 685人，调查对象范围十分广泛，包括基层经理人员、职业妇女、农业管理人员、退休经理、医院维修工、制造业经理、饮食业主、军官、工程师、科学家、家庭主妇、教师、技术员及会计师等。他们采取关键事件访谈调查方式，即通过访问被调查者，请他们回答在工作中哪些事件使其感到“非常满意”或是“非常不满意”。经过分析调查结果（见表2-1），赫氏发现：对于工作感到“满意”的因素与“不满”的因素是有明显分别的。当被调查者对工作“满意”时，他们倾向于认可与工作内在有关的因素，诸如富有成就感、工作成绩得到认可、工作本身具有挑战性、负有重大责任、充满晋升机会和成长发展前景等；而当感到“不满意”时，他们则倾向于抱怨那些属于

---

① Herzberg，F.，Mausner，B. and Snyderman，B.，*The Motivation to work*，New York：John Wiley & Sons，1959.

② Herzberg ，F.，*Work and the nature of man*，Cleveland，OH:World Publishing，1966.

外在条件方面的因素，如公司政策不合理、监督管理不当、与主管关系不协调及工作条件差等。

赫茨伯格发现，虽然由于调查对象和条件的不同，各种因素的归属有些差别，但总的来看，上述基本情形都是存在的。据此，赫兹伯格认为，“满意”的对立面，并不像通常人们认为的那样，是“不满意”，而是“没有满意”；相应地，“不满意”的对立面，是“没有不满意”，消除工作中的“不满意”因素可能带来“安定团结”的局面，但并不必然带来工作“满意”，因而不一定有激励作用。赫兹伯格把导致“不满意”的因素称为保健因素（Hygiene Factors），而只有强化成就感、认可、敬业精神、责任心和晋升机会等这样令人“满意”的激励因素（Motivation Factors），才能起到有效的激励作用。表2-1中，左半部分表示，在1 844件使被调查者感到非常不满意的事件中，导致他们对工作感到“不满意”（消极的工作态度）的各类因素出现的频率；右半部分表示，在1 753件使被调查者感到非常满意的事件中，导致他们感到“满意”（积极的工作态度）的各类因素出现的频率。需要说明的是，无论左半部分或右半部分，各种因素出现的频率综合都超过100%，这是由于引致同一事件的往往有两个或两个以上因素。在所有导致工作不满意感（消极的工作态度）的因素中，69%是保健因素，31%是激励因素；而所有导致工作满意感（积极的工作态度）的因素中，81%是激励因素，19%是保健因素。

可以看出，赫兹伯格的双因素论与马斯洛需要层次论也是兼容的，他所说的保健因素和激励因素分别相当于马斯洛理论前三个层次的需要和后两个层次的需要。不过，赫兹伯格不像马斯洛一般性地研究需要和动

表2-1 赫茨伯格激励/保健因素统计分析

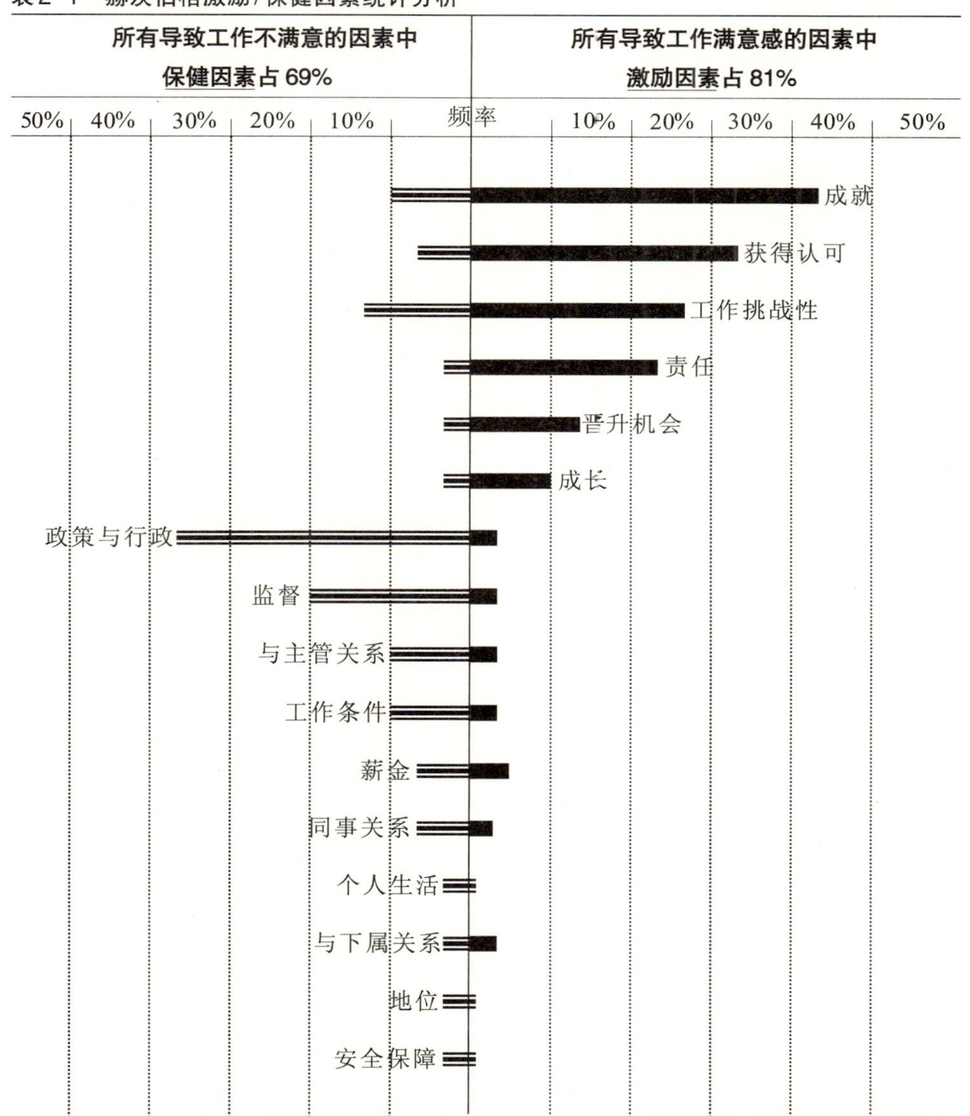

资料来源：Herzberg，F. One More Time：How Do You Motivate Employees? *Harvard Business Review*，1968.

机，而是进一步实证研究哪些需要才能真正成为引导人们提高工作效率的“动机”。当然，激励–保健因素论也遭到各方面的批评。例如，在实证方法论方面，“满意=激励=效率”的假定显然存在局限，工作满意度与工作积极性以及工作绩效水平不能等同；关于调查数据可信度，人们主观评价往往会存在偏误，即在主观判断上，人们时常会把好的结果归结于自己的努力，而把不好的结果归咎于客观条件或他人影响；此外，在调查对象和适用范围上，也存在主要对白领阶层采样的偏在性等问题。但总的来说瑕不掩瑜，这些问题不能从根本上否定赫兹伯格双因素论的深刻性和普适性意义。

三、激励过程论

激励过程论，从组织目标与个人目标相关联的角度，侧重于研究激励实现的基本过程和机制。其奠基性理论是美国著名组织行为学家维克托·弗洛姆（Victor H. Vroom）的激励–期望值理论，后来，莱曼·波特（Lyman Porter）和爱德华·劳勒（Edward E. Lawler）又在此基础上做了修正完善，形成了比较完整的关于组织激励过程及运作机制的理论框架。

（一）弗洛姆模型

关于组织激励的“期望理论”（Expectancy Theory），是弗洛姆于1964年在其名著《工作与激励》中首先提出来的。[①] 其基本观点是：在组织中，员工个人之所以能够从事某项工作并达成组织目标，是因为这些工作和组织目标会帮助他们达成自己的目标，满足自己某方面的特殊需要；因此，人们从

① Vroom，Victor H.，*Work and Motivation*，New York：John Wiley & Sons，1964.

事组织工作的积极性，取决于他预期达成该工作绩效的可能性，以及他由此所能得到的预期价值大小。换句话说，组织激励效应强度的大小，取决于个人通过努力达成组织期望的工作绩效（组织目标），以及由此而得到的满足个人需要的奖酬（个人目标）相一致、相关联的程度；一致程度或关联性大，则激励效应就大，否则就小（见图2–2）。

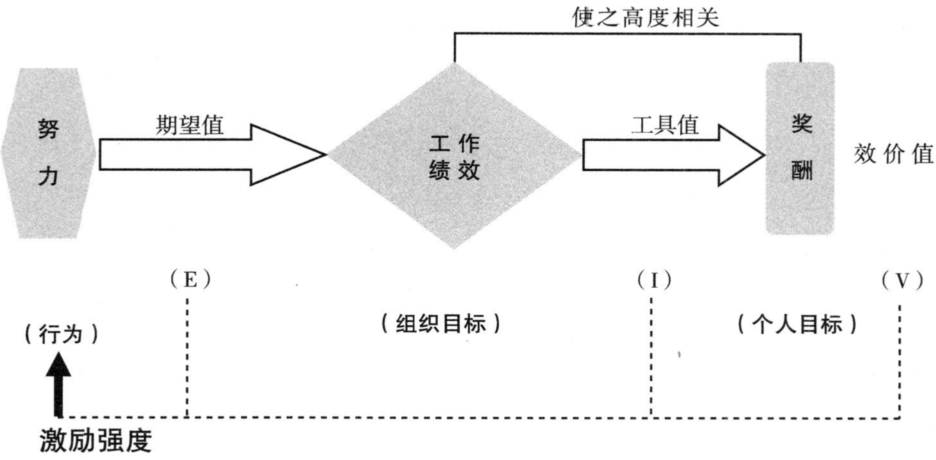

图 2–2　弗洛姆模型示意图

弗洛姆模型中有三个关键变量：E为“期望值”（Expectancy），即个人对付出努力后能达到组织所期望工作绩效水平（组织目标）的主观概率；I为“工具值”（Instrumentatlity），即个人达到组织期望绩效水平后能得到其所需奖酬（个人目标）的主观概率；V为“效价值”（Valence），即不同奖酬在当事人心目中的相对重要性（权重）赋值。所以，弗洛姆的组织激励理论又被称作VIE理论。如果用M表示激励强度，即促使个人为实现组织目标而努力的程度。那么，弗洛姆模型可表达为：

$$M = E \cdot V$$

$$V = \sum_{i=1}^{n} I_i V_i$$

式中：变量取值，$-1 \leqslant M \leqslant 1$，$0 \leqslant E \leqslant 1$，$0 \leqslant I \leqslant 1$，$-1 \leqslant V \leqslant 1$；$i$ 表示个人目标的多元维度，i=1，2，3，…，n。

显然，弗洛姆模型是建立在个人理性假定基础上的，即人们必须能够清楚判断期望值、工具值和效价值及其相互关系，这在很大程度上是理想化或非现实的。因此，在实际组织行为管理策略上，弗洛姆模型提供不了具有技术操作性的指导意见，但它毕竟为描述和分析现实组织激励过程提供了一个具有较大包容性、适用性的一般理论框架和思路。具体地说，弗洛姆模型意义主要表现在如下三个方面：（1）以简单明了的形式揭示了组织激励过程中复杂因素之间相互作用的基本机理，即激励效应的大小取决于个人努力行为、组织工作绩效以及吻合个人目标的奖酬这三者之间的关系，这就为组织管理者理解现实激励问题提供了一个（类似经济学边际分析那样的）重要理论工具；（2）它提醒组织管理者：在实际激励工作中，奖酬设置应因人而异，因为不同人的效价维度范围和权重取值是不同的，管理者应关注大多数成员认为效价最大的激励措施，设置激励目标时应尽可能加大其效价的综合值；（3）在组织激励策略上，可以根据效价大小的不同，适当调整期望概率与实际概率的差距以及不同人实际所得不同效价的难易程度，拉开和加大组织的期望值与非期望行为的差异，这样会增强激励效应。

（二）波特－劳勒模型

1968年，美国行为科学家波特和劳勒在弗洛姆模型的基础上，增加了两条反馈回路，补充了四种影响因素，从而导出一种更加完备的激励过程模型，称作“波特－劳勒模型”（见图2-3）。[①]它为人们分析和认识组织激励的一般过程和机理提供了一个更加完整清晰的总体理论框架。

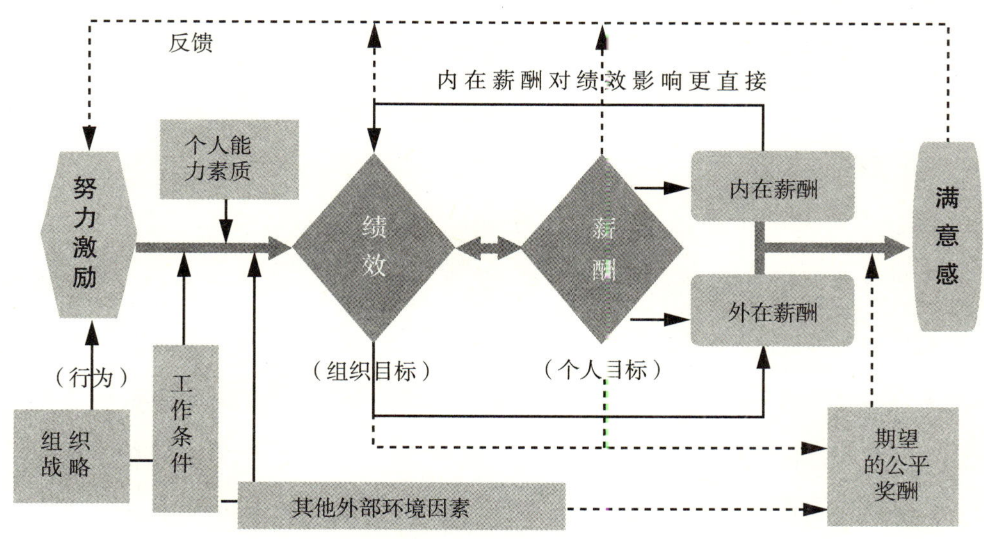

图 2-3　波特－劳勒模型示意图

波特－劳勒模型显示：工作绩效是一个多维变量，它除了受个人努力程度决定外，还受如下四个因素影响：（1）个人能力与素质；（2）外在的工作条件与环境；（3）个人对组织期望和战略意图的感悟和理解；（4）对奖酬公平性的感知。该模型说明：个人工作努力程度的大小，取决于个人对内外在

① Porter，L.W. and Lawler，E.F.，*Managerial Attitudes and Performance*，Homewood，Ill.：Irwin-Dorsey，1968.

奖酬价值、特别是内在奖酬的主观评价，以及对努力–绩效关系（即期望值E）和绩效–奖酬关系（即工具值I）的感知情况。

波特–劳勒模型的一个重要启迪意义在于，直观清楚地表达了激励基本矛盾，即组织目标（工作绩效）与个人行为动机（薪资奖酬）之间的基本关联性，说明了“绩效”与“薪酬”在组织激励机制中的焦点位置和关键作用，这就为我们曾经提出的组织激励焦点问题，提供了重要的理论线索和对策性研究思路。波特和劳勒将薪酬明确划分为两大类：一是主要满足基本需要的“外在薪酬”，包括工资、提升、地位、安全感等，并认为这种薪酬与工作绩效之间并没有直接的、必然的因果关系；二是与自我实现需要的“内在薪酬”，如工作有价值、有意义、有成就感和责任感等，并认为这些对工作绩效具有更直接、更重要的意义。此外，波特–劳勒模型的另一个突出贡献在于，它将公平问题引入激励机制的理论解析中。如果一个人如同孤岛上的鲁滨孙，是独立存在的，那么其期望获得的奖酬绝对值越高，则激励效应就越大；但人是一种社会性存在，在组织中人们获得奖酬的多少，往往关键不在“绝对水平”的高低，而在于相互比较中的“相对水平”，这就涉及所谓“公平感”的问题。对此，有必要做详细讨论。

四、直面现实深刻感悟

工作体验本身是组织成员最根本、最直接的报偿，工作本身的主体性、价值性及社会性意义是组织管理中最直接和最大的激励动因。这就是经典激励理论，包括需要层次论、双因素论和激励过程论一以贯之的核心思想及理论指引意义。

从激励要素论到激励过程论（见表2–2），经典激励理论告诉人们：满足各种需要所引起的激励强度和效果是不一样的，其中，“基本需要”（Basic Needs），或曰“生存需要”（Existence Needs），是由生理或心理上某些缺憾而产生的“匮乏性需要”（Deficiency Needs），也就是组织成员在工作之外所必需的物质生活条件都属于“保健因素”（Hygiene Factors），这些需要的满足是必要的，未满足会导致“不满”，但即使得到满足其激励作用也是很有限的；“自尊需要”（Self-esteem Needs）、“认知需要”（Need to Know）和“审美需要”（Aesthetic Needs），或“成就需要”（Need for Achievement）、“权力需要”（Need for Power）和“合群需要”（Need for Affiliation）或“关联需要”（Relatedness Needs），特别是“自我实现需要”（Self-actualization Needs）或“成长需要”（Growth Needs），“成长需要”，属于后天在特定社会经济文化环境中习得的“次级需要”，是主体基于内在精神丰富性而激发的需要，是组织成员在工作本身中直接体验到的精神满足，是真正的“激励因素”（Motivation Factors）；组织激励的核心任务不是对付“不满意”，而是千方百计使组织成员感到“满意”，这就要通过改善工作内在因素来达成，如工作丰富化，加大工作成就感、责任感和挑战性，使员工有成长和发展更好的条件、更多的机会等。组织激励理论所提出的Y人性假设及人性化管理理念，实际上触及更为根本的人生哲学问题，这就是：“工作”对于人之所以为“人”的重要意义。

表2-2 经典激励理论学说参照系及聚焦点对比一览表

理论分类	理论提出者	理论参照系	理论聚焦点	核心思想
需要层次论	马斯洛	生理需要 安全需要 社交需要 自尊需要 认知需要 审美需要 自我实现需要	基本需要 或匮乏性需要 强调自我实现需要 或成长需要	基本需要系由生理或心理上某些缺憾而产生，故而又称匮乏性需要，而自我实现需要或成长需要则是基于内在精神丰富性而激发的需要，其特点有：容易消失，强度较弱，主观色彩较浓厚，很难达成或完全实现可能性较小等
	麦克利兰	成就需要 权力需要 合群需要	成就需要对于一个成功的管理者来说最为重要，但是，一个高成就需要者不一定就是优秀的管理者，一个优秀的组织管理者除了高成就需要而外，还应该有高制度性权力需要，以及一定的合群需要	在一定意义上，相对于成就需要来说，制度性权力需要对于组织行为激励和管理成功，可能更为重要。他首次将需要层次与组织行为联系起来，特别关注三种需要对于组织管理者的意义
	奥尔德弗	生存需要 关联需要 成长需要	相当于对马斯洛需要层次的进一步归纳合并。相对于马斯洛需要层次论，奥尔德弗 ERG 理论更适用于解析和把握组织行为特征和规律，对于组织激励实践有更强的针对性和指导意义	生存、关联和成长三层次需要可以同时存在或一起发挥作用，其中任何一个的缺少或得不到满足，不仅会促使人们去追求该层次的需要，也会促使人们转而追求高一层次的需要，还会使人退而更多地追求低一层次的需要

（续表）

理论分类	理论提出者	理论参照系	理论聚焦点	核心思想
双因素论	麦格雷戈	X理论人性假定：（1）大多数人是懒惰的；（2）大多数人都不自信和被动；（3）组织与个人目标冲突，必须严加管制；（4）大多数人都是急功近利的；（5）只有少数人能克制自己，负起组织管理职责	Y理论人性假定：（1）一般人不讨厌工作；（2）人们愿意自我管理并能够自我控制；（3）组织与个人目标不矛盾；（4）一般人在一定条件下都能够学会担当责任；（5）大多数人在解决组织困难时能够发挥主观能动性和创造性	麦氏X-Y理论，实际上是从现实组织管理行为的人性假设层面，对马斯洛需要层次给出了进一步的归并性解说，即X理论假设较低层次、外在的基本需要支配着组织行为，而Y理论则假设较高层次的内在需要对组织行为具有决定性影响
	赫茨伯格	保健因素 导致对工作不满意的因素	激励因素 导致对工作感到满意的因素	工作本身导致的满意感才是最重要、最内在的激励因素
激励过程论	弗洛姆	期望理论 弗洛姆模型（VIE理论）	人们能够清楚判断期望值、工具值和效价值及其相互关系，不同人的效价维度范围和权重取值是不同的，激励策略应因人而异	以简单明了的形式揭示了组织激励过程中复杂因素之间相互作用的基本机理
	波特、劳勒	直观清楚地表达了激励基本矛盾，即组织目标（工作绩效）与个人行为动机（薪资奖酬）之间的基本关联性，说明了“绩效”与“薪酬”在组织激励机制中的焦点位置和关键作用	将薪酬明确划分为两大类：一是主要满足基本需要的“外在薪酬”，包括工资、提升、地位、安全感等，并认为这种薪酬与工作绩效之间并没有直接的、必然的因果关系；二是与自我实现需要的“内在薪酬”，如工作有价值、有意义、有成就感和责任感等，并认为这些对工作绩效具有更直接、更重要的意义	清楚表达了组织基本矛盾，将薪酬划分为内在与外在两大类，还将公平问题引入到激励机制的理论解析中

传统经济学，特别是劳动经济学将工作假定为一种给人带来“负效用”的东西，是人们“谋生的手段”。其基本理论基础就是：劳动是为了谋生，工作就是为了吃饭，人们都是为了“挣钱”“吃饭”而不得不劳动和工作。其实，这是极其表象化、肤浅的观念，甚至可以说是极端“不符合实际”“不负责任”的想当然的假定。从人本主义的观点来看，劳动是人区别于其他低等动物的根本标志，工作是人类实现自我潜能和价值的基本途径。恩格斯在《劳动在从猿到人转变过程中的作用》一文中，充分肯定了劳动对于人之所以为“人”的本源意义。他写道：“政治经济学家们肯定说：劳动是一切财富的源泉”“但是劳动的意义远远不止于此。它是整个人类生活的第一个基本条件，并且是重要到如此地步，以致我们在某种意义上应该说：劳动创造了人本身。”[①] 也就是说，劳动不仅仅是“谋生的手段”，而且其本身就是“人生的意义”。

工作事大，关乎人权。虽然许多人深受辛苦劳作的“煎熬”，一辈子都处于忙忙碌碌“闹饭吃”的状态；但他们明白“生活就是这么过”“劳作就是生活”的道理，所以也有自己的“幸福生活”。如果不明白这个道理，那么，无论生存手段完备到什么程度，物质条件优越到什么程度，也不会感到幸福。没有劳动机会，被动失业，不仅仅是一个“没饭吃”的简单问题。在现代社会保障体制下，一个劳动者即使失业，其生活也是会有基本保障的，吃饭不会成为问题。而失业之所以成为严重的社会问题，保障充分就业之所以成为各国政府首要的经济政策目标，其根本原因就在于：劳动权、工作机会本身涉及一个人之所以为“人”的重大“人权”问题，如果失业，就意味

① 马克思恩格斯文选．北京：人民出版社，1962：80.

着失去了做“有用之人”的机会，意味着被剥夺了“做人”的权利，丧失了创造价值和人生意义以及自我价值实现的必要条件。双因素论所强调的，工作本身对人具有更直接、更重要的“内在激励”意义，其要旨正在于此。

当然，“没有工作，生活就会腐化堕落。但若工作是无情的，生命就会窒息而亡”，“烦人的苦工是工作意义的结果而不是工作本身带来的结果。技术永远不能消除劳苦，但正确的社会关系却能办到”[①]。这是人本主义关于工作价值的一个基本观点。工作有质的差异，工作对于人的激励意义大小，关键要看其中有多少“精神创造性”含量；工作越能够发挥人的主观能动性和创造性，就越有“人性”、越“人道”，也越“正义”。我们知道，以专业化分工为基础的工业革命，曾给人类带来源源不断的物质财富和越来越丰裕的生活条件，但同时，也给工作中的人们带来了“非人”的苦难。专业化分工是社会劳动生产率提高的重要原因，这被经济学鼻祖亚当·斯密在其《国富论》中做过精辟描述；但是，如果工作设计过度强调专业化分工，就会走向反面，会大大影响工作效率的提高。更重要的问题是，在大机器工业生产体系中人被物“异化”，人的劳动、人本身变成了机械化生产系统一个被动的“螺丝钉”。在极端的专业化分工体系中，人们日复一日、年复一年地干着单调乏味的机械性操作劳动，就会失去整体任务感和责任感，无法进行创造性劳动，更谈不上什么工作成就感。在这种情况下，工作对于人的“人性”意义何在？以此为基础的组织行为激励管理不是“非人道”和“非正义”的，又是什么？正是在这个意义上，赫茨伯格才从他的双因素论中引出

① 卢兹，勒克斯．人本主义经济学的挑战．王立宇，译．成都：西南财经大学出版社，2003：173、177.

了"工作丰富化"（Job Enrichment）的概念（见专栏2–3）。

专栏2-3 相关文献

工作丰富化要领

1.不是所有的工作都能或都需要丰富化。实施丰富化的工作，应具备如下特点：在管理工程方面的投资不会导致成本的大幅度增加，员工对该项工作的态度很糟，花费在保健因素方面的成本越来越高，激励将导致员工不同的工作表现。

2.应当深信这些工作不是"神圣不可侵犯"的，而是能够改变的。

3.尽可能多地列出使工作丰富化的新主意，而不要先考虑其可行性。

4.审查这些新主意，剔除涉及保健因素的建议，保留真正的激励建议。

5.剔除诸如"给他们更多的责任"这样一些模棱两可的说法，彻底摒弃形式主义的做法。

6.剔除一切从水平方向扩大工作范围的建议。

7.为了避免保健因素和人际关系的干扰，最好不要让那些工作范围将被丰富化的职工直接参与工作设计及相关计划制定事宜。

8.在开始实施工作丰富化计划前，应进行一次针对激励因素的可控实验；事后通过针对"激励因素"的工作表现和态度调查，以检验工作丰富化的效果。

9.实验组在头几个星期内可能出现工作绩效下降，对此应有思想准备，因为对新工作的不适应会导致暂时的低效率。

10.要事先预见到，一线管理人员可能对变革产生忧虑和对立情绪，他们会害怕影响工作绩效和失去监督权威；但如果实验成功，他们会很高兴，意外发现许多过去忽视了的或未曾想到的有效管理方式。

资料来源：赫茨伯格.再论如何激励员工.哈佛商业评论，1968（1~2）.

在激励要素论基础上，激励过程论进一步表明：组织激励实际上是一种多因素耦合、环环相扣的复杂过程。在实际组织激励管理中，“结果公平”，即个人对内外在奖酬值的主观评价，固然对激励效果起着非常重要的作用；但产生结果公平的“过程公平”（Procedural Justice），对激励效果同样重要、甚至更为重要。[①]在市场经济条件下，实际上每个人都可以得到其独有的“信息”，而只有当他“主动合作”时，这些信息才能得以应用。这种“主动合作”的积极性来自于“信任”和“承诺”，而信任和承诺又产生于有效的激励机制——不仅是公正的“激励结果”，而且还与公平的“激励过程”有关。“主动合作”行为引导人们去创造、去奉献、去牺牲，这与“公正过程”紧密相连。在实际组织行为管理中，人们的确很关心“结果”究竟如何，但他们也关心产生结果的“过程”是否公平。那么，什么是公正的组织激励过程呢？其基本点可以概括为“3E”，即广泛沟通（Engagement）、宣传解说（Exploration）和明确要求（Expectation clarity）。[②]总之，公正的组织激励过程给予每个人均等的机会，但公正过程并不是要求“一致同意”，也不是要通过折中调和每一个人的观念、需求和利益以赢得人们的支持，甚至并不意味着管理者要放弃他们在制定决策、规则、程序等方面的特权。公正的激励过

① 有一个来自实际生活的小例子很能直观地说明此问题。英国伦敦有一名警察，他以莫须有的理由处罚了一位妇女，认为她交通违章，这位妇女将他告上了法庭。但当开庭审判时，她刚开始发言，法官就制止了她，并立即宣布她胜诉。这个妇女觉得非常丧气。她说：“我为公正而来，而法官却不让我解释发生了什么。”用另一句话说，虽然她喜欢这个公正的“结果”，但她不喜欢产生此结果的“过程”，她感到“不公平”，因为法庭没有给她必要的“过程公平”。

② 参见：苏桃摘译哈佛大学商学院院刊文《过程与结果——知识经济中的管理》，《企业管理》2001 年第 2 期 .

程总是追求最好的解决问题思路、途径和方式，而不管它是什么人提出来的。

此外，笔者在直面中国现实研究西方经典激励理论时还惊奇地发现：其实，组织激励问题在完整的意义上有两个基本层面：一是激励约束条件，激励理论要研究组织制度环境对组织成员个人行为的限制和影响；二是激励实现过程，激励理论要关注人们追求自身利益的特定动机和具体情景，研究组织激励的具体实现途径和方式。然而，西方传统经典激励理论只局限于后一个层面，而对于前一个层面却很少关注；或者说，其隐含的前提是，前一个层面已经不是问题，故聚焦于后一个层面进行理论分析。鉴于此，我们提出“广义激励论”，以便将组织激励问题两个基本层面纳入一个完整的理论框架中，立足中国本土实践，进行全面、系统和深入的研究。

经过数百年市场经济体制的发展，西方社会中的组织，特别是工商企业组织在“制度”层面已经达到相当完善的地步，现实中组织激励的主要矛盾或矛盾的主要方面突出表现在既定组织制度下的“管理”水平高低问题上。因此，在当代西方组织行为学中，传统激励理论主要关注在既定组织制度环境条件约束下组织成员个人追求自身利益的特定动机和具体情景，注重从日常“管理”策略上研究组织成员个人行为的基本要素及其关联机制，而关于组织制度环境条件本身对组织成员个人逐利行为的限制和影响则很少予以正面关注，也不注重从“组织制度”层面研究激励机制设计问题。

但是，中国的社会背景和组织情况有特殊之处。我们是一个具有数千年“人治”文化传统的发展中大国，目前又正处在从传统计划经济到现代市场经济制度转型的关键时期。在现实组织运作中，我们遇到的很多矛盾和难题主要还不是日常“管理”水平低下以及如何提高的问题，而是在组织“制度”层面存在基本规则缺失，其关键问题是究竟怎样从根本上改变低效或无效的制度规则，建立健全公平、公开、公正而有效的激励制度和机制。现实人力资源管理工作中出现的一系列矛盾和问题，相当大程度上可能属于“制度激励”层面而不是“管理激励”层面，后者可以通过“加强管理”来解决，而前者则需要“深化改革”才能从根本上得到解决（参见专栏2–4）。因此，一个“头脑清楚”的人力资源管理工作者，在实际当中遇到矛盾和问题，首先要问这是“制度激励”层面的还是“管理激励”层面的，而且知道怎么“区别对待”分而解之。最糟糕的“人事”工作状态是，当事者不明就里混淆二者，结果导致很多莫名其妙的“人事纠纷”。鉴于此，笔者提出涵盖两个基本层面的“广义激励论”，这对于中国企业、政府和公民社会组织管理实践来说，具有更为重要的、更为实际的理论指引意义。

专栏2–4　相关文献

慎用“优惠政策”

多少年来，中国各地区、各级政府、各个单位运用频率最高的政策词语之一，就是所谓“优惠政策”。在改革开放初期，为了吸引“外资”、“特区特办”或“特事特办”，国家在开放政策上对外“网开一面”，实行特殊“优惠政策”，使我们的特区、沿海开放城市“先走一步”，“一部分人先富起来”，由此带动“新生力量”走出原来被旧体制“锁定”的僵化局面，从而找到改革开放的突破口，以开创“社会主义现代化建设的新局面”。历史地看，这种“优惠政策”，在当初特殊的历史背景下，确实发挥了积极的作用。但是，随着改革开放在广度和深度上的推进，全国上上下下、各行各业、各个领域普遍推广应用所谓“优惠政策”，以至于“泛滥成灾”，使得原本有正面作用的特殊政策走向了其反面。

需要特别注意的是，所谓“政策”其实就是一种制度规则。而所有制度规则，包括

“政策”，应该在其所及的特定社会群体范围内体现“一视同仁”的原则。如果一项政策对其中的某群体“优惠”，就意味着对其他群体的“不优惠”即“歧视”，对外资、外商“优惠”就是对内资、内商的“歧视”，对“海龟”的“优惠”也就意味着对“土鳖”的“歧视”。这样，针对特殊身份者的“优惠政策”，如果推广应用到“泛滥“的程度，自然就会人为制造“不公平”，结果适得其反，造成竞争行为扭曲，各群体利益矛盾激化，寻租行为泛滥，最终会损害效率和经济发展的动力基础。

应当承认，“公平”与“效率”原则是相对的，这是一个需要权衡利弊做出取舍的事情。为了“效率”在很多情况下需要牺牲“公平”，为了吸引和留住国家、地区或组织急需的“高层次人才”，有必要在“公平”方面做些让步，给予他们“特别照顾”，这样出台一些“优惠政策”无可厚非。但是，这种“优惠政策”的制定和执行，一定要注意淡化“身份色彩”，应针对其“特殊贡献”在管理激励层面给予特殊激励，而不能因为某种特殊“身份”资格而突破本应该“一视同仁”的制度规则。其次，这种“优惠政策”损害公平的程度，一定要最大限度地控制在“帕累托最优”的限度内，即对一部分人的“优惠”所造成的“不公平”后果，不应该直接损害另一部分人在原规则下的既得利益，否则应该给予后者一定“补偿”。 此外，“优惠政策”的制定和实施，还应该尽量避免在代与代之间形成机会得失的“马太效应”，即不至于导致优惠政策在非当事人之间的“基因”传递，使得享有优惠政策的与不享有优惠政策的当事人子辈“坐享其成”或“无辜受害”，由此带来“不公平性”不断强化的动态传递。

总之，在应对“人的问题”上，一定慎用所谓“优惠政策”。从大方向来看，我们要走“法治”道路，首先要懂得“法理”，制度规则本身一定要“合法理”，那就是“制度面前人人平等”，制度本身必须对制度规则约束下的人们“一视同仁”，绝对不能搞“身份制”，“看人下菜碟”，否则，不仅在效率上“得不偿失”，而且在公平上也失去了“道义”。

资料来源：李宝元.人力资本论.北京:北京师范大学出版社，2009：211~214.

第四节 突破生态：从美国BSC到中国BCC

百余年来，企业绩效与薪酬管理经历了一个从理论到行动、从实务到战略的历史演化过程。今天，绩效与薪酬管理已经超出工商企业组织范围和实务设计层面，成为各类社会组织提升工作绩效水平、实现组织使命和目标的一项核心职能型战略管理工作。新世纪之交的数十年间，在数字化、全球化和绿色化发展的时代大背景下，传统线性的、直接的和机械操作性质的组织运作架构逐渐转向非线性的、复杂的和生态有机式的战略演进框架，传统“可计算”的工具理性驱动逐渐转向基于“共同愿景”的价值理性驱动，基于“以人为本，战略性激励”理念推动大刀阔斧的组织流程再造及结构变革，以更加人性化、强调内在价值驱动的绩效与薪酬管理策略激发员工不断创新，这正是世界各国企业人力资源战略管理发展的主轴线和大趋势。

近年来，为了进一步突出战略驱动性意义，所谓“人力资源战略管理”（Strategic Human Resource Management，SHRM）成为人们研究和关注的焦点。从研究大趋势来看，在SHRM框架思路导向下，薪酬与绩效管理作为实现企业战略目标、推动组织绩效水平不断提升的核心职能模块，越来越受到人们的关注。其中，在绩效管理领域最引人注目的研究成果就是1990年由美国学者提出关于“平衡计分卡”（BSC）的理论和方法，此成果标志着现代企业绩效战略管理三大“革命性”前沿走势：（1）从传统“可计算”的工具理性驱动，转向基于“共同愿景”的价值理性驱动；（2）从传统以短期的、有形的、货币的后置财务指标为核心的绩效评估管理体系，转向以长期的、无形的、非货币的前置价值指标为核心的战略管理体系；（3）从线性的、直接的和机械操作性质的组织运作架构，转向非线性的、复杂的和生态有机式的战略演进框架。

1990年，美国诺兰–诺顿学院设立了一个关于绩效测评模式改革的研究项目，由哈佛商学院教授罗伯特·卡普兰（Robert S. Kaplan）担任学术顾问，诺兰–诺顿公司下属机构复兴全球战略集团总裁大卫·诺顿（David P. Norton）担任项目组长。他们经过对苹果电脑、杜邦、通用电气、惠普等12家企业为期一年的研究，在《哈佛商业评论》1992年1~2月号上联合发表《平衡计分卡：绩效提升衡量体系》一文，正式提出关于“平衡计分卡”的理论和方法。[①]其核心思想是：传统绩效评估系统只侧重于对企业内部短期财务绩效做事后评估，这种方法在工业化时代背景下可能是较为有效的，但是，在后工业社会中却越来越不适应组织学习和发展的新情况；为此，就需要从动态战略管理的高度，将企业内部流程与外部市场环境以及组织创新发展等整合进来，建立一种能够保证组织在战略层面可持续发展的新型绩效评估系统。

我们知道，在当今“后工业社会”的时代背景下，一个组织已经演变成为“利益相关者”的社会性契约网络，它要在外部市场经济环境中获取并保持长期战略优势，就必须处理好各方面利益关系，综合平衡并满足各方面利益相关者的需要。鉴于此，组织管理者必须在战略层面上进行“系统思考”，时刻自我检视这样一个基本战略性问题：“我们具有持续创造和不断提高价值的能力吗？”只有明确和解决了这个问题，才能基于内部组织流程和

① Kaplan，R.S. & Norton，D.P. The Balanced Scorecard: Measures that Drive Performance. *Harvard Business Review*，January-February，1992.

员工人力资源状况，同时兼顾外部顾客的需要和投资或赞助者的利益，进一步具体回答“我们要满足顾客的需求是什么？”“我们能够为他们提供什么价值？”“我们如何很好地实现所有者权益？”等一系列相互关联的战略性问题。这是一个现代组织学习型变革和发展必须具有的战略视界，也是作为利益相关者推行战略绩效管理所必须具备的思想方法。这也正是“平衡计分卡”设计所依据的基本思想方法。概括地说，其基本思路（见图2-1）就是：基于综合平衡的战略思想，从创新学习、运作效率、顾客服务和经济效益等四个基本维度，分别将基于共同愿景的组织战略目标明晰化、具体化，并构建一种“四维评分标度盘”，进而以此为基架设置相应的绩效衡量指标体系，以对组织绩效状态进行综合反映、统筹测评和动态监控。

1. 创新学习维：我们能否持续创造价值

一个组织要生存和发展，必须不断适应、选择和改善自身的生存环境，提高自身的“创新和学习”（Innovation & Learning）能力。为此，就需要具有新制度和新流程变革、新产品和新服务开发以及新市场和新领域开拓的创新活力和学习动力。说到底，这就涉及一个学习型组织不断改善人力资源状况、提升人力资本水平的能力。这是组织的生命线，是组织价值驱动力最直接、最根本、最具战略性的意义和表现。主要衡量方面有：（1）员工满意度、生产率和创新学习行为表现；（2）组织信息反馈和沟通能力；（3）团队精神、组织氛围和文化建设状况。

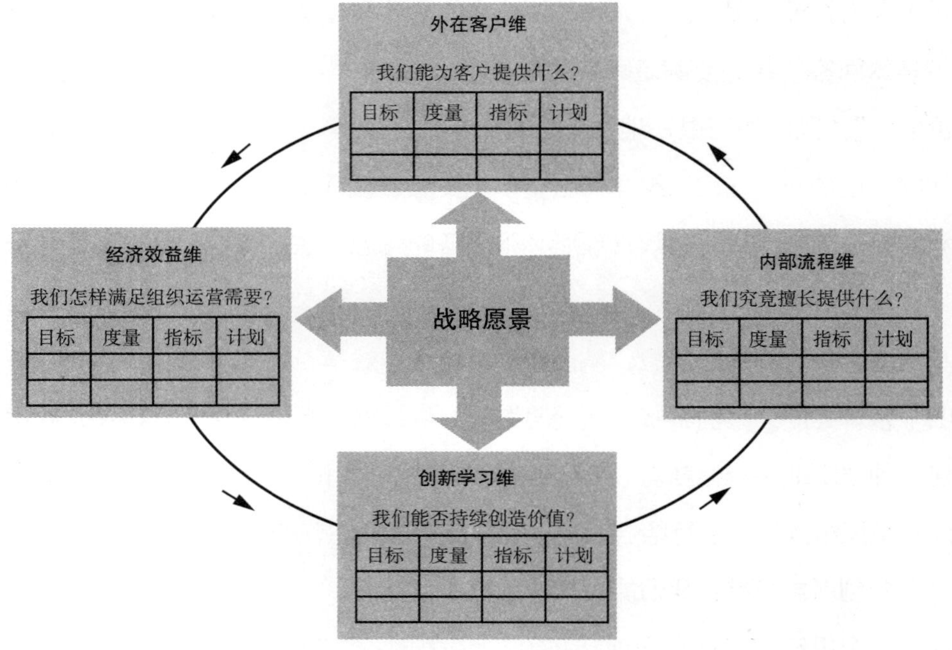

图 2-4 BSC 四维标度盘

2. 内部流程维：我们究竟擅长提供什么

一个组织必须具有高效率的“内部运作”（Internal Processes）机制，能够围绕特定的价值链及时调整、优化和再造包括物流、信息流和资金流等在内的内部业务流程。在战略管理层面，组织必须能够识别哪些是决定组织核心竞争力的关键流程，特别是与组织核心价值观和文化直接关联的工作流程和操作规程，并能够适应环境变化随时做出调整和变革。主要衡量方面有：（1）组织工作流程对外部市场需要的灵敏度和反应速度；（2）组织工作流程对产品和服务质量的控制能力；（3）组织工作流程的运作效率和成本控制状况。

3. 外部客户维：我们能为客户提供什么

一个组织还必须拥有忠诚的“顾客”（Customer）群体和牢固的市场地位，能够真正树立以顾客为“衣食父母”的经营宗旨和诚信理念，为其提供全方位、多样化、个性化的优质产品和服务。组织必须时刻用如下基本问题提醒自己：“谁是我们的目标顾客？”“他们所需要满足的需求和价值利益是什么？”以及能否真正以提升顾客价值为目标来满足终端顾客需要，并以此为基础建立灵敏快捷的市场营销和服务网络，这是直接决定和主要标志组织战略管理成败的一个关键维度。主要衡量方面有：（1）市场份额及其变化情况；（2）客户满意度、忠诚度以及客户利益要求的实际重视和满足程度；（3）市场营销地位在短期和长期的维持状况。

4. 经济效益维：我们怎样满足组织运营需要

一个组织必须将创新学习能力、内部运作效率和市场营销网络等围绕总体战略目标整合起来，将之转化和最终体现为有效的“经济性”（Financial）业绩。不能做到这一点，就说明，要么创新学习能力、内部运作效率和顾客服务网络等环节还存在需要改进的绩效空间，要么没有能够围绕组织战略目标将创新学习能力、内部运作效率和顾客服务网络等层面有机整合在一起。可以说，创新学习能力、内部运作效率和顾客服务网络是经济效益的前提或动力基础，而经济效益是最直观、最综合的组织绩效量度，它是创新学习能力、内部运作效率和顾客服务质量的结果和最终体现。主要衡量方面有：（1）组织运营收入（如销售收入和利润等）的增长情况；（2）组织运营成本和各项经营管理费用控制情况；（3）组织资源总体配置效率（如资产利用率等）的提高情况。

卡普兰和诺顿认为：传统绩效评估只侧重于对企业组织内部短期财务绩效做事后评估，这种方法在工业化时代背景下是较为有效的；为了适应后工业社会的新情况，就需要从动态战略管理的高度，将企业内部流程与外部市场环境以及组织创新发展等统一整合到组织绩效管理框架中，建立四维综合平衡的新型绩效评估体系。

平衡计分卡的核心思想是“战略平衡”。首先，加入长期绩效动因并与短期财务绩效评价之间形成“瞻前顾后”的平衡关系；其次，在组织内外部利益相关者群体之间进行平衡，以员工创新学习能力及内部业务流程为核心平衡外部股东和顾客群体之间的利益关系和合作伙伴关系；再次，将前置与滞后绩效在动态上进行协同平衡，客观清晰地描述企业绩效的动态因果关系和价值链条。总之，从组织动态战略运营角度来看，创新学习、内部流程、外部顾客和经济效益是有机统一、内在关联的。在组织整体战略运作过程中，只有创新能力强、内部流程有效率、顾客满意度高，最后才能获得好的实际经济效益，四个方面有机联动，统一促成组织可持续发展的战略运营动态。

专栏2-5　学术档案

“平衡计分卡”创设者

平衡计分卡的创设者，罗伯特·卡普兰（Robert S. Kaplan）和大卫·诺顿（David P. Norton），分别为美国哈佛大学教授和复兴全球战略集团总裁，他们创办了美国平衡计分卡协会并担任主席及CEO。

卡普兰先后获麻省理工学院电子工程学士和硕士学位，以及康奈尔大学运营研究博士学位。1994年，获德国斯图加特大学荣誉博士学位。曾在卡耐基–梅隆大学管理学研究生院（GSIA）执教16年，其中1977~1983年任该研究生院院长，后担任哈佛商学院领导力开发专业Marvin Bower教职18年。他是J.I.基斯拉克组织（迈阿密）理事、复兴全球战略集团董事和泰克尼恩理事会（以色列科技学院）的学术委员会委员，并长期担任欧美许多一流公司业绩和成本管理系统设计顾问。主要研究方向为组织变革背景下新型成本计量和绩效管理系统设计。出版专著10本，在《哈佛商业评论》等刊物发表论文百余篇，并获得多项教学和学术成果奖。

诺顿曾先后获得佛罗里达科技大学运营研究学士学位、全斯特工业大学电气工程学士学位、佛罗里达州立大学工商管理学硕士学位和哈佛商学院博士学位，曾创办诺兰–诺顿公司（Nolan，Norton & Company），是其下属机构复兴全球战略集团创始人之一，并担任总裁达17年之久。

卡普兰和诺顿为长期合作伙伴。1992年，他们在《哈佛商业评论》第1~2月号合作发表了关于平衡计分卡的第一篇文章《平衡计分卡：业绩衡量与驱动的新方法》。1996年，二人又在哈佛联合出版首部关于平衡计分卡的专著《平衡计分卡：化战略为行动》。

关于“平衡计分卡”的理论与方法，是卡普兰和诺顿最杰出的贡献。平衡计分卡作为一种前沿的、全新的组织绩效管理手段和战略管理思想，近年来在世界各地各行各业得到了广泛的运用，产生了深远而重大的影响。《哈佛商业评论》曾将平衡计分卡理论和方法评为75年来最具影响力的管理学说。

资料来源：http://wiki.mbalib.com/wiki及其他相关文献。

十多年来，关于“平衡计分卡”的理论和方法得到了广泛的理论传播和实际应用，在理论思想体系上不断完善，在操作方法上也得到不断优化，目前已经发展演变为一种具有普适性的战略管理操作系统。

卡普兰和诺顿始终直面现实，及时追踪实践问题不断完善他们的理论和方法。1993年，卡普兰和诺顿发表他们的第二篇论文《在实践中运用平衡计分卡》，提出运用平衡计分卡来传递组织战略，并建立与战略相符合的内部组织架构，以将绩效管理的重点从现有流程的绩效改进提升到具有战略意义的流程再造和价值驱动方面来。[①]1996年，他们又联合发表论文和出版专著，根据最新实践，更加详细地论述如何利用平衡计分卡建立组织战略管理系统。[②]2001年，卡普兰和诺顿出版《战略中心型组织》，对一些成功运用平衡计分卡的组织实践经验进一步进行研究总结，声称他们发现了一种战略协同作战和密切合作的普遍模式，并明确提出“战略中心型组织”五项原则：（1）转化，将战略转化为可操作的行动；（2）协同，使组织围绕战略系统化；（3）激励，使战略成为每个人的日常工作；（4）管控，使战略成为持续性流程；（5）动员，高层领导推动变革。[③]

2004年，卡普兰和诺顿依托平衡计分卡协会，发起由希尔顿酒店、摩托罗拉、佳能、美国陆军等十余家实施平衡计分卡的明星组织参与的研究项目，旨在探索如何利用平衡计分卡持续聚焦于战略转型，并针对构建“战略中心型组织”的第1项原则拓展开来，给出一个关于如何将组织战略具体转化为四维度战略目标并将流程、人员、信息技术及组织文化协同起来聚焦于客户价值定位和股东期望目标的通用操作模式。这项成果最后体现在他们的第三本平衡计分卡专著《战略地图》之中。紧接着，作者又将构建“战略中

---

① Kaplan，R.S. & Norton，D.P. Putting the Balanced Scorecard to Work. *Harvard Business Review*，September-October，1999.

② Kaplan，R.S. & Norton，D.P. Using the Balanced Scorecard as a Strategic Management System. *Harvard Business Review*，1996. Kaplan，R.S. & Norton，D.P. *The Balanced Scorecard: Translating Strategy into Action*. Harvard Business School Press， Boston，MA，1996.

③ Kaplan，R.S. & Norton，D.P. *The Strategy-Focused Organization*：*How Balanced Scorecard Companies Thrive In The New Business Environment*. Harvard Business School Press， Boston， MA，2001.

心型组织”的第2、3项原则进一步充实拓展，推出了第四本平衡计分卡专著《组织协同》，说明了应如何借助平衡计分卡及其战略地图将组织业务单元及员工个人整合于一个经营实体之中，并通过沟通将员工的个人目标、薪酬激励与业务单元及公司总目标挂钩，形成具有协同效应的组织合力。

按照卡普兰和诺顿的估计，《财富》1 000强等公司有50%以上都引进和应用了平衡计分卡来推行其绩效战略管理运作实施。①一些非营利组织和政府公共组织也尝试引入平衡计分卡进行绩效评估和管理，并取得了初步成效。经过十多年来在欧美国家各类组织中的探索性试验及推广应用，他们发现，大多数组织在利用平衡计分卡构建“战略中心型组织”绩效管理体系时，大都能够遵循第5项原则，很快动员管理团队行动起来，也遵循第1项原则通过战略地图将组织战略很快分解建立起四维绩效考核体系，以及遵循第2项原则协调组织各个业务单元及个人行动；但是，由于第3项原则需要重新设计一些关键的人力资源系统，而第4项原则需要重新构建规划、预算和控制系统，因此，很多公司往往在导入平衡计分卡一年甚至多年后，才能将新的做法完全彻底融入组织既有管理运作体制之中。2008年，他们终于找到了实施第4项原则的所有关键操作流程，并将之呈现在其第五本平衡计分卡专著《重在执行》（*The Execution Premium*）之中，在这本最新集成性著作中，明确提出了整合战略规划与运营执行的六阶段操作模型。②

---

① Kaplan，R.S. & Norton，D.P. On Balance，*CFO*，February，2001，73-77.

② Kaplan，R.S. & Norton，D.P. *The Execution Premium:Linking Strategy to Operations For Competitive Advantage*. Harvard Business School Press，2008.

近年来，关于平衡计分卡的理论和方法，迅速被一些咨询公司和专家学者介绍到中国来，卡普兰和诺顿等学者的一些著作陆续有中译本出版，国内专家学者的相关著作也相继出版。[①]与此同时，一些中国企业及其他一些组织也开始尝试引进平衡计分卡，诸如青岛啤酒、宝钢、华润、新奥集团、中国石化、深圳中航集团和中国光大银行等，以及台湾的致远、品佳、楠电及力晶等集团公司，都是本土平衡计分卡应用的标杆组织。特别值得一提的是，百年老店青岛啤酒，在新世纪之交战略转型的关键时期，高层管理者不失时机引入BSC作为战略执行核心工具，通过五年的艰苦努力，从浅层次到深层次、从模块到系统成功实现战略整合和转型，使公司迅速从过度扩张的困境中走出来并大幅度提升了经营业绩，堪称成功案例。但总体来看，真正成功落地并有效实施的典型案例却很少，未来深入拓展的应用空间仍然很大。

相应地，在薪酬战略管理研究领域，随着时代变迁和工业化社会转型，人们将研究视野从传统外在直接薪酬逐渐扩展到重视外在间接薪酬乃至内在薪酬方面来，并在此基础上提出“广义薪酬”（又称“全面报酬”或“总报酬”）概念及创新性的理论及设计框架。早在20世纪中叶，美国组织行为及管理学家道格拉斯·麦格雷戈（1957）、赫茨伯格（1959）就提出著名的“双因素论”，他们借助理论抽象和实证研究方法，将影响人们在组织中劳

① 这方面的中文著作近年来出版很多，列举要者如：保罗·尼文．平衡计分卡实用指南．北京：中国财政经济出版社，2003；布莱恩·贝克等．人力资源计分卡．北京：机械工业出版社，2003；马克·休斯理德等．员工计分卡：为执行战略而进行人力资本管理．北京：商务印书馆，2005；毕意文，孙永玲．平衡计分卡中国战略实践．北京：机械工业出版社，2003；宝利嘉顾问．战略执行：平衡计分卡的设计和实践．北京：中国社会科学出版社，2003；于泳泓，陈依萍．平衡计分卡导入与实施．北京：电子工业出版社，2010.

动或工作行为的诸因素，进一步细分为内在和外在两个层面，进而观察和分析组织激励的根本动因所在，结果其结论惊人的一致，即认为：工作本身的内在价值是最直接、最重要的激励因素。后来，美国行为科学家莱曼·波特和爱德华·劳勒（1968）在一个更加完备的激励过程模型中，进一步明确地将薪酬按照工作性质分为内在与外在两大类。近年来，面对日益激烈的人力资源市场竞争，传统基于财物的狭隘报酬组合模式愈发显得力不从心，如何为员工的绩效付酬，有效控制人工成本，并最大限度地保留和激励核心员工，成为各类企业薪酬管理面对的新问题、新挑战。目前，关于广义薪酬概念，已经得到人力资源管理领域很多专家诸如蒙迪和诺伊（R.W.Mondy，R.M.Noe，1996）、沃克（J. W.Walker，2001）、米尔科维奇和纽曼（G.T.Milkovich，J.M.Newman，2002）以及马尔托齐奥（J.J.Martochio，2005）等普遍认同。2000年，世界薪酬协会（World at Work，WAW）在总结多位薪酬领域专家关于“定制性和多样性相结合实施整体薪酬计划”思想成果的基础上，正式提出“总报酬模型”，并于其后陆续进行了改进和完善（见专栏2-6）。此外，近年来薪酬战略管理还凸显如下两大趋势：一是从过去以短期劳资谈判为主进行实务性干预逐渐转到长期股权激励乃至内在的精神激励方面来；二是从注重个体性、事务性、随机性和零散性的日常行政监控工作转到以团队性、战略性、规范性和制度性的规划设计调控工作方面来。顺应这样的大趋势，国内学者结合中国本土实践陆续推出了各具特色的研究成果。

专栏2-6 前沿探索

WAW“总报酬模型”设计

20世纪70年代以来，随着全球经济与跨国公司的迅速发展，战略性薪酬设计开始为组织所重视，以往相对简单的薪酬与福利计划开始变得复杂起来，报酬要素间的相互关系也开始受到薪酬专家们的关注。近年来，面对日益激烈的人才竞争，为员工的绩效付酬，有效控制人工成本，并尽可能提高业绩产出水平，最大限度地保留和激励核心员工，成为各类组织薪酬管理面对的新问题、新挑战。在这种背景下，传统基于财物的狭隘报酬组合模式愈发显得力不从心。于是，世界薪酬协会（World at Work，WAW）在总结多位薪酬领域专家关于“定制性和多样性相结合实施整体薪酬计划”思想成果的基础上，于2000年提出了第一个“总报酬模型”（见图2-5），并于此后陆续进行了改进和完善。

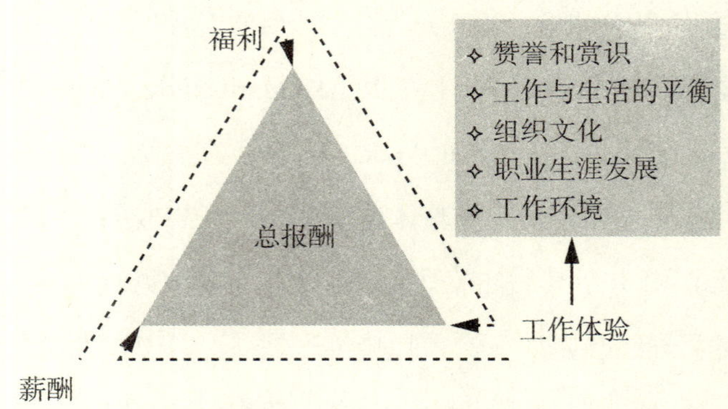

图 2-5 总报酬模型

“总报酬模型”，颠覆了传统“工资＋福利”的狭隘薪酬概念，将报酬概念扩展到薪酬（Compensation）和福利（Benefits）之外，而将赞赏和赏识、平衡工作与生活、组织文化、职业生涯发展和工作环境等各种“工作体验”（Work Experience）也纳入进来，形成总报酬范畴。相较于传统的付酬方式，总报酬模型真正做到了以员工需要为导向，强调薪酬战略、人力资源战略和组织战略的一致性，更加具有弹性，更加强调沟通和员工参与，有助于更有效地控制人工成本等。因而，在一些较前沿的大型企业人力资源战略管理中被率先认可和探索性采用。

随着时间的推移，管理者们逐步体会到基于总报酬的整合战略蕴藏着巨大潜能。与此同时，各专业咨询机构、专家学者也陆续提出了一系列总报酬改进模型。考虑到总报酬模型作为企业薪酬战略管理核心，变得日益重要，在与诸多企业决策者和人力资源专业人士充分交流的基础上，WAW战略委员会2004~2005届主席贝尔（Bell）提出了一个总报酬改进模型（见图2-6）。

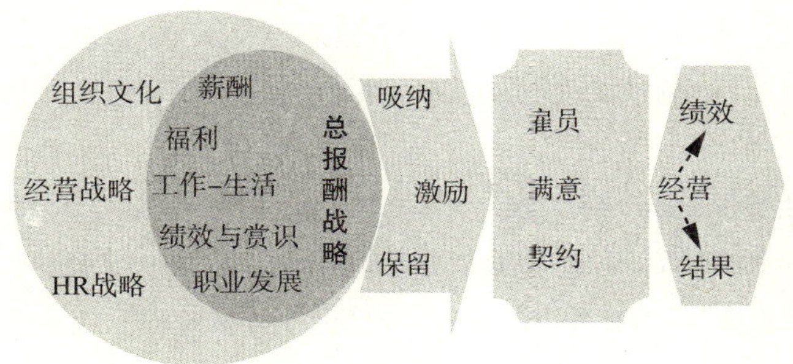

图 2-6　总报酬改进模型

与2000模型相比，总报酬改进模型考虑到全球化竞争大背景，将内部环境因素明确归纳为组织文化、经营战略和人力资源战略三大方面，并将工作体验要素具体分为“工作与生活的平衡”、“绩效与赏识”及“个人发展和职业机会”3个要素，这样使原先的3个核心要素扩展为5个要素。这些要素根据不同的企业或同一企业的不同阶段进行灵活组合，从而达到吸引、保留和激励员工，最终通过对员工多样化、差异化需求的满足，顺利达成企业经营总目标。

在总报酬体系中，薪酬与福利仍然发挥着重要的基础性作用。薪酬，即雇主支付给雇员的工资，作为对其付出时间、努力和技能等的回报，既包括固定的基本工资，也包括随绩效而变的浮动（风险）工资，如短期奖金和长期奖金（股票期权和分红）。福利，是雇主对雇员的现金薪酬进行的补充，包括失业、赔偿金、社会保障、残疾（职业）补偿等社会保险，医疗、牙齿、视力、处方药、精神健康、人寿、残疾和退休等团体保险，以及上班期间吃饭、清洁和换制服时间及未上班时间照付工资等。工作体验，具体分解为3个基本要素：

（1）工作与生活的平衡。主要有工作地点灵活性 、公司托儿所和照顾受赡养者等内容。这是组织一种特殊的制度和安排，目的是为了协调员工从事工作和照顾家庭之间的冲突，以便于雇员能更加有效地完成工作任务。

（2）绩效与赏识。绩效，是指通过组织、团队和个体的共同努力以完成企业的目标，包括设置期望目标、技能应用、效果评估、结果反馈及持续改进等因素；赏识，是指对员工的行动、努力、行为或绩效给予承认或特别关注，它满足了个体内心期望被人欣赏的需要，同时也能强化某些对企业成功有利的行为（如非凡成绩、卓越成就等）。不论是正式的还是非正式的，组织通常在员工实现一些没有预先计划的目标，或表现出超常的行为时，可以及时给予承认，奖励可以是现金，也可以是非现金（如口头赏识、发放奖品、共进晚餐等）。

（3）个人发展和职业机会。发展，包括学习机会、资深专家或导师亲临指导，这可以让员工表现出更好的绩效，也可以促使领导者改进本组织的人力资源战略和策略；职业机会，包括让雇员改进其职业发展计划，被组织晋升到一个责任更重、级别更高的职位，或在公司内设立员工职业发展的多通道阶梯，等等。

2005年9月，WAW对其改进模型的有效性进行了一次调查评价。被调查者就模型的图形表示和每个要素的定义进行了评价反馈，并就总报酬及其未来应用前景提出了各自的看法。同时，有被调查者认为，他们可以把模型应用到自己的工作中，并且可以借此和高级领导进行交流。但据调查反馈，只有大约2%的人认为（狭义）薪酬的重要性已经有所减弱；大约55%的成员感到福利的重要性已经上升，而37%的人认为它的作用仍然保持不变；关于工作与生活的平衡对于吸引、保留和激励员工的作用，58%的人认为其作用已经得到增强，而32%的人认为其重要程度会保持不变，也有不到8%的人则认为该要素没有意义；人们对绩效与赏识、个人发展和职业机会这两个要素更加关注，66%的调查参与者认为绩效与赏识的重要性已经上升到了相当的程度，而62%的被调查者对个人发展和职业机会的重要性给予了肯定。

资料来源：http//www.worldatwork.org；曾湘泉，宋洪峰，薪酬理论的新发展：总报酬模型及其在中国的运用.劳动工资动态，2006（6）.

近年来，“广义薪酬”概念已被业内人士广泛认同和接受。在薪酬管理模块中，如何针对特定组织的内外部环境和总体战略目标，紧紧围绕“战略性广义薪酬整合激励机制设计”这条主线，将战略性激励核心理念层层贯彻到组织薪酬规划、设计和管理的具体行动中，搭建起一整套独具特色、富有竞争力的薪酬战略管理框架，显然是一个在战略管理总体思路上具有“革命性”创新意义的前沿课题和实践难题，然而至今尚未有人对其涉足研究。按照广义薪酬概念，薪酬项目可以分为内在薪酬与外在薪酬两大类，前者指员工直接从组织劳动或工作过程本身所获得的好处，后者是指员工从组织劳动或工作之外所间接获得的货币或物质性报酬，而内外在薪酬各自又可分为直接薪酬与间接薪酬，这样形成一个完整的薪酬项目分类体系。由此，基于“广义薪酬”概念、“战略性激励”理念和“综合平衡”战略思想，从内在薪酬、外在薪酬、直接薪酬和间接薪酬等四个基本维度，分别将组织薪酬战略目标明晰化、具体化，笔者于2009年首次提出并构建一种可以称之为“平衡计酬卡”（Balanced Compensation Card，BCC）的四维标度盘。[①]

第五节　打破束缚：从绩效薪酬常识理念到战略性激励常规行动

笔者曾在一次学术会议上与同行学者调侃：与自然界生态链相似，学术界也存在由高到低的生态链：从“土鳖”到“海龟”、从本土到西洋，从

① 李宝元．薪酬管理：原理·方法·实践．北京：清华大学出版社，北京交通大学出版社，2009：259~264. 李宝元．关于“平衡计酬卡”的构想：基于战略性广义薪酬整合激励的综合平衡设计，中国人力资源开发，2011（3）.

不懂英文者到会英文者、从用中文写作者到会写英文论文者，从三流、二流大学任教者到一流顶尖大学任教者……存在一种学术话语权、权威性及研究成果沿着学术生态链由高而低、从上到下的延伸流动倾向，处于生态链低端者只能跟在处于高端者后面“鹦鹉学舌”，而从来没有或很少出现由中而西、由下而上的倒流倾向。例如，在绩效管理领域，1990年美国学者卡普兰与诺顿提出BSC，20余年来他们凭借这个理念模型和工具“吃遍全世界”，不仅在学术话语权上“引领世界新潮流”，而且在管理实践层面创办平衡计分卡协会专门传播其BSC相关思想、理念及工具；而处于生态链低端的学者，包括HR领域、管理学领域乃至经济学和财务会计金融等领域的一些专家学者，习惯于“鹦鹉学舌”，特别是英语比较好的更是如此。这种没有进行深入辩证思考就机械模仿的学习模式只会让懒惰的学习惯性越来越大。不瞒读者，笔者之所以能够对应于美国学者在绩效管理领域提出BSC而在薪酬管理领域提出BCC，恰是因为处于学术生态链低端却不想被动学习，结果“被逼无奈”主动思考的结果。

通过上述基于“历史的与逻辑的相统一”的方法论进行的文献综述，读者不难看出BCC的提出有如下三个学术线索及思想来源：（1）以马斯洛、麦克利兰、奥尔德弗、麦格雷戈、赫茨伯格、弗隆、波特及劳勒为代表的经典激励理论关于组织管理（激励）基本矛盾即组织目标与个人目标的协同关系的论述，以及在激励要素及激励过程两个层面提出来的激励内在要素及其动力机制，特别是关于将组织成员所获报偿按照激励性质及功能强弱分为内在与外在两大类的思想理念和理论构建；（2）以梅奥“霍桑试验”为起点，经由“战略管理”理论与“组织激励”理论的整合而形成的现代组织人力资源管理，特别是在绩效与薪酬两个焦点模块中将关注焦点从财务绩效与货币薪酬的狭隘领域拓展开来，重点关注客户价值、工作流程特别是学习创新本身对于员工提升工作及组织绩效水平所起到的越来越重要的意义，尤其是卡普兰与诺顿的BSC理论与方法，以及世界薪酬协会及IBM等机构关于包括“工作体验”在内的“全面报酬”或“总报酬”概念及理念模型的提出和优化（这是我们提出BCC最直接的思想源泉及方法论指引）；（3）多年来，人力资源管理领域关于绩效与薪酬在理论研究与管理实践之间存在的反差及落差。相对于绩效管理领域理论及实践关注的深度及广度来说，薪酬管理领域理论研究严重滞后，而且存在一种很怪异的状况，即理论认可“广义薪酬”特别是工作本身的内在激励性质及意义，但在实践操作层面进行薪酬体系设计时又偷偷回到狭义薪酬（工资薪水及福利），结果形成一种“言行不一、知行分裂”的困境。[①]基于这样的学术积累并鉴于此种困境，笔者在力求自洽的形式逻辑上正面界定“广义薪酬”的内涵与外延，将“薪酬”界定为“泛指社会从业者从所供职组织中获得的各种形式报酬或好处的总和”，

① 例如，米尔科维奇（Gerge T.Milkovich）和纽曼（Jerry M.Newman）在《薪酬管理》中就明确指出：“货币收益只是总薪酬中的一部分。然而，非货币收益、相关性收益（安全、个人地位、晋升机会、富于挑战性的工作等）也很重要。”（米尔科维奇，纽曼．薪酬管理．北京：中国人民大学出版社，2002:5.）沃克（James W.Walker）也在《人力资源战略》中指出：现在，“人们的注意力日益转向非物质奖励。正如本书通篇论述的那样，雇员受富有挑战性的工作、个人发展机会和新职责、对成绩的承认、安全感及归属感的激励。企业不可能完全没有成本，但这些奖励是比较精细的为雇员贡献付酬的方式”。（沃克．人力资源战略．北京：中国人民大学出版社，2001:239.）马尔托齐奥（Joseph J.Martochio）在《战略薪酬管理》中，将薪酬界定为员工通过劳动所获得的内部和外部奖励，并将薪酬明确区分为内部薪酬与外部薪酬，前者反映员工工作时的心理状态，主要由“组织设计专家”负责；后者既包括物质奖励又包括非物质奖励，由“薪酬专家”负责管理，一般薪酬管理专著或教科书主要关注外部薪酬。（马尔托齐奥．战略薪酬管理（第三版）．北京：中国人民大学出版社，2005:5.）

并将之作为组织激励基本矛盾的一个方面、战略性激励的焦点模块和关键变量，认为“凡是员工从组织得到的一切收益性要素，包括直接的或间接的，内在的或外在的，货币的或非货币的，所有形态的正面报偿，都属于此范畴”，并在此基础上将薪酬项目分为内在薪酬与外在薪酬两大类，内外在薪酬又可分为直接薪酬和间接薪酬，这样形成一个完整的四维薪酬项目分类体系，并由此构建了BCC四维标度盘理念模型及理论构架。

从大历史观来看，在内涵及外延上不断扩展的薪酬管理是以“人性化”为导向、基于“以人为本，战略性激励”核心理念及精要意义的现代人力资源管理中越来越关注的重点研究领域，是人本管理的核心，是人力资源管理工作实践及专业实操设计的重中之重。在工业化初期，企业处于自由竞争、供大于求的非均衡劳动市场环境中，整个组织运营管理总的来说，是一种本能的、粗放的、非规范甚至有些野蛮的劳工监控型管理模式。这时，所谓薪酬管理，其实就是企业管理者根据市场竞争形成的价格波动来相应决定和调整工资率，以最大限度地降低人工成本、提高利润水平。对此，古典经济学和新古典经济学基于劳动市场竞争机制提出的工资决定理论，具有很大的指引作用和影响力。在当今社会，说到薪酬管理，其实已经不仅仅限于企业组织范围，政府组织中公务员（在西方又称政府雇员，与企业雇员对称）薪酬管理，也是人们关注和研究的前沿焦点问题之一，甚至对于非营利性组织中的专职人员乃至志愿者来说，亦有一个在“广义薪酬”框架内进行战略性薪酬规划、设计和管理的问题。

简言之，薪酬管理已经成为当今社会所有组织的一项核心职能型战略管理工作。与此相对应，在整个人力资源管理学科体系中，薪酬管理已发展为一门相对独立的核心学科。但就目前中国管理学界的情况来看，在充分汲取现代西方各类组织薪酬管理经验精髓要义的基础上，立足中国转型期的特殊国情和本土实践，广纳中外组织薪酬管理学文献经典思想和方法，紧紧围绕“战略性广义薪酬整合激励”这个核心线索，努力把握最新实践和理论前沿走势，全面系统地论述、介绍和全景式展现包括企业组织、政府公共组织和非营利组织等在薪酬管理领域的精要思想方法、典型运作案例和精练操作技术，显然是一个具有挑战性的重大研究任务。

我们认为，“战略性激励”是现代人力资源管理的根本特性或核心理念，而绩效与薪酬是组织激励基本矛盾的两个方面，也可以说是战略性激励的两个焦点。①所谓“战略性激励”，概括地说，就是树立“以人为本”的战略指导思想，为“获取竞争优势”而确定战略目标，通过“全员参与”的民主管理，运用系统化的科学方法和人文艺术，最大限度地激发员工工作热情、积极性和创造力，以获得组织持续发展的核心竞争力和战略竞争优势。在实际人力资源管理中，组织激励的基本矛盾具体体现为“绩效”与“薪酬”两个焦点职能模块之间的整合关联性。绩效体现的是组织目标，薪酬体现的是组成成员的个人目标，组织目标与个人行为的一致协同要求，就表现为绩效与薪酬在制度设计理念和具体制度安排上的相容性，以及二者在运作管理机制层面的契合性。因此，人力资源战略管理的基本任务，就是通过设计恰当的薪酬与绩效整合制度框架及激励机制，以使个人与组织目标最大限度地一致起来，让他们发挥积极性和创造性，以实现组织目标。

现代组织薪酬管理研究的主题就是：针对特定组织的内外部环境和总体

① 李宝元．战略性激励：现代企业人力资源管理精要．北京：经济科学出版社，2005.

战略目标，紧紧围绕“战略性广义薪酬整合激励”这条基准主线，将战略性激励核心理念层层贯彻到组织薪酬规划、设计和管理的具体行动中，进而搭建起一整套独具特色、富有竞争力的薪酬战略管理框架。具体表现在如下几个方面：（1）在项目内容上，现代薪酬战略管理已从过去以外在直接薪酬为重心，逐渐扩展到更加宽广的领域，越来越重视外在间接薪酬乃至内在薪酬的战略性激励意义；（2）在时代主题上，现代薪酬战略管理已从过去以短期劳资谈判为主进行事务性干预，逐渐转到长期股权激励乃至内在的精神激励方面来；（3）在焦点职能上，现代薪酬战略管理在职能模块上与绩效管理的内在联动关系日益加强，绩效薪酬设计和操作系统已成为整个组织战略性激励管理的基础平台或主支撑点，广义薪酬内外在有机整合对于组织绩效的战略性提升作用越来越明显；（4）在管理层次上，现代薪酬战略管理已从注重个体性、事务性、随机性和零散性的日常行政监控，逐渐将工作重心转到以团队性、战略性、规范性和制度性的规划设计调控方面来；（5）在组织范围上，现代薪酬战略管理其实已经不限于企业组织范围，非营利性事业单位、政府公共部门薪酬管理也成为人们关注和研究的前沿焦点问题之一。以上5个方面也是现代薪酬管理领域的最新实践和前沿课题。

基于组织HR战略管理系统定位，薪酬战略管理框架有三个基本支点：一是薪酬政策目标锚定，二是薪酬体系整合设计，三是薪酬体制模式选择。实施薪酬战略管理，首先要依据“公平、合法、有效”的基本原则要求，将薪酬管理纳入组织总体经营战略和人力资源战略框架中，进行战略目标定位，明确薪酬政策导向。构建薪酬战略框架，第二项支柱性建设工作就是薪酬体系整合设计，具体涉及三个关键问题：依据什么基准来构建基本薪酬体系？基于什么原则来确定薪酬总体结构和水平？以什么样的组合方式来构筑薪酬项目体系？基于BCC，薪酬专项设计操作技术大致包括如下四大模块：（1）基本薪酬设计，即根据员工人力资本要素及其所任工作职位权重程度等因素设计确定一种相对固定的货币报酬；（2）绩效薪酬设计，针对组织中不同职能部门和业务类别的员工群体特点来设计和实施各具特色的绩效薪酬制度体系（如计件工资制、年薪制、佣金分成制和奖金制等）；（3）员工福利计划，包括法定社会保险项目序列及用人单位根据实际需要和情况自行设置的一系列补充福利项目；（4）薪酬体系整合设计，特别是内外在薪酬整合规划设计，在传统薪酬管理研究领域少有涉及，也是现代薪酬战略管理中一项最为超前性、极具挑战性的工作。此外，在组织制度安排和管理程式设置上，须遵循“公平合理，公开透明，公正合法”的基本原则和要求，选择并保持适当的薪酬体制模式。薪酬管理运作流程由薪酬规划、薪酬设计和薪酬调控三个基本环节组成。

从HR战略性激励职能模块定位来看，绩效提升职能模块与薪酬设计职能模块是两大焦点职能模块。绩效目标是组织存在的理由或动因，实现高绩效是组织运营发展的基本目标，也是组织成功的根本标志；而绩效提升是一个连续不断、具有战略性控制功能的动态管理系统，担负着在动态上为组织成长和发展提供持续推动力的重大使命。为此，我们特别提出一个叫作“三层四维关键目标绩效动态提升机制”的设计原理。[①]另一方面，薪酬是员工从组织获得的个人利得，它是激发员工努力工作的动力和源泉，其战略定位及设计思路与员工个人利益关系最直接也是矛盾和争议最突出、操作难度最大的职能模块；如

① 李宝元.绩效管理：原理·方法·实践.北京：机械工业出版社，2009.

何基于“战略性广义薪酬整合激励机制”[①]，在薪酬政策明确导向下综合平衡设计内外在薪酬项目体系，是薪酬战略管理的重中之重。在此基础上需要更进一步，就“战略性激励焦点模块对接设计、整合提升”的前沿创新要求来说，我们面临的重要研究任务就是：基于BCC构建“战略性广义薪酬整合激励机制”，以与绩效管理模块中比较成熟的“三层四维关键目标绩效动态提升机制”对接联动，从而有效驱动整个组织战略性激励水平的大幅度提升及公司实现长期可持续发展。为此，在实证研究层面必须认真研究并解决三大具有挑战性的关键技术难题：一是平衡计酬卡（BCC）设计，并基于BCC构建“战略性广义薪酬整合激励机制”；二是BSC–BCC双卡对接整合设计，在SHRM框架思路引导下实施战略性激励焦点职能模块整合设计；三是对接联动导入实施路径及策略设计，基于典型案例研究中国企业在特定商业生态和市场竞争环境中及实战操作层面如何将BSC与BCC对接导入实施，以切实提升企业人力资源核心竞争力和长期战略比较优势。对此，我们也已取得了一系列令人欣喜的初步成果。[②]本书就是在此基础上做的进一步深入研究。

第六节　说破新衣：从故弄玄虚到直面现实

在当今商业社会中，管理已成为热门专业和职业，各类工商管理励志方面的图书杂志热销畅行，深受民众欢迎，各种管理咨询培训项目也多种多样，异常热闹。其实，这没有什么不好，原本也是很自然的事。就管理学界

---

① 李宝元．薪酬管理：原理·方法·实践．北京：清华大学出版社，北京交通大学出版社，2009.

② 李宝元，王文周．从平衡计分卡到平衡计酬卡．中国人力资源开发，2013（10）；李宝元，王文周，焦豪．绩效薪酬整合管理．北京：清华大学出版社，2014.

来说，有人研究学术、探索理论，有人传道授业、教书育人，有人解答疑惑、践行咨询；有人水煮“三国”、热炒“西游”，也有人戏说“水浒”、大话“红楼”；有人说“细节决定成败”，就有人反驳：不！是“战略决定成败”，“态度决定一切”；有人编译传播“美式日式管理”之舶来品，也有人津津乐道“中国式管理”之本土传统；有人讲“小故事大道理”，有人就不断演绎出“小故事里的大道理”“小故事大智慧”“小故事大管理”；如此这般，不胜枚举，真所谓“萝卜白菜、各有所爱”，“八仙过海、各显其能”。对此，有人不以为然。他们认为，专业化分工、职业分化程度的高低是一个社会发达还是落后的重要标志，专业门槛、职业资格壁垒是一个专业领域发展水平和职业成熟度的关键指标，目前经济管理学界之所以出现“票友充角儿、业余成专家”的情况，就是因为专业门槛儿低、职业化程度不高。所以，要消除管理业界“巫师庸医卜卦者，秘方真传漫天飞”的混乱局面，就应该在提高管理学研究的专业化水平、加大管理职业进入壁垒上下功夫。这话有一定道理，但笔者总体上是不太同意的。

应该看到，人是任何社会活动的核心，而企业等组织中的人际关系问题是异常复杂的，管理所面对的是“现实的人所遇到的现实问题”，因此，按照西方分析思维去机械地分而解之，显然在方法论上是存在很大局限性的。更为严重的问题在于，传统功利性的商业管理教育严重扭曲了社会制度的“价值理性”基础，工具手段的完美性带来的是价值目标的迷失，最大化求值程序带来了人性价值迷惘和“分析性道德败坏”，从而导致了人格尊严的堕落以及组织制度、政治法律的普遍腐败，归根结底这是一种物对人的异化，使人们惯常把人当作物来看待而不自知。更有甚者，在管理学研究领域，有些研究者丢失了应有的“求真”科学精神，不是直面并回应重大现实问题，而是将自己关在书斋里通过编造类似黑话的晦涩专业术语制造“壁垒”以便将大众阻挡在外面，来掩饰和包装自己所研究问题的空洞性和思想贫乏性。例如，“一头会说话的猪”，若直白表述则显示不出所谓专业水平，于是用谁也听不懂甚至连自己也搞不明白的晦涩语句来故弄玄虚：“人类与非人类关于听觉传播系统的同质异形性……”[①]。如此所谓的专业学术研究，如果再走下去，最终会走向江湖骗术的邪路。

以笔者拙见，管理学本质上是一门关于“做人理事”的普适性学问。像经济学等其他任何人文社会科学一样，强调管理学向经典“自然科学”范式靠拢在很大程度上是一种“退化”。我们知道，关于“人的问题”具有特殊的复杂性，特别是具有“人人都参与其中感受其理”的特殊实践性。因此，排斥大众于职业门外、以一小撮人奋斗的“科学事业”自居的做法，恐怕有百害而无一利，不仅注定徒劳无益，而且将使作为百花齐放之一朵的管理学健康成长的社会沃土大大贫瘠化，最终使之枯萎凋谢。正如没有大众娱乐，就没有高雅艺术繁荣昌盛的群众基础；没有老百姓的日常经济，就不可能有经济学家象牙塔中的“经典学说”；没有社会组织群落中的芸芸众生，哪有什么社会学家的“专业研究”。同样就管理学来说，既要“扫除骗术”，也要反对专家们的“话语霸权”（更不要说“职业霸权”了）。正所谓“上帝的归上帝，恺撒的归恺撒”，“业余的归票友，专家的归专家”。普通女孩儿可以变“超女”，超女可以成为“歌星”，为什么我们要将管理职业搞得那么“等级森严”呢？当然，平民老百姓谈管理不宜太随意，但那

① Siggelkow N. 案例研讨的压服力 . 管理世界，2008（6）：156~160.

些自称是所谓“管理学家”的人也不可太自以为是。总之，我倾向于管理学大众化，套用林肯之名言，就是“人人的管理，应人人而管理，为人人而管理”。

笔者一向认为，任何好的管理思想、理论或工具都是“佛家常说家常话”，直面现实回应真问题，说出符合常识的真话和实话。人们听与不听、听见并传播的广度和深度，则主要看你怎么说、在学术生态链低端还是高端了。即使处于学术生态链的低端，也应该紧接地气、直面现实、回归常识，脚踏实地认真学习积累，扪心自问一些“德鲁克式的问题”，如组织管理要干什么，组织中的管理者要干什么，组织成员要干什么，人力资源管理（者）要干什么，绩效、薪酬管理（者）要干什么，管理学家及人力资源管理学家又要干些什么……通过对诸如此类问题的追问和思考，就会找到透析真问题的真学问、有效解决管理难题的真答案，从而打破“东西学术生态魔咒圈”，从绩效薪酬常识理念到战略性激励常规行动，将中国本土研究成果推广到全世界，成为全人类文明成果，被大家尽情分享。本书关于BCC的理论阐释及实践指引，就是试图在这方面做出努力。

第三章
平衡计酬卡有什么实际用处

任何理念模型或理论工具，都是为了回应并解决现实问题的；BCC作为人力资源管理领域一个前沿性的理论框架及操作工具，就更是如此。BCC所传达的核心理念及思想方法，可以说是无处不在，而其关键在于知行合一；作为价值向导，BCC革除物欲，超越工具理性，帮助组织化解危机；作为战略平台，BCC描绘蓝图，为组织绩效目标实现提供动力基础；作为沟通手段，BCC统筹兼顾，上下贯通，为组织行为寻找平衡点；作为操作工具，BCC一卡在手，内外在直间接，有无形全都行。

第一节　思想方法：无处不在，关键在于知行合一

理论是灰色的，生活之树常青。任何理论，说到底都是立足现实，为了回应现实，而在抽象层面推演逻辑而形成的。BCC，作为人力资源管理领域一个前沿性的理论框架及操作工具，就是为了回应并解决现实问题而特别提出来的。为了避免过于抽象，而能够简单明了地使读者产生“身临其境、活灵活现”的实感，以下用五个情境个案来说明，笔者针对什么样的现实问题提出BCC，或者BCC究竟要回应或解决哪些现实问题。

情景个案一：1985年，IBM通用大中型机独占世界市场份额的70%，大型机的毛利率高达85%，中小型机毛利率也高达50%，一时之间，计算机企业都唯IBM马首是瞻。而1990年至1993年，IBM连续三年巨额亏损，累计亏损额达168亿美元；1993年，一年的亏损额高达80亿美元。个人机份额被挤出前三名，大型机更是空前萧条，企业面临被拆分的局面。此时，郭士纳临危受命，对其传统薪酬模式进行了大刀阔斧的改革，构建了由"薪酬"、"福利"和"工作体验"组成的"全面报酬体系"，不仅在短时间内实现了"财务止血计划"，而且成功变革了战略管理模式、很好地传承了蓝色巨人文化，大大提升了企业核心竞争力。

情景个案二：某著名大型国有企业，十多年来借助"平衡计分卡"（BSC）理论框架及操作系统成功实现从"做大做强"到"做强做大"的战略转型，由此搭建了一整套完善的人力资源管理体系及强有力的HR队伍，并针对不同层次、群体特点设计了"工效挂钩"的激励体系，但由于缺乏"薪酬激励战略衔接、四维平衡关键计酬、绩薪联动双轨同步"的整合管理理念及配套设计思路，致使所有战略性绩效目标都被短期功利性地锁定在"工资奖金"的狭隘激励空间内，出现很多尴尬的短期行为及管理困境。

情景个案三：某女士，开办会计事务所多年，员工有三十余人，曾向笔者大倒苦水："李老师啊，快超度我一下吧！我这些员工，他们要钱给钱、要物给物，可以说是要什么我给什么，但就是不跟我实心实意干事，还彼此内耗纠纷不断，烦恼透了，真想将事务所关闭算了。"这一现实个案让人感叹，用"钱"来满足员工，真的能解决所有问题吗？

情景个案四：多年来，中国教育界存在大家都熟悉而诡异的现象，诸如为了解决“拖欠工钱”问题在中小学莫名其妙实施所谓绩效工资制，“在编”与“非在编”双轨制带来的异化激化人事纠纷，大学教学科研“计件考核”机制及教师“计件工资制”，年度预算年末出台逼着师生弄虚作假突击报账花钱，学校与教师签合同将科研经费与研究生招录直接挂钩促生腐败，课题申报、排课授课、论文发表等所有科研教学行为都异化为短期功利，等等。

情景个案五：某男，师范毕业在中学教政治课数年，考上研究生。三年毕业后找工作，与某学院谈了很长时间，却没有成功，原因有二：一是月薪，该学院只给3 000元，该生期望3 500元（读研究生前月工资已3 000元，研究生三年附加500元），相差500元，谈崩；二是该生嫌弃该单位地理位置偏僻。后来，其想与某咨询公司签约，但发现，劳动合同期限为五年，且有不平等、不合理条款（该生有劳动经济学专业背景），遂退出。最终选择一家金融杂志做编辑，月薪七八千元，没过几年又因回家乡为亲戚讨债而辞职，随后又到保险公司推销保险，到某行业协会做事，奋斗十余年仍漂泊不定。

这五个情境个案，大致反映或代表了我们日常生活与工作中在对待“报偿”的态度理念或“薪酬（管理）”决策方面所遇到的大大小小“内外在直接间接平衡问题”。如果你像郭士纳那样“临危受命”，被一家著名国际大公司聘去做CEO，在财务巨亏的情况下，如果能够不仅给员工一个“全面报酬”的概念，还拥有可以立即付诸实施的BCC系统操作平台和工具，那么一定可以力挽狂澜，为公司文化及战略转型提供一套长期可持续发展的动力系统及机制。如果你是某家国企人力资源管理部门主管，就可以在多年行之有效的BSC导入实施及战略转型基础上，借助BCC导入并进一步通过双卡对接建立一套更加有效的绩效薪酬战略整合管理体系，使组织人力资源管理水平上升到一个新台阶。如果你是一家中小企业的老板，员工无论是数十人还是上百人，你都可以借助BCC操作平台及工具很快走出“物质利诱离心离德，效率低下焦头烂额”的管理困局。如果你是一个科教文卫事业单位或非营利组织的人力资源管理者，有了BCC操作平台及工具，你就可以走出传统狭隘绩效工资制框定的局限，将“事业”作为中心而不是“金钱”作为重点通过“胡萝卜加大棒”式的低劣管理手段成天“运动”员工，使事业单位的“事业”发展走上本来早就应该走的康庄大道。如果你是一个刚毕业的大学生、研究生，要找工作；如果你是一个待婚的青年男女，要找对象成家；如果你是一个辛苦了大半辈子还在进行房产财产功利算计而不幸福不快乐的中老年人……学了并掌握好BCC思想方法，或许人生选择及职业生涯发展即可从此“豁然开朗”。

严肃点说，立足中国本土实践，顺应全球化组织管理发展大趋势，BCC要回应的现实问题及理论意义大致有三：（1）顺应后工业化社会，特别是网络数字化时代背景下全球各类组织基于“以人为本，战略性激励”核心理念，以更加人性化、强调内在价值驱动的绩效与薪酬管理策略，激发员工积极创新，推行大刀阔斧的组织流程再造及结构变革的大趋势；（2）纠正长期以来各类组织管理仅限于BSC视角进行绩效与狭义薪酬偏态非平衡倒挂造成的“急功近利”倾向，以及严重损害组织长期战略可持续性的HR目标管理导向；（3）在薪酬设计及战略管理操作层面，将IBM等著名国际企业及世界薪酬协会（WAW）普遍认可的“全面报酬”概念及模型，在逻辑自洽、更易于实践导入实施的意义上，向前推进了一大步。可以看出，相对于舶来品

BSC来说，BCC更加紧接中国本土文化及管理实践“地气儿”，对于解决中国企事业单位人力资源管理困境及个人工作生活困扰，都具有极强的现实针对性及指导意义。

第二节　价值向导：革除物欲，超越工具理性，帮助组织化解危机

在全球数字网络化的时代大背景下，顺应世界潮流、适应市场变化进行学习型组织变革及战略调整，是任何组织战略管理都不能回避的重大挑战。在这种情况下，组织战略管理遇到的最大危机往往是，组织成员在长期潜移默化的“物质刺激”下陷入一种“工具理性”思维定式及发展困局，人力资源管理特别是绩效与薪酬管理工作往往围绕“计件工资”“绩效工资”“工效挂钩”打转转，一方面组织管理者在财务业绩层面步步紧逼强化“绩效考核，业绩评估”，另一方面组织成员在狭义薪酬上得寸进尺要求“提高工资，改善福利”，结果导致一种“给钱干活、干活给钱”甚至“拿钱不干活，少给钱就撂挑子”的僵局。对此，BCC具有“价值向导”净化功能，可以帮助组织管理者乃至全体成员革除物欲，超越工具理性，进而化解运营管理危机。

一般说来，任何组织，包括工商企业，作为“社会的器官”，都是为了对外部做出贡献，为了供给产品和服务并满足组织外部的社会成员需要，而存在和发展的。因此，在现代社会中，任何组织的管理者，时刻都要牢记其组织运作对民众、社区、经济发展和社会进步的影响，并能自觉地承担起应有的社会责任。从组织所承担的“社会责任”出发进行检核，就会发现组织之所以存在的真正原因和意义，从而提炼出和确认组织的真正使命，使组织

确立长期持续发展的方向和指针。特别是当一个组织获得初步成功时，及时提出并回答这一基本问题，是管理者的重要职责，也是决定一个组织持续发展和成功的关键因素。但是，在实际中，很多组织运作管理大都是一种“战略上多属偶然，经济上每出意外，政治上源于灾难”，因应环境交替出现“应急行为”、“理性行为”和“被迫行为”的自然历史过程，组织目标导向往往从最初的“价值理性”异化为“工具理性”，并由此导致组织陷于重重危机后，要么就此沉沦走向灭亡，要么“解放思想”通过学习型变革而获得重生。①

在组织创业阶段，就如同狩猎者在沙漠中用鼻子寻找水源一样，一些具有创新精神的人凭借自己的非凡技术、丰富经验、特殊敏感和热情“嗅到”机会，因此“恰好处于一个适当的时候和适当的地方”，在具体情景和特定需要的激发下“走到一起来了”，形成“亲密无间”而又能随机应变的工作团队，并很快进入各自的“角色”，以某一共同的“理想”或价值观凝聚在一起，从而形成最初的以“使命”驱使的组织形态。随着共同的组织目标即“使命”的形成和确认，组织成员逐渐形成理性化的行为方式，一些总是带来“成功”的、被证明是“正确”的行为方式，逐渐以组织纪律、准则或规范的形式出现，而作为组织“罗盘”的使命及其所代表的核心价值观，被管理者总结归纳绘制成具有“地图”功能的战略（包括目标、阶段、步骤和措施等要素）。这时，原先各自随机担当的角色逐渐沉淀成固定的工作职位，工作团队网络逐渐被等级制的职能部门结构体系所取代；而起先凝聚组织成

① David K. Hurst.*Crisis and Renewal*：*Meeting the Challenge of Organizational*.Harvard Business Press，1995.

员的无形“认可”和精神激励机制也逐渐失灵，由有形“报酬”和物质刺激机制来发挥作用；起初那些“凭着满腔热情干革命”的创业元老们也逐渐退出“历史舞台”，被从正规教育系统出来的专业技术和管理人员所取代。这样，组织运营管理逐渐走入基于“工具理性”而按部就班的功利官僚主义模式，组织管理行为逐渐工具理性化，管理者在追求效率、将成功模式固化的过程中逐渐丧失了人性、灵活性，这使得组织对外部环境的变化越来越不敏感。一旦外部环境发生灾变，这种像恐龙般庞大笨拙的组织就变得不堪一击，立刻陷入危急混乱状态。这时，组织要么坐以待毙，从此灰飞烟灭；要么在“创造性破坏”中重整旗鼓，东山再起。很多昌盛不衰、“百年老店”式的国际著名公司，如GE（通用电气公司）、IBM、3M（明尼苏达矿务及制造业公司）等，并非从未遭遇险滩和危机，而是具有在关键时刻化险为夷、在变革中振兴、在危机中重生的能力。

所谓“振兴”，就是“回归过去，走向未来”，即通过适当途径，恢复原来创业时期的价值观，在新机体中重新激发原始初动状态下的那股“革命热情”。也就是说，以基于价值驱动的理性行为取代过去基于工具的理性行为，激发员工在无边界的网络结构中进行多元化的探索和创新，使组织在新的环境中抓住新的机遇，从而获得新生、走向新的辉煌。在这种情势下，如同当年郭士纳力挽IBM经营危机狂澜时所做的那样，借助基于“广义薪酬”的BCC，可以很方便地将组织动力由“工具理性”转移到“价值理性”轨道上，使组织所有成员、部门和层级方方面面的利益关系协同起来，使他们的注意力从传统狭隘短期功利性的“薪酬福利”兴奋点上转移开来，聚焦关注“工作体验”本身的长期内在激励功能效应，不仅为眼前最危急、最要命的

“财务止血”抢救工作扫清障碍、铺平道路，也为重塑组织文化，实施战略变革，实现长期可持续发展提供动力基础。

大致说来，BCC有如下一些“价值导向”功能：（1）借助BCC，可以帮助组织管理者及全体成员“由外向内”思考问题，回答“我们要真正从组织获得的究竟是什么？”“我们在组织中担当的角色和责任究竟是什么？”“在经营危机中我能够为组织做出的贡献或牺牲究竟是什么？”等诸如此类的重大问题，从而在危机管理中达成共识，制定战略目标；（2）基于BCC系统操作平台，经过全体成员长期互动、民主沟通和充分讨论，将战略目标具体化，把组织使命及核心价值观在“广义薪酬战略性激励”机制层面转化为真正的“方向性指路明灯”或“动力性标度盘”；（3）有了BCC理念模型及工具，可以让员工以全新的“由外在到内在、由间接到直接、由货币到非货币”思考问题方式，重新审视和评估自己在组织运营管理及业务流程中所担当的真正角色和责任，特别是在组织再造、危机管理、战略调整和创新学习中找出自己的独特优势作用、战略性杠杆解及关键价值环节，并配合“众望所归”的领导系统进行战略性激发，积极与他人、同事及下属沟通，协力合作来化解危机，以使组织尽快摆脱过去，进入新状态。

一个现代组织的“学习型变革”应该通过适当的民主制衡机制，使“众望所归”的领导系统具有正面的价值驱动和精神创造效应，而避免和克制专权独断、损害大众利益的行为倾向。实际中，相当多的组织往往是在“丧钟”已经敲响的情况下才不得不变革，但这时往往为时已晚，即使能够成功也是事倍功半；而这些组织在危机还未凸现时又很难启动改革，其实这时启动，其成功的可能性会很大而且往往是事半功倍。面对这样的悖论，一个组织如果能够建立和形成“众望所归”的战略激发性领导系统，就会促成组织变革的成功实现。但是，“众望所归”的战略激发性领导系统在开拓创新、价值驱动和战略协调的同时，往往也容易导致独断专权，无法使目前已经存在，特别是目前已经取得成功的组织在未来继续存在并取得成功，不能基于共同的价值观为全体成员描绘出清晰的组织愿景并通过身体力行来激发大家为组织愿景而奋斗，也难以审时度势平衡和协调利益关系并化解矛盾和冲突，为组织所有成员和各个层次上的全方位学习和创新提供宽松适宜的条件及环境。在这种情况下，作为一个具有可操作性、工具化的价值导向平台和系统，BCC就恰好可以派上用场，可以使得“众望所归”的战略激发性领导系统在“综合平衡”各方利益关系的过程中，实现开拓创新、价值驱动和战略协调。

第三节 战略平台：描绘蓝图，为组织绩效目标实现提供动力基础

对于一些已经构建了完善的人力资源战略管理体系，特别是导入实施BSC构建了“三层四维关键绩效目标管理”系统的大公司来说，BCC作为基于“广义薪酬战略性激励”机制构建的一个新型战略管理操作平台，可以通过描绘战略蓝图，为组织绩效目标实现提供动力。

按照卡普兰和诺顿的理念模型及思想方法，在基于BSC的绩效战略管理系统中，为了使组织战略能够为员工所理解，可以通过绘制“战略地图”（Strategic Map），将创新学习、内部流程、外部客户与经济效益四维绩效之间的内在逻辑关系，以及各种前置驱动因素与业绩成果之间的战略关联，以

一种“行军路线图”的形式全面完整系统地呈现出来，使组织战略愿景变得形象生动起来。在此基础上，我们可以进一步导入BCC，构建“广义薪酬战略性激励”管理系统，进而将绩效与薪酬作为战略性激励两个焦点模块（组织激励基本矛盾两个方面）联动起来，通过绘制BSC-BCC双卡对接战略地图（其模板见图3-1），将创新学习、内部流程、外部客户与经济效益四维绩效，以及内在直接、内在间接、外在间接与外在直接四维薪酬之间的内在逻辑关系，包括各种前置薪酬驱动因素与后续业绩成果之间的战略关联性，以一种“路线图”的形式全面完整系统地呈现出来，使战略愿景变得形象生动起来。借助这样一种战略模板，人们在认识、理解、讨论、研究和执行组织战略时就有了一种得力、实用的操作工具或技术手段。具体绘制此图，要从战略目标开始，首先从组织使命出发确定战略愿景，将战略分解为若干战略主题，以由上而下的方式进行。

首先，要在经济效益与外在直接薪酬维度上进行透视，确定战略所要追求的财务经营成果，以及相应的基本薪酬与绩效薪酬政策导向及设计要求。在实际操作层面，一个组织特别是企业的绩效水平高低，最先直观看到并令各利益相关者群体关注的是“经济性”（Financial）业绩，其具体绩效衡量指标，传统上用“投资回报率”（ROI）或“投入资本回报率”（ROIC）等指标，近年来流行使用“经济增加值”（EVA）和“作业成本”（ABC）等基于价值的新型管理指标。这里的关键问题是，以这些经济效益指标衡量的绩效目标不仅要与组织愿景及战略目标上下挂钩，还要与适当的薪酬维度即外在直接薪酬（包括基本薪酬与绩效薪酬）目标及指标左右对接。我们知道，基本薪酬是组织对员工劳动或工作贡献的基础性回报，是按照时间和劳动定额

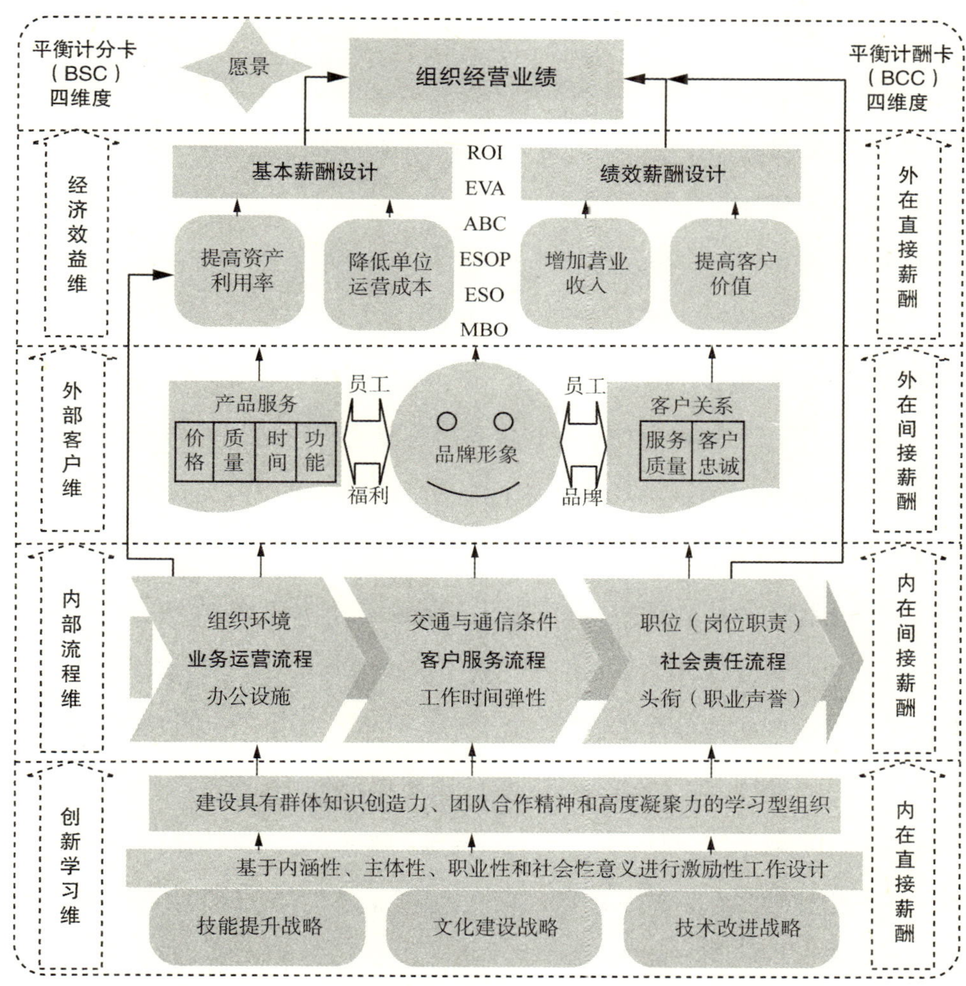

图 3-1　BSC-BCC 双卡对接战略地图模板

支付的固定性劳动报酬，而绩效薪酬即各类短期奖酬与产权连带性收益，作为一种带有不确定性的风险收入，它通过让员工参与剩余收益分配，随工作努力程度或工作绩效不同而获得一定比例的剩余收益。与经济效益挂钩对接的薪酬项目及其指标，除了针对生产工人、工程技术、市场营销与行政管理人员等各类群体进行细化目标及指标而外，还有各类收益（利润）分享计划，以及包括员工持股计划（ESOP）、管理层收购（MBO）和经理股票期权（ESO）等股权激励计划。无论用什么价值指标衡量经营业绩，通过什么途径和方式进行外在直接物质激励，其核心任务就是紧紧抓住这样两个战略焦点——做好基本薪酬与绩效薪酬、效率提升与效益优化的平衡，开拓营销渠道、增加客户价值，改善成本结构、提高资产利用效率。对此，BSC-BCC战略地图要首先给予清晰描述。

其次，要在外部客户与外在间接薪酬维度上进行透视，通过双卡对接战略地图清晰描述和传达组织（包括员工）对客户的“价值取向”（Value Proposition），瞄准目标客户群，要始终注意做好一般价值取向与特殊价值取向的平衡工作。一个组织为什么而存在？简单直白地说，就是为了外部客户而存在，为了服务客户并满足客户诉求而存在，因此，客户满意度是决定并标志着一个组织成功与否的根本因素或关键指标。为此，在绩效维度上，就应该以企业品牌形象塑造为核心，全面满足客户对产品和服务在价格、质量、时间和功能上的一般要求，同时注意客户关系的建立和保持，尽量满足客户的个性化需要，不断提高客户满意度和价值。但是，因为外部客户服务是由内部员工提供的，客户满意度的高低，归根结底是由员工服务状态决定的。而员工工作及其服务状态，不仅与外在直接薪酬、内在直接间接薪酬都有关系，更与其在组织中所感受到的福利待遇紧密相关。为此，需要在外在间接薪酬设计上，以法定福利要求为基准，根据企业员工素质层次、年龄结构、健康状况及生活需求，量身定制具有自助餐功能的员工福利计划，塑造与产品及服务品牌相适应的员工品牌形象。

再次，要在内部流程与内在间接薪酬维度上进行透视，通过整合内部的运营业务流程、客户服务流程和社会责任流程，以实现价值取向，兑现组织所承诺的客户价值主张。在三项流程中，客户服务流程对于外部客户维的价值实现是最直接、最重要的，其他两项流程都是从属性或辅助性的。从绩效薪酬整合设计目标任务及意义来看，业务运营流程的设计和变革，包括技术发明、新产品开发、上市速率提高，以及组织环境营造与办公设施建设，相对来说是基础性和根本性的；客户服务流程的设计及适应性调整，包括交通、通信效率提升以及员工工作时间弹性设计，具有直接性和关键性作用；而健康、安全、环境保护和其他社会责任方面的流程再造和变革，包括员工岗位职责落实、职业声誉塑造及生涯设计，则相当大程度上是长期性和战略性的。无论基础性和根本性的业务运营流程设计和变革，还是具有直接性和关键性作用的客户服务流程设计及适应性调整，抑或是长期性和战略性的社会责任流程再造，都需要兼顾绩效薪酬两个维度，在内部工作流程的运作效率绩效与工作条件间接薪酬效应之间做好平衡。

最后，要在创新学习与内在直接薪酬维度上进行透视，以建设具有群体知识创造力、团队合作精神和高度凝聚力的学习型组织为核心任务，基于内涵性、主体性、职业性和社会性意义进行激励性工作设计。组织成员的学习创新能力，可以通过专门的人力资源开发项目来提高，但归根结底需要员工在“干中学”，其根本动力来自组织为员工提供的“内在直接薪酬”即富有意义的工作性质所带来的好处，诸如：工作富有挑战性、趣味性，工作给个人成长和发展带来的机会，工作能够参与决策管理而有权威感、责任感和成就感，以及工作具有令人鼓舞的团队精神和氛围等。所有这些都与技能提升战略、文化建设战略和技术改进战略三大战略直接相关。在此维度层面描绘三大战略，以技能提升战略为工作团队或经营单位提供具有战略执行知识和技能的职工队伍，以文化建设战略保证塑造有利于战略执行的文化氛围和团队合作精神，以技术改进战略为战略执行提供数据库、网络信息系统、先进技术和设施等方面的支撑。

根据图3-1提供的基础模板，人们可以根据工商企业、非营利组织和政府公共组织等不同组织的具体情形，以及特殊研究目标和要求，绘制出形式多种多样、内容丰富多彩的BSC-BCC战略地图。借助此战略地图，组织管理者及全体成员在认识、理解、讨论、研究和执行组织战略时就有了一种得力、实用的操作工具或技术手段，而组织绩效目标落地实施也确立了相应的动力机制。

第四节　沟通手段：统筹兼顾，上下贯通，为组织行为寻找平衡点

在实际中，很多组织在薪酬管理中缺乏有效沟通，在具体工作方法及策略手段上往往存在诸多偏误，诸如：薪酬政策传达局限于口头说明，薪酬面谈往往走过场、讲套话，多层上级轮番传递重复信息，只个别性地告知员工薪酬信息，上司夸夸其谈地传达薪酬指令而员工在沟通中只是被动地接受信息，等等。在薪酬沟通中，组织高层缺乏愿景导向、战略指引，出现不分大小巨细轻重缓急“眉毛胡子一把抓”的倾向；很多主管不能保持平和心态，往往有一种居高临下的优越感，不能够用“心”倾听员工意见，这些不当行

为也时常造成不良后果。但是，如果引入BCC作为薪酬沟通平台及手段，许多日常管理难题就迎刃而解了。

在组织最高管理层的激发和支持下，从检核组织使命、核心价值观开始，形成共同愿景，并通过绘制BSC–BCC战略地图，将愿景转化为战略规划，进而将之具体化为两方八维绩效—薪酬对接平衡卡评价体系，以此作为沟通手段统筹兼顾、上下贯通为组织行为寻找平衡点，从而将个人、团队和整个组织贯通并有机整合起来，进行价值理性驱动的绩效薪酬整合战略管理。按照组织愿景阐释金字塔（见图3–2），管理者可以引导组织成员自上而下、自下而上、依次检核的问题包括：（1）明确使命：我们的组织为什么而存在？我们所有成员在组织中的角色定位及个人诉求目标是什么？（2）追寻核心价值观：我们坚定不移的信仰是什么？我们进行绩效与薪酬战略管理的“综合平衡”思想是什么？（3）达成共同愿景：我们（组织及个人）将来

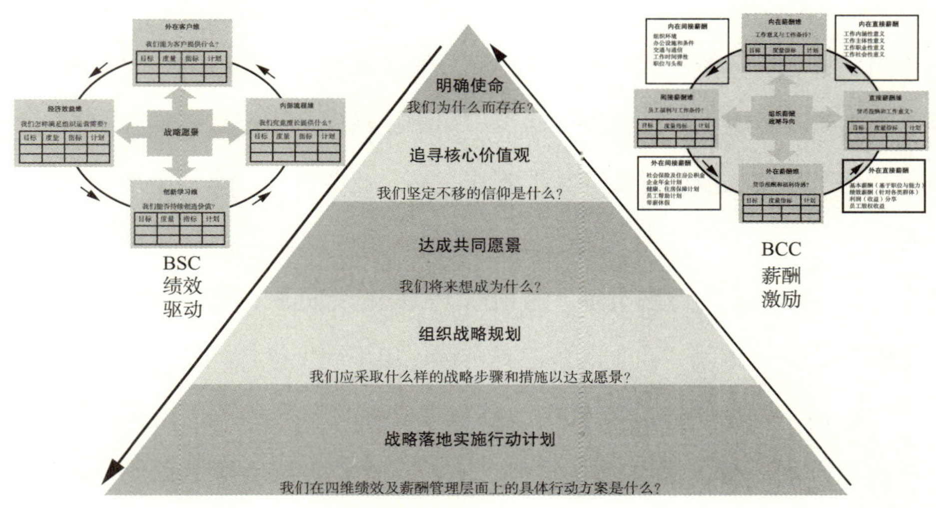

图3–2　组织愿景阐释金字塔

想成为什么？如何将我们各自利益目标协调起来以达成组织目标？（4）战略规划：组织应采取什么样的战略步骤和措施以达成愿景？每个组织成员个人应该怎么通过自我控制来实现组织的目标？（5）行动计划：组织、工作团队及个人在四维绩效及薪酬管理层面上的具体行动方案是什么？

基于BCC搭建薪酬战略管理架构，要将基点放在准确的战略定位上。为此，应将薪酬战略与人力资源战略、职能战略、业务单元战略及整个组织战略很好地衔接起来。对于一个大型组织来说，所谓“战略”其实是基于组织特定使命、愿景及目标所做的“理念一致性、方向锚定性、长期持续性和行动协同性”的定位或决策，其本身应该是一个包括不同水平层次、不同运行维度、不同时空序列和不同执行要素的完整体系。大致说来，组织战略系统可以进一步分解为业务单元战略（Business Unit Strategy）和职能战略（Functional Strategy）两个系列，前者沿着组织核心业务活动模块分解，如某产品业务经营战略、某服务业务经营战略、某市场业务竞争战略等；后者沿着组织核心业务流程或管理职能活动分解，如生产研发战略、财务投资战略、人力资源战略、市场营销战略等。薪酬战略属于职能战略系列中的人力资源战略子系统，应该逐级与其他职能战略，业务单元战略乃至整个组织战略相衔接、相匹配，以便在整个战略管理体系中发挥其应有职能，为提升整个组织核心竞争力做出贡献。这种基于战略衔接匹配的薪酬沟通总体思路（见图3-3），应该是“自上而下追寻目标，自下而上检核问题”。

组织通常都由许多分支机构、经营单位和共享服务单位组成，构成方方面面、千丝万缕、错综复杂的利益关系。BCC将每个员工和经营单位及整个组织的薪酬战略联系起来，借助它可以通过有效沟通，将四维平衡的战

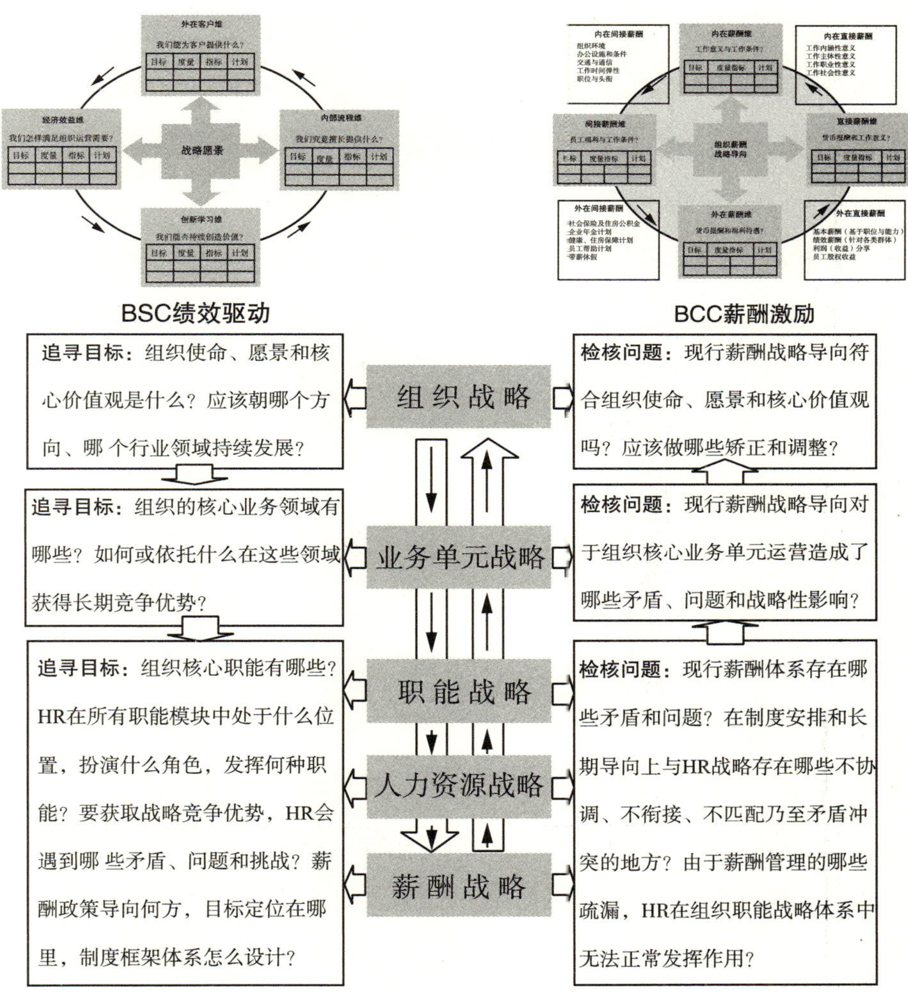

图 3-3 组织薪酬战略衔接匹配示意图

略管理理念贯彻到组织中的各个层次，将公司战略目标按照组织—部门（团队）—个人上下贯通，层层分解为具体的可操作目标，并循着创新学习/内在直接薪酬、内部流程/内在间接薪酬、外部客户/外在间接薪酬和经济效益/外在直接薪酬四个方面设置一一对应的KPI/KCI衡量体系。这样，能够使每个人都能够深刻理解组织的战略思维，并获得激励去帮助组织实现战略目标；能够将他们的日常行为和实现战略目标联系起来，经常自觉地去发现新的、具有创意的、跨部门或跨单位的机会。当然，在具体操作过程中，要特别注意自上而下和自下而上相结合。可以先自上而下，以既定的组织BSC/BCC方案为模板范式，确定各经营单位的BSC/BCC，进而建立个人绩效目标，并与薪酬联系起来建立个人的BSC/BCC；而后自下而上进行检核和调整，重新定义愿景，取消非战略性的事项，提出变革方向，最终使各层次BSC/BCC相互衔接，形成短期与长期、内在与外在、直接与间接、财务与业务有机统一的战略管理系统。

总之，沟通是有效管理的基础。在薪酬管理中，管理者同样要时刻注意借助BCC将薪酬方面的有关信息、情感和想法与员工进行充分沟通。薪酬沟通，应该具有全面性、互动性和动态性。首先，在沟通内容上，薪酬沟通涉及薪酬管理各方面的信息，包括薪酬战略、薪酬制度、薪酬政策、薪酬结构和薪酬水平等，也涉及员工对薪酬管理者或管理事务的情感反应、思想认识和意见表达等层面的内容。其次，在沟通方式上，薪酬沟通应该是公开透明和平等互动的。薪酬信息的传递应有双向网络式传递通道，即不仅有自上而下的薪酬政策传达渠道，而且应有薪酬民意自下而上的表达反馈通道；薪酬制度、政策、规范和标准等都应该公开化、透明化，普通员工也都能够通过满意度调查问卷、合理化建议信箱等书面形式，以及座谈会、访谈等面对面沟通方式，随时随地反馈自己的意见。最后，在沟通时态上，薪酬沟通是贯穿薪酬管理全过程的，具有持续不断的动态性，在组织上应有常设性正式机构，有明确的沟通目标，有畅通的、制度化的沟通组织系统，以及有效的沟通效果评估机制。

第五节　操作工具：一卡在手，内外在直间接，有无形全都行

BCC，作为薪酬战略管理的系统化操作工具，可以让管理者及员工“一卡在手，得心应手”，在进行薪酬设计、沟通、调控与管理过程中，特别是进行综合平衡操作时有“内外在直间接，有无形全都行”的现实感。

我们知道，在基于BSC进行绩效目标综合平衡设计及落地实施时，遇到的最大障碍就是短期、看得见的财务绩效与长期、看不见的非财务绩效之间如何平衡的技术问题；与此相类似，在基于BCC进行薪酬目标综合平衡设计及落地实施时，遇到的最大障碍则是短期、外在保健性、货币计量性的狭义薪酬福利待遇与长期、内在激励性、非货币性的“工作体验性”薪酬诉求之间如何平衡的技术问题。为此，我们有针对性地开发了一整套系统化操作技术、可行性衡量工具及一揽子解决方案。有了BCC系统化操作工具，特别是相关“一揽子解决方案”的导入实施，组织薪酬管理工作就可以方便地解决上述技术性难题，高效实现广义薪酬全方位综合平衡设计工作。

更为困难的问题还在于，在没有BCC导入实施的情况下，这两者在实际工作中分属于完全不同的职能部门及工作群体，由其按照完全不同的职能定位及工作方法、以不同的步调和节奏分头实施。人力资源管理部门中绩效与薪酬职能模块，仅仅限于员工团队及个人工作绩效评估考核，以及狭义薪酬设计及福利计划，而工作设计往往与机构设置及行政办公室连在一起，分

属于其他职能部门及模块，结果使整个组织运营管理在长期与短期、战略与执行、内在与外资、财务与业务各个环节产生脱节。鉴于此，在导入实施BSC的基础上，进一步导入实施BCC，并将二者对接，就可以使绩效与薪酬管理、人力资源管理乃至整个组织运营管理达到一种前所未有的“系统化整合”境界。

第四章
如何设计平衡计酬卡

平衡计酬卡设计的核心任务是，基于广义薪酬体系中四维度薪酬项目坐标功能定位，并结合组织所处内外部环境及战略目标要求，确定和调整各维度目标及关键薪酬指标（KCI）体系，包括组织、部门、团队及个人目标值（综合影响因子或影响调整因子）及其权重，进而构建层次清晰、切合实际、富有特色并与KPI相对应相匹配的KCI目标管理体系。

第一节　纲举目张：抓住四维关键薪酬指标

BCC设计及导入实施的核心任务，就是对广义薪酬体系中四维度薪酬项目坐标功能进行定位，并结合组织所处行业、生命周期、环境因素、结构模式、规模大小及既定战略目标要求，设置关键薪酬指标体系。

一、BCC四维度坐标功能定位

我们将直接—间接横向坐标与内在—外在纵向坐标交织而成的坐标图划分为四个象限：第Ⅰ象限，直接内在薪酬；第Ⅱ象限，内在间接薪酬；第Ⅲ象限，外在间接薪酬；第Ⅳ象限，外在直接薪酬。这四个象限的薪酬项目，在激励功能定位及激励效应强度上，是有区别的，设计者需要认真甄别、详细说明和清晰描述（见图4–1）。

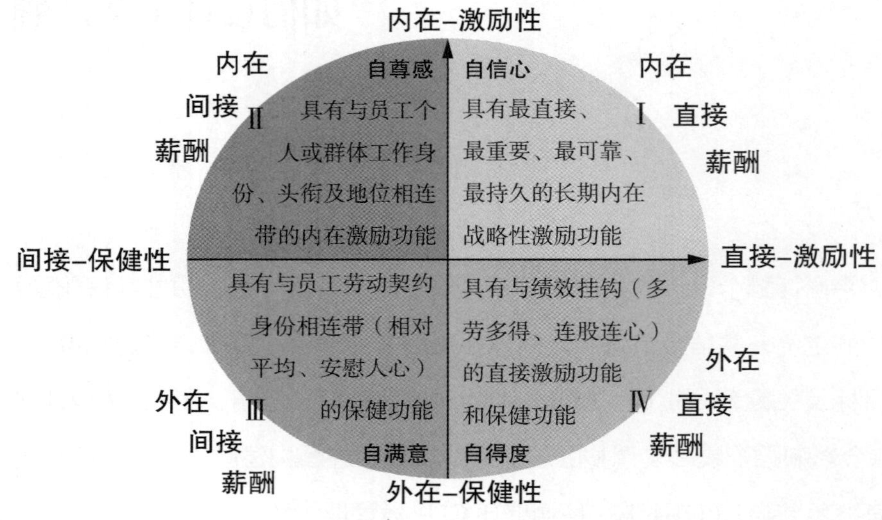

图4–1　BCC四维度薪酬项目坐标功能定位

第Ⅰ象限，直接内在薪酬，即富有意义的工作性质给组织成员直接带来的内在激励性报偿，包括工作的内涵性意义、主体性意义、职业性意义和社会性意义，对员工来说，这些薪酬项目是具有最直接、最重要、最可靠、最持久的长期内在战略性激励功能。从主体激励意义上来说，此象限的功能定位可以用“自信心”来简洁表达。

第Ⅱ象限，内在间接薪酬，主要是指优越便利的工作条件所带来的好处，诸如组织环境、优雅办公设施、先进技术设备、弹性工作时间、便利交通和通信条件、体面头衔、优越职位及和谐人际关系等，这类薪酬具有与员工个人或群体工作身份、头衔及地位相连带的内在激励功能，但与内在直接薪酬相比，其激励功能表现得没有那么“直截了当”。从主体激励意义上来说，此象限的功能定位可以用“自尊感”来简洁表达。

第Ⅲ象限，外在间接薪酬，实际上就是传统上的“福利”（Benefits）项目或待遇。这种薪酬是员工在“工作之外”获得的，通常不直接支付给员工个人，是否享用与员工个人的工作（职位、能力、性质及其业绩状态）不直接挂钩或根本无关，员工通常是因作为某种组织成员身份而间接享受有关福利待遇的。该薪酬项目具有与员工劳动契约身份相连带（相对平均、安慰人心）的保健功能。对于员工来说，如果得不到满足，就会招致“不满意”；如果获得满足，却不一定就会“满意”。对于组织来说，也不具有明显的直接激励功能，但它是吸引、保留和凝聚员工从而提高组织整体和长期绩效水平的必要条件。从主体激励意义上来说，此象限的功能定位可以用“自满意”来简洁表达。

第Ⅳ象限，外在直接薪酬，即传统上的“薪酬”，包括基本薪酬与绩效薪酬两项基本内容。基本薪酬是组织对员工劳动或工作贡献的基础性回报，是按照时间和劳动定额支付的固定性货币报酬；绩效薪酬即各类短期奖酬与长期（股权）收益，是一种带有不确定性的风险收入，是根据工作努力程度或工作绩效不同而获得的剩余收益。这两类薪酬项目，是从工作之外获得的与工作（岗位、能力及状态）有直接关系的货币性报酬，具有与绩效挂钩（多劳多得、连股连心）的直接激励功能和保健功能。从主体激励意义上来说，此象限的功能定位可以用“自得度”来简洁表达。

二、选择和设置四维度关键薪酬指标

所谓“关键薪酬指标”（KCI），是指基于组织宏观战略目标导向、与关键绩效驱动因素相匹配、反映薪酬战略及政策导向、具有杠杆性激励功能及效应的一种薪酬体系控制变量；或者说，它是基于BCC四维度薪酬功能定位及权重测定，在组织薪酬战略政策导向下，对组织成员个人、团队或部门关键激励要素进行全方位检核、提炼和归纳而形成的一组薪酬衡量指标体系。

KCI不是某个具体的薪酬项目，不是对组织薪酬体系在微观层面上的精细刻画，而是对组织薪酬状态的一种宏观描述，是一种变量控制指标；或者说，KCI的核心任务及主要功能就是，在组织整体战略特别是与绩效战略相对应的薪酬战略导向下，对具有目标导向功能及杠杆决定作用的"关键薪酬变量"（薪酬总水平、体系结构和体制模式等），进行全方位聚焦反映、状态监控或情景控制。简言之，KCI的基本特征表现在：在指标数量上，是"少而精"的；在指标性质上，是基于战略愿景、与关键成功要素相连接的；在实际操作上，是可以调控员工个人、团队或部门薪酬激励状态的。

总的来说，战略导向、纲举目张、SMART[指标设置要有具体性（Specific）、可度量性（Measurable），可接受、可获得或可实现性（Accepted/ Attainable/ Achievable），以及相关性或现实性（Relevant/ Realistic）和时效性（Time-Bound）]，也是KCI的选择和确定须坚持的基本要则。基于此原则，我们在四维坐标上分别设置了4×4=16个KCI指标，形成了一个简练且可操作的KCI体系（见图4–2）。

图4–2中，IDC即内在直接维，IIC即内在间接维，EIC即外在间接维，EDC即外在直接维，16个KCI指标分布于4个象限，具体如下：

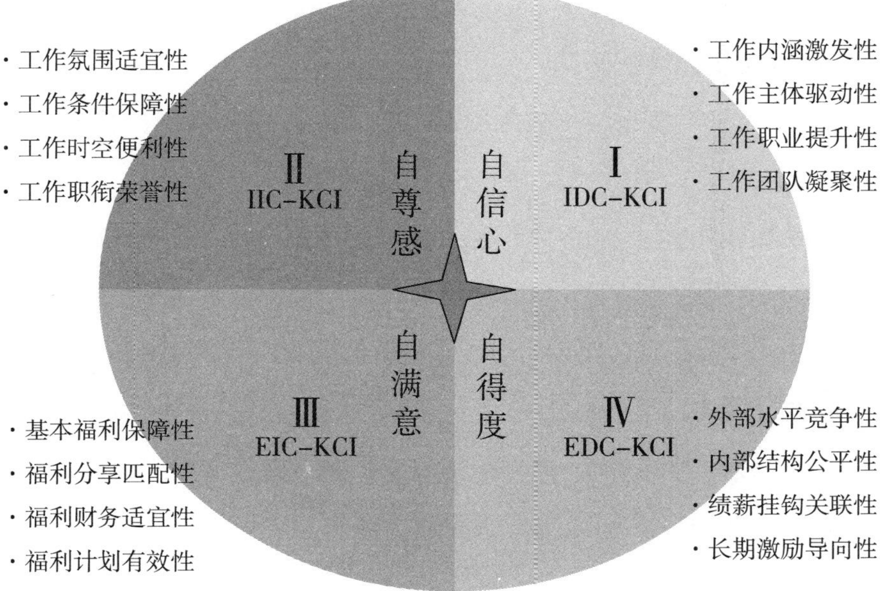

图 4–2　BCC 四维度 KCI 体系

Ⅰ. IDC–KCI（4个）

Ⅰ 1. 工作内涵激发性=F（价值重要性 · 内容丰富性 · 任务完整性）

Ⅰ 2. 工作主体驱动性=F（决策自主性 · 能力挑战性 · 成就感知性）

Ⅰ 3. 工作职业提升性=F（内生涯晋阶性 · 外生涯拓展性）

Ⅰ 4. 工作团队凝聚性=F（角色匹配性 · 协作默契性）

Ⅱ. IIC–KCI（4个）

Ⅱ 5. 工作氛围适宜性=F（雇主品牌美誉度 · 组织文化契合度 · 人际关系和谐度）

Ⅱ 6. 工作条件保障性=F（工作场所安全健康系数 · 办公设施环境舒适度）

Ⅱ 7. 工作时空便利性=F（交通信息便捷性 · 作息时间弹性）

Ⅱ 8. 工作职衔荣誉性=F（头衔名誉度 · 工作认可度）

Ⅲ. EIC-KCI（4个）

Ⅲ 9. 基本福利保障性=基本福利项目实现数/基本福利项目计划（法定）数

Ⅲ 10. 福利分享匹配性=自助餐式福利项目数/全部福利项目数

Ⅲ 11. 福利财务适宜性=员工福利成本水平/组织财务预算收入水平

Ⅲ 12. 福利计划有效性=1-因福利不满而离职的人数/可比员工群体人数

Ⅳ. EDC-KCI（4个）

Ⅳ 13. 外部水平竞争性=本组织薪酬水平/同行（类）可比平均薪酬水平

Ⅳ 14. 内部结构公平性=职位（能力）薪酬标准差/职位（能力）权重标准差

Ⅳ 15. 绩薪挂钩关联性=奖金或收益（利润）分享水平/短期货币薪酬水平

Ⅳ 16. 长期激励导向性=期股权收益水平/总货币收入水平

三、确定和调整各维度及KCI目标值、权重及维度权重

基于组织战略目标，特别是绩效目标设置组织层面、团队或部门层面以及个人层面各维度及KCI目标值，可以构建层次清晰、切合实际且富有特色的KCI目标管理体系；进而，综合运用现场观察法、德尔菲法、问卷调查法等多种方法，按照目标方案定期测量计算KCI指标及其权重，动态跟踪检核并及时调整组织薪酬体系存在的偏差、倒错、矛盾和问题（参见表4-1）。

表4-1　BCC四维度KCI体系一览表

维度	KCI		影响（计算）因子	目标			权重	
				组织目标	部门目标	个人目标	指标权重	维度权重
IDC	工作内涵激发性	Ⅰ 1	· 价值重要性 · 内容丰富性 · 任务完整性					
	工作主体驱动性	Ⅰ 2	· 决策自主性 · 能力挑战性 · 成就感知性					
	工作职业提升性	Ⅰ 3	· 内生涯晋阶性 · 外生涯拓展性					
	工作团队凝聚性	Ⅰ 4	· 角色匹配性 · 协作默契性					
IIC	工作氛围适宜性	Ⅱ 5	· 雇主品牌美誉度 · 组织文化契合度 · 人际关系和谐度					
	工作条件保障性	Ⅱ 6	· 工作场所安全健康系数 · 办公设施环境舒适度					
	工作时空便利性	Ⅱ 7	· 交通信息便捷性 · 作息时间弹性					
	工作职衔荣誉性	Ⅱ 8	· 头衔名誉度 · 工作认可度					
EIC	基本福利保障性	Ⅲ 9	· 基本福利项目实现数 · 基本福利项目计划/法定数					
	福利分享匹配性	Ⅲ 10	· 自助餐式福利项目数 · 全部福利项目数					
	福利财务适宜性	Ⅲ 11	· 员工福利成本水平 · 组织财务预算收入水平					
	福利计划有效性	Ⅲ 12	· 因福利不满而离职的人数 · 可比员工群体人数					

（续表）

维度	KCI		影响（计算）因子	目标			权重	
				组织目标	部门目标	个人目标	指标权重	维度权重
EDC	外部水平竞争性	Ⅳ 13	· 本组织薪酬水平 · 同行 / 类可比平均薪酬水平					
	内部结构公平性	Ⅳ 14	· 职位 / 能力薪酬标准差 · 职位 / 能力权重标准差					
	绩薪挂钩关联性	Ⅳ 15	· 奖金或收益 / 利润分享水平 · 短期货币薪酬水平					
	长期激励导向性	Ⅳ 16	· 期股权收益水平 · 总货币收入水平					

为了便于直观描述、标准化诊断分析和程式化操作，我们给出一个可称作“BCC-KCI标度盘”的基础模板（见图4-3）。基于此标度盘基础模板，可以在实际操作中根据具体情景测量BCC–KCI实态（静态和动态）数值，并根据标准化的预期目标或计划值诊断分析薪酬体系所存在的矛盾和问题，进而依次推进相关的导入实施和改进调整工作。

KCI各指标目标值，可以是预期计划值，也可以是期望标杆值，既可以是静态水平值，还可以是动态改进值；在量纲选择上，内在薪酬两个象限的KCI各影响因子可以五级或十级量表测算，但最后指标值都可以划分可比的统一量纲如百分比（或小数点后保留两位的系数）；外在薪酬两个象限的KCI 可以选择百分比（或小数点后保留两位的系数）表达。各指标及维度权重大小，可以根据组织所属薪酬政策导向或绩薪整合模式来确定。

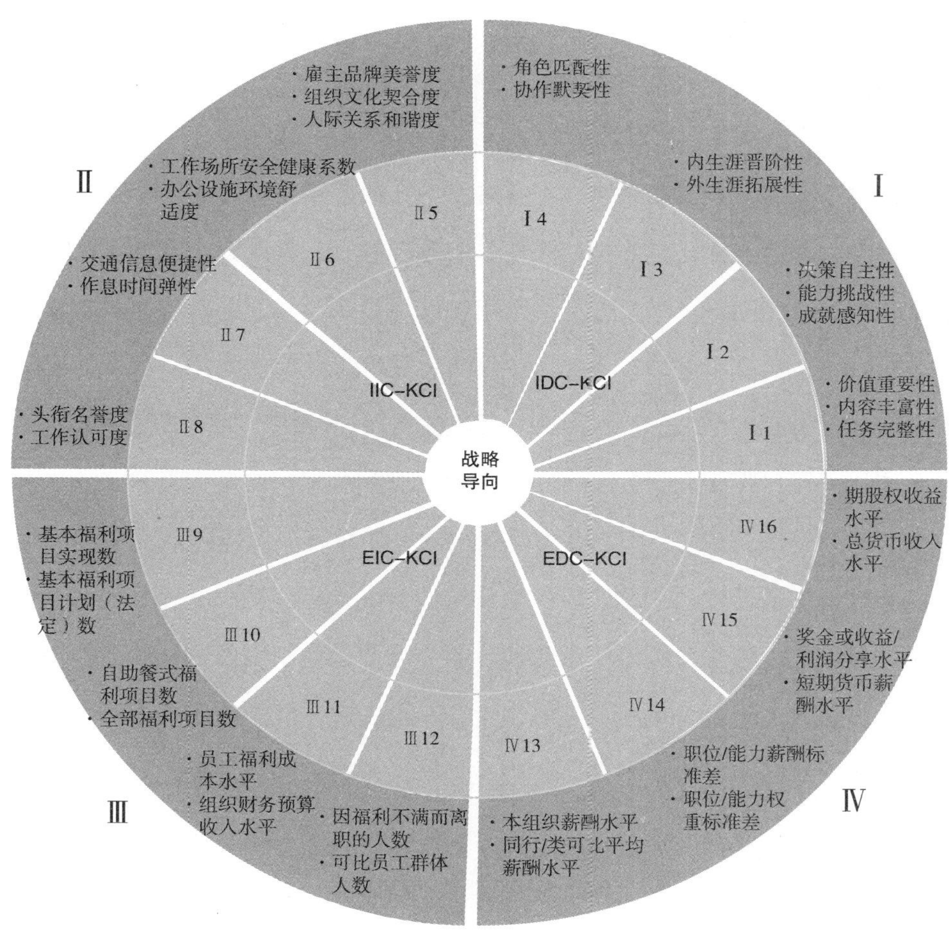

图 4-3 BCC-KCI 标度盘（基础模板）

第二节 自信有心：充分发挥IDC-KCI内在直接激励功能

工作对于员工来说，不仅是“谋生”的手段，而且具有内在价值和直接激励意义。所谓内在直接薪酬，就是指基于工作内在激励性特征而获得的“自信心”效应，大致说来，工作内在激励性特征有四个层面的意义，即工作对于工作者（员工）的内涵性意义、主体性意义、职业性意义和社会性意义，由此相应开发设置四大类指标，即工作内涵激发性、工作主体驱动性、工作职业提升性和工作团队凝聚性。

【Ⅰ1】工作内涵激发性=F（价值重要性·内容丰富性·任务完整性）

工作内涵性意义，具体包括工作价值重要性、工作内容丰富性和工作任务完整性三个方面。一个员工在某个组织所从事的工作，在价值上具有重要性，在内容上具有丰富性，在任务上具有完整性，我们就会说，该工作“富有意义”，否则就“缺乏意义”或“没有意义”，甚至是“负面意义”。对于员工本人来说，其所从事的工作在内涵上是富有意义，还是缺乏意义或没有意义，甚至是负面意义，其内在薪酬报偿性显然具有很大差异。

工作价值重要性，即工作所蕴含的价值意义大小。显而易见，作为组织成员，员工所从事工作的价值重要性，首先涉及其对组织及团队价值的贡献是什么、贡献（份额）大小。一般来说，一个人对团队及组织贡献越大、价值越重要，其从工作中直接获得的内在激励性回报就越大，反之就越小，甚至为负（激励效应）。

工作内容丰富性，即工作所涉及的事项有多少，这些工作事项是否需要员工运用多样化的技艺或才能来完成。从主观层面来看，其内在直接激励功能与人的全面自由发展需要正相关，一般来说，工作内容越丰富，越有利于人的全面自由发展，其内在激励性报偿水平就越高，否则就越低。从客观环境来看，这与一个组织的专业化分工程度、资源整合配置及总体发展水平有很大关系，在其他条件不变的情况下，如果专业化分工程度高、资源整合配置能力差、总体发展水平低，员工个人从工作内容丰富性中得到的直接内在激励效应就低，反之则高。

工作任务完整性，即工作从提出问题、明确任务到最终完成的完整统一性。如果工作任务在纵向动态操作上具有完整性，也就是说，工作任务有明确的问题导向，并且围绕此问题，员工必须也能够全程参与、通盘考虑和全面系统整合相关事务，其内涵性意义及其对员工的内在激励性报偿就较大。而如果工作任务在纵向动态操作上断断续续，没有明确的问题导向，所从事工作只是整个任务中的某个小环节，与其他关键环节之间没有明确的关联性，这样的工作状态自然难以激发员工的工作热情，其内在激励性报偿也会大打折扣。

【Ⅰ2】工作主体驱动性=F（决策自主性·能力挑战性·成就感知性）

工作主体性意义，就是指从事该工作的人能够在多大程度上发挥作为“人”才具有的主观能动性，或者说，他在多大程度上是作为一个活生生、有情有感的“人”在从事工作，他能否独立自主地去面对富有挑战性的工作任务，并充分发挥自己的主观能动性，运用自己的多种特殊技能或技艺，去创造性地完成工作任务。工作主体性意义具体可以由工作决策自主性、工作能力挑战性及工作成就感知性三个要素来界定。

工作决策自主性，即员工在工作过程中可以有多大的独立性、判断力和自由度。如果一个员工对于自己的工作，例如应该干什么、怎么干、先干什么后干什么等，完全能够自己说了算，那么我们就说，这项工作就具有高决策自主性，其对该员工的内在激励报偿就大；而如果在工作中，必须“一切行动听指挥”，不能有自己的想法，只能按部就班地行事，这种低决策自主性的工作对于员工的内在直接激励性报偿显然是非常低的。

工作能力挑战性，即员工完成工作任务所需运用技能或技艺的多样性、复杂性和整合权变弹性大小。如果一个组织所提供的工作岗位和任务，员工都须以“卓越”的标准来执行和完成，通过从事这样富有挑战性的工作使员工觉得自己是一个“有能力”的人，并为自己能够胜任挑战性工作而感到自豪，那么其内在直接激励性回报就很大，否则就小。当然，工作能力挑战性也有一个“适度”的问题，组织工作目标规划和任务设计的基本原则应该是，让员工通过积极努力而有望达成，否则，“高不可攀”的挑战性工作不仅不能达到应有的内在激励效果，反而很可能使员工产生沮丧、不自信、不满等负面情绪。

工作成就感知性，即员工因完成富有意义和极具挑战性的工作任务而产生的满足感。对于一个工作，员工如果觉得很有意义，经过自己百般努力“好不容易”完成了，最后实实在在地看到了事先期望达到的结果，并得到领导、同事或相关方面的充分认可和高度评价，自然就会产生高成就感，获得很好的内在激励性报偿。而如果一个工作，一天到晚看似“忙忙碌碌”，但实际上是“碌碌无为”，员工收获的就是一种低成就感或无成就感甚至负成就感，其内在直接激励意义显然要大打折扣。

【Ⅰ3】工作职业提升性=F（内生涯晋阶性·外生涯拓展性）

工作职业性意义，主要是指工作为员工在职业生涯层面所提供的成长机会、发展潜力和提升空间大小。所谓职业生涯，其实就是“与工作相关的整个人生历程”。[①]无论如何，个人是职业生涯的主体，但现代社会中的每个人，大都属于“组织中的人”，其职业生涯的具体实现都是经由一个个组织来达

① 杰弗里·H·格林豪斯等．职业生涯管理．北京：清华大学出版社，2006：9.

成的。工作职业性意义，可以从工作内生涯晋阶性和工作外生涯拓展性两个方面进行界定。

工作内生涯晋阶性，即员工在组织内生涯发展中，沿着纵向、横向及向心发展的空间大小，以及在工作职位内外可以获得不断学习、成长和发展的机会多少。显然，员工在组织内生涯的发展空间越大、机会越多，其从组织中直接获得的内在激励也越大，反之则越小。

工作外生涯拓展性，即员工工作与其长期职业生涯发展方向的匹配性和累积性贡献。显然，如果员工在组织中所从事的工作以及有限任期，与其长期的职业锚在方向上大致吻合，并且能够为今后职业长期可持续发展提供累积性、基础性贡献，其直接获得的内在激励性报偿也越大，反之越小。

【Ⅰ4】工作团队凝聚性=F（角色匹配性·协作默契性）

工作社会性意义，即员工基于社会分工协作而在群体凝聚性或团队精神性方面直接获得的一种内在激励性报偿。具体地说，工作社会性意义可以由角色匹配性和协作默契性两个要素来界定。

工作角色匹配性，即成员在组织工作系统（分工协作网络）中担当的角色以及承担的责任（组织职务责任与组织公民责任），与其个性、能力和意愿的匹配程度。工作角色匹配性越好，员工从工作社会意义上所获得的直接内在激励就越大，否则就较小。

工作协作默契性，即工作团队目标导向性、行为协同性及合作默契程度。工作团队成员清楚并围绕特定问题、项目或任务积极协作，按照大家认同的行为规范乃至精神信仰共同努力，意味着可以直接获得较高的内在激励性报偿，否则直接内在激励性报偿就较低。

四大类IDC-KCI指标，即工作内涵激发性、工作主体驱动性、工作职业提升性和工作团队凝聚性，其各个界定要素，包括价值重要性、内容丰富性、任务完整性、决策自主性、能力挑战性、成就感知性、内生涯晋阶性、外生涯拓展性、角色匹配性和协作默契性等，可以基于心理测量学原理通过开发相应的问卷量表加以测量。

第三节　自尊有感：使员工在IIC-KCI中找到职业自尊感

内在间接薪酬，是指与工作内在激励性特征关系不大，但与工作隐含性条件密切相关的一系列报偿性因素。这些因素，与外在间接薪酬（员工福利）极为相似，但不同之处在于，从这里所获得的报偿具有更显著的精神内在性激励功能。

【Ⅱ5】工作氛围适宜性=F（雇主品牌美誉度·组织文化契合度·人际关系和谐度）

工作氛围适宜性，即员工从其所供职的组织人文环境氛围中获得的一种工作满意感或组织归属感，大致由雇主品牌美誉度、组织文化契合度和人际关系和谐度三个基本要素决定。

雇主品牌美誉度，即成员因所供职组织的社会地位和知名度而获得的一种间接激励性报偿。一般来说，雇主品牌美誉度越高，组织成员获得的工作满意感及归属感越强。当然，由于社会文化背景的差异，雇主品牌美誉度对于员工内在激励性报偿的间接影响程度是存在差异的。

组织文化契合度，即员工个人价值观及行为倾向性与所供职组织核心价值观及文化风格相互匹配的程度大小。显然，组织与个人文化契合度越大，其间接激励功能自然也大，反之越小甚至为负。

人际关系和谐度，即组织人际关系的和谐状况。在一个人际关系和谐宽松的组织中，人们除工作本身的内在直接报偿而外，往往还可以得到一系列“额外”的间接激励价值或报酬，例如，身心在交往中得到愉悦，获得更多的合作机会，可以将更多时间和精力放在有价值、有意义的努力方面，如此等等。相反，一个组织，人际关系紧张，内耗冲突不断，人际纠纷丛生，员工不得不将很多精力和时间耗费在无谓的人际纷争中，这自然使得工作的间接激励功能大打折扣甚至为负。

【Ⅱ6】工作条件保障性=F（工作场所安全健康系数·办公设施环境舒适度）

为组织成员提供安全健康的工作环境和条件，本来是任何组织都应尽的基本义务和责任，同时，这也是为员工提供间接激励或报偿的基本要求和底线。在此基础上，组织还可以在不同层次上为员工提供更为优越的办公条件，从而强化工作条件的间接性激励功能。也就是说，工作条件保障性，可以从基本保障与增进性保障两个层面来界定，由此引申出工作场所安全健康系数与办公设施环境舒适度两个要素。

工作场所安全健康系数，即组织为成员在设施设备安全、劳动工作保护及职业健康保障方面提供的间接激励性报偿。

办公设施环境舒适度，办公设施和条件的现代化、人性化和生活化设计对员工进行创新性工作具有间接激励性效应。

【Ⅱ7】工作时空便利性=F（交通信息便捷性·作息时间弹性）

工作时空便利性，即组织分别从技术设施与管理策略两个层面着手，为员工在时间冲突、空间阻隔、时空错位方面排除障碍，通过改进交通通信设施及工具，以及弹性工作制度安排，使员工在工作条件方面获得的一种间接激励性报偿。具体来说，有交通信息便捷性与作息时间弹性两个决定因素。

交通信息便捷性，即员工从组织中获得通勤通信工具及帮助的机会、力度、广度或频度大小，可以通过通勤时间、班车服务、通信补助等方面相关调查间接测量。

作息时间弹性，即组织通过缩短工作周（compressed workweek）或压缩工作时间、实施弹性作息制（flextime schedules）、多人弹性分担工作（job sharing）及家庭远程办公（telecommuting）等弹性工作制度安排，为员工提供间接激励性报偿。

【Ⅱ8】工作职衔荣誉性=F（头衔名誉度·工作认可度）

一个人在科层组织中的职位头衔，也是组织工作带给员工主体的一种很重要的间接激励性报偿。工作职衔荣誉性大致可以由头衔名誉度与工作认可度两个要素来界定。

头衔名誉度，考查员工的职位头衔是否具有不平等、歧视性乃至侮辱人格尊严的意味，是否体现独立、自由、平等、尊严的文化价值。这两方面在组织成员个人及团队层面出现的频度大小，即为头衔名誉度。

工作认可度，即组织对员工工作成绩、成就及贡献的认可是否及时，认可方式是否多元化并契合个性化需要。

四大类IIC-KCI指标，即工作氛围适宜性、工作条件保障性、工作时空便利性和工作职衔荣誉性，其各个界定要素包括雇主品牌美誉度、组织文化契合度、人际关系和谐度、工作场所安全健康系数、办公设施环境舒适度、交通信息便捷性、作息时间弹性、头衔名誉度和工作认可度等，也可以基于心理测量学原理通过开发相应的问卷量表加以测量。

第四节　自满有意：EIC-KCI中有体现

外在间接薪酬，即传统的“员工福利”，它是员工因具有某种组织成员的身份而间接享有的，与其工作及绩效不直接挂钩或完全无关，具有“低差异、高刚性”的特点。员工福利项目、员工福利计划和员工福利制度，可以看作相互联系、层级递进的三个基本概念。员工福利项目是员工福利体系中具有相对独立性的基本单元或子系列；进行员工福利项目设计和实施的主体以及一系列运作模式、操作程序和手段，就构成员工福利计划；进一步将各种员工福利计划逐渐制度化和规范化，以规章罚则等制度形式确定下来，就形成一整套员工福利制度体系。间接外在薪酬的主要目标是为员工提供稳定和谐、安全保障的生活环境和条件，以吸引、保留和凝聚员工，从而间接提高组织整体绩效水平，推动组织长期可持续发展。对于一个组织的外在间接薪酬制度，大致可以通过基本福利保障性、福利分享匹配性、福利财务适宜性和福利计划有效性三个指标加以刻画、测量、评估和控制。

【Ⅲ9】基本福利保障性=基本福利项目实现数/基本福利项目计划（法定）数

福利项目可以分为法定与非法定两大类。前者属于国家法律强制实施的基本福利保障，是员工依法享有的养老、医疗、生育、工伤或职业伤害、失业等社会保险，以及住房公积金和带薪休假类福利项目；后者是组织（用人单位）根据实际需要和情况自行设置的，包括职业年金、健康保障、员工帮助、住房福利保障和带薪休假等一系列补充性福利计划项目。

基本福利保障性，衡量一个组织依法执行福利计划、保障员工法定福利待遇的程度大小，或者超越国家法定要求为员工提供福利项目的程度大小。具体可以通过两个口径来度量：（1）以法定福利为标准来对照“基本福利项目计划”，此时该指标只评估组织外在间接薪酬在“合法性”方面的基本保障程度；（2）以法定福利和非法定福利来衡量“基本福利项目计划”，此时该指标不仅评估福利保障合法性，而且在更宽泛的意义上说明组织外在间接薪酬水平。

【Ⅲ10】福利分享匹配性＝自助餐式福利项目数／全部福利项目数

不同的员工其需求偏好是不同的，不同的福利项目在功能上具有很大差别，而且福利项目一般不宜缩减或取消。因此，对员工福利计划的设计，要在内容项目上因目的而取舍，在享受主体上因工龄、职位重要性及工作状态不同而有差别，具体到福利项目组合的选择上，可以采取各种弹性福利计划模式，以强化福利计划的针对性和内在激励功能。

相对于一刀切式的传统福利计划模式，弹性福利计划是按照最大限度满足个性化、多样化需要的原则，针对不同员工群体或个人的福利偏好和需求，而特别设计的一种新型福利计划。关于弹性福利计划，各国习惯称呼不同，如在澳大利亚，叫作“一揽子酬金”，美国通常称为“自助餐厅菜单法”，英国则称作“福利自选体系”，其具体做法也多种多样，但所有相关计划模式在“弹性设计”这个基本思路上是大致相同的。

最简单的做法是，在传统福利计划之外，附加一些可供员工自主选择的福利项目。这种做法，通常适用于那些既有福利计划较合理、完善，同时又有实力且需要外加差别化福利待遇的组织。对于很多组织来说，传统福利计划本身就不完善，甚至漏洞百出，要实施弹性福利计划就需要打破既有框架，将一些既有普适性的项目设定为“核心项目”，所有员工都可享有，而将其他针对性的项目设定为“可选项目”，供特殊群体或个人加以自行选择。

最典型、最完善的做法是“完全福利自助套餐”模式。首先，按照组织福利计划总盘子，确定每个职工个人应享受的福利水平，比如1 000元、800元、950元不等，或以计点的方式分配相应分值。其次，把各种不同的福利项目以其成本费用高低标价，给出一系列福利项目价格一览表，或将价目以计点方式给出，比如：医疗保险成本高计100点，人寿保险成本低计10点，等等。最后，由职工在总福利水平约束的限度内，以自己所期望的任何形式，自主选择各自的福利项目组合，或用所分配的点数去购买自己需要的福利，直到把所分配点数都用完为止。这种“自助餐”式福利计划的优势是，在既定的福利预算约束下，可以给职工提供最具灵活性、最具效用价值的福利项目；但其实施条件要求比较高，福利管理难度大、成本高，另外要求福利信息沟通渠道保持畅通，以保证员工做出恰当选择。

完全自选式福利计划的问题是，若福利项目定价及构成设置不当，有可能引发“逆向选择”问题，例如有跳槽意图的员工有可能多选与离职补助或在职消费有关的福利项目等，这样会使福利管理目标与组织人力资源整合目标相脱节，使员工福利管理工作处于被动地位。为此，可以采取设置绩效标准限定条件、收入账户支用阈值或福利组合技术优化等措施加以补救或防范。

【Ⅲ11】福利财务适宜性=员工福利成本水平/组织财务预算收入水平

员工福利计划要注意“福利向下刚性律”，在设计福利项目和水平时，必须考虑到组织的经济实力，福利方案要具有可行性，每一项福利开支都要进行严格的成本预算控制。员工福利项目筹划要坚守合法底线，最大限度地获取财务资金的时间价值，以稳健安全为原则，确保涉税风险最小化，有效地控制和降低福利成本。而且，员工福利计划要有相对稳定性，不宜朝令夕改、频繁变动。但在实际操作中，由于内外部环境随时随地都在变化，员工福利计划不可能一成不变。解决这个悖论，需要管理者掌握高度的设计艺术，计划方案要具有充分的弹性，在保持自身特色的同时又具有一定的应变性。为此，应该参照组织劳动生产率、经济收益及财务预算水平，确定一个适当的比例，将员工福利成本控制在一定的限度之内，以保证员工福利计划以经济承受力为基础并能够随着时间推移实现稳步可持续增长。

【Ⅲ12】福利计划有效性=1-因福利不满而离职的人数/可比员工群体人数

员工福利计划要与组织发展战略，特别是人力资源战略和薪酬战略相衔接，基于特定战略目标对员工尤其是高素质核心员工给出长期承诺，以提高员工对组织的归属感。在内容构成上要具有协调性，既要考虑内部一致性又要考虑外部竞争性，既要重点关注核心员工又要顾及一般员工，既要有货币性福利又要有关照服务性福利，既要注意短期利益又要照顾长期利益。福利待遇水平要适当拉开档次但差别又不能过大，时时处处以均衡协调为基本准则。员工福利计划的管理和实施，必须有广泛的群众基础，注意全员参与、集思广益、民主互动，最大限度地赢得员工的支持和配合。为了反映员工福利计划实施的有效性，可以通过员工离职调查等手段，检核员工对福利的意见，进而通过动态反馈、跟踪监控，使计划实施既保持方向性和持续性又具有灵活性和机动性。

四大类EIC-KCI指标，即基本福利保障性、福利分享匹配性、福利财务适宜性和福利计划有效性，其各个界定要素，大都具有客观度量性。其中涉及的福利满意度调查，可以通过心理测量问卷来进行。

第五节 自得有度：EDC-KCI激励清晰可见

外在直接薪酬，是组织根据成员工作职位、能力及绩效支付的货币报酬。大致包括两大类项目：（1）基本薪酬，即以员工人力资本要素及其所在工作职位权重程度等因素设计确定的一种相对固定的货币报酬，其主要功能可以概括为“三基本”，即基本保障、基本稳定和基本标准，本着“内部相对公平性”与“外部市场竞争性”两大原则，以工作职位、员工能力及年功序列等为基本因素来设计结构与水平，从而形成职位本位制、能力本位制、年功序列制等不同的基本薪酬体制模式。（2）绩效薪酬，即基于员工个人或团队工作业绩而支付的一种变动性货币报酬。按照具体绩薪挂钩的时效性差异，有临时性和永久性的；按照挂钩的稳定性不同，有固定性和变动性的；针对组织不同员工类别特点及具体激励情形要求，大致有计件工资制、年薪制、佣金制和奖金制等；按照组织不同层次，有个人绩效薪酬、群体绩效薪酬和组织绩效薪酬。其中，长期变动性的货币薪酬，就企业组织来说即“股权收益”，是一个具有“连股连心”性质和长期性激励功能及效益的外在直接薪酬项目。对于一个组织的外在直接薪酬制度，可以通过外部水平竞争性、内部结构公平性、绩薪挂钩关联性和长期激励导向性四个指标进行测量和控制。

【Ⅳ13】外部水平竞争性=本组织薪酬水平/同行（类）可比平均薪酬水平

外部水平竞争性，是指基本薪酬水平的确定要适应外部市场竞争局势，有一定的市场竞争力，能够在财务力量许可的情况下，最大限度地吸纳和维系核心员工。在此，一个组织基本薪酬设计所要考虑的因素大致有两个：一是组织自身的财务状况，它取决于组织在产品或服务市场上的竞争力；二是组织所需人力资源的供求状况，它取决于组织在劳动力市场上寻求、吸引和保留特定技能员工面临的压力。在实际操作中，外部市场薪酬调查，对于基本薪酬设计更具有特殊意义。基本薪酬总体水平确定，要选择具有可比性的同行或同类型市场标杆，究竟采取“跟进型”、“滞后型”，还是“领先型”薪酬水平策略及方案，要在综合考虑法律环境、行业状况、规模和战略等因素的基础上，本着合法性、有效性和公平性原则来确定。

【Ⅳ14】内部结构公平性=职位（能力）薪酬标准差/职位（能力）权重标准差

内部结构公平性，是指基本薪酬设计在过程和结果上符合公平原则，在结构上能够很好地契合内部工作流程中不同职位及其所需技能的分布情况，有利于调动全体员工的工作积极性、支持组织运营战略目标的实现。内部结构公平性指标可以根据员工所从事工作职位（能力）权重分布及权重标准差与职位（能力）本位基础薪酬体系标准差对比来衡量，其值越接近1，说明公平性越高。一个组织基本薪酬结构应该复杂还是简单，要根据组织结构、战略选择和文化氛围而定。总的来说，要看工作是如何组织的，对员工是否公平，员工个人行为与组织目标是否相一致。

【Ⅳ15】绩薪挂钩关联性=奖金或收益（利润）分享水平/短期货币薪酬水平

按照具体挂钩方式的不同，绩效薪酬可以分为不同的类型。按照挂钩的时效性差异，绩效薪酬可以是临时性的，也可以是永久性的；按照挂钩的稳定性不同，绩效薪酬可以是固定性的，也可以是变动性的。这样两两组合，绩效薪酬项目可以分为四种类型：（1）增益分享（improshare），包括“收益分享”（gain-share）或“利润分享”（profit-share），是根据组织或部门在某个经营周期的整体业绩效果，按照一定的比例让员工获得收益或红利的一种绩效薪酬项目，具体数额多少是根据不同经营周期的业绩效果和收益状况决定的，但分享比例通常是预期计划事先确定好了的，因而具有一定的前瞻性、团队群体性和长期激励性；（2）成就加薪（merit pay），是根据员工长期绩效表现，针对工作卓有成效、为组织做出突出贡献的员工，以提高基本薪酬数额的形式支付的一种绩效薪酬，这是对员工过去长期成就的一种固定性（作为基本薪酬收入的一个稳定组成部分）奖励，这种奖励是按照一个固定数额，永久性地支付给员工的；（3）业绩奖金（merit bonus），是针对员工工作绩效以货币形式支付的奖励性报酬，是根据某个工作周期员工业绩表现一次性支付给员工的，具体数额随员工个人或工作业绩变化而波动；（4）可变薪资（variable pay），或称“激励薪资”（incentive pay），是完全与实际工作业绩或组织绩效相挂钩，并随工作业绩或组织绩效变化而上下波动的一种典型绩效薪酬项目，这种绩效薪酬，可以笼统地指员工薪酬中可以变动的部分（如浮动工资等），也可以特指那些长期或永久性设置的薪酬项目（如计件工资、效益工资等），还可以指具有风险投资性质的收入（如风险报酬和股权收益等）。

绩效薪酬可以针对组织中不同职能部门和业务类别的员工群体特点来设计，即针对业务操作人员、行政管理人员、专业技术人员和市场推广人员等类别，来设计和实施其各具特色的绩效薪酬制度体系。关于生产操作人员绩效薪酬的体制模式，其典型形态就是人们通常所说的“计件工资制”，即以预先确定的劳动定额和计件单价为标准，根据工人生产的合格产品量或完成的工作量来确定劳动报酬。这种绩效薪酬制度，比较适合于那些劳动密集型、生产运作联动性差或标准化程度较低、工作数量及质量成果与员工个人努力程度有很大关联性的组织情形。相对于一线蓝领员工、一般白领员工（行政管理人员或专业技术人员），组织中高层管理人员往往身居关键岗位，责任利益权重较大，其行为状态与组织整体经营业绩息息相关，其绩效薪酬一般以“年薪制”为典型形式。从表面上看，它是在付薪周期的时间尺度上相对于“月薪制”、“周薪制”或“日薪制”来说的，但它其实是专门针对职业经理人员而实施的一种绩效薪酬模式，往往采取在底薪基础上加风险收益的形式。市场推广人员的工作具有特殊性。他们需要直接面对不确定、高风险的市场环境，在竞争激烈、变化迅速的社会环境中工作，但其工作过程和状态往往无法直接监控，工作业绩与主体努力程度相关性较大，通常需要发挥员工个人的积极主动性和个性化策略技巧，因而其业绩时常具有很大差异性，且可由区分度较高的显性销售或服务指标加以衡量。由于这些特点，市场推广人员薪酬通常采取佣金制，即按市场销售业绩指标（如销售额等）的一定比例抽取“佣金”（commission），来确定绩效薪酬数额。此外，还有一种具有普遍适用性的绩效薪酬制度模式，即奖金制，也就是在基本薪酬之外非经常、一次性支付给业绩优秀的员工某种数额的货币（或非货币）收入，诸如生产节约奖、技术革新奖、先进工作者奖、最佳意见奖等；在激励对象、激励方式、支付周期和额度上，奖金制具有极强的针对性和灵活性。只要员工有能力并相信自己能够创造高额业绩水平，又特别看重额外获得多少货币收入，且个人或团队业绩评估也可以做到可靠、准确、公平，那么，实施奖金制就可望收到较好的短期激励效果。

绩效薪酬，还可以按照组织的不同层次，划分为个人绩效薪酬、群体（团队或部门）绩效薪酬和组织绩效薪酬。个人绩效薪酬，即根据个人工作绩效评价结果来支付薪酬。如果组织有明确的工作分工，个人工作与他人工作相对独立，能够在日常工作中具体落实个人责任，员工个人工作业绩不受外在因素影响，员工个人工作绩效可获得客观公正的评价，那么，个人绩效薪酬模式就可能达到有效调动个人积极性、简化组织管理程序、节省监督管理成本的正面效果。对于组织来说，工作业绩本质上具有群体合作性质，相对于个人绩效评估来说，群体绩效更加容易衡量；而且，群体薪酬更有利于整合组织文化、提升组织凝聚力。因此，基于群体绩效设计薪酬项目，具有更为明显的合理性、可行性和重要性。广义群体包括传统上的部门和工作团队两种形式，而工作团队化是现代组织变革的基本趋势之一，所以，相对于传统部门群体绩效薪酬模式，基于工作团队绩效的薪酬设计具有更重要的战略意义和更广阔的拓展前景。当然，要能够真正实现组织绩效的长期可持续提升，进行整体绩效薪酬设计及整合管理，更具难度和现实挑战性。实际操作中，绩效薪酬设计与管理，在组织层级贯通及时序联动操作层面，还应特别注意做好一系列策略性整合工作。

绩薪挂钩关联性指标，可以分别按照上述不同时态类型、群体类型及层次类型，与绩效薪酬总额、短期绩效薪酬总额和外在直接薪酬总额进行比较，来测量评估一个组织绩效与薪酬的关联性。需要注意的是，这个指标不是越高越好，一定要注意适度。如何把握这个“度”，在相当大程度上考验着薪酬管理工作者的智力、耐心和技艺。首先，应该注意到，绩效考核评估本身是一种“主观判断”，无论哪个专家考评，在哪个组织实施，以什么样的工具和技术进行评估，都不可能做到绝对“客观公正”。因此，将绩效考评结果太“当真”，且作为付酬的唯一标准和依据，来设计“完全挂钩”的（绩效）薪酬体系，在思路上是有问题的。其次，应非常清楚地知道，外在、货币性薪酬在激励作用上存在天然的局限性，在实际工作中应尽量避免将绩效薪酬激励作用无限放大、无边界滥用绩效薪酬的倾向。员工作为组织成员，其角色和作用往往是多元的，他们在组织中的工作积极性时常包含多重动机，不全是甚至主要不是由于外在货币薪酬。因此，“适度挂钩、相对关联”，应该成为绩效薪酬设计和管理无须争辩的“认识论基础”和“共识性原则”。要甄别分析哪些薪酬可以与绩效挂钩而哪些不可以，哪些薪酬项目与哪些绩效指标可以挂钩而与哪些不可以，绩效薪酬项目及数额在整个薪酬体系中所占的比重是否适当，以及特定绩效薪酬制度和项目计划有可能带来哪些“副作用”问题，如果“过分”挂钩，造成某些绩效薪酬“泛滥”，有可能引发过度竞争，造成员工焦虑，破坏团队精神，弱化组织内在动力机制。

【Ⅳ16】长期激励导向性=期股权收益水平/总货币收入水平

组织绩效有短期绩效和长期绩效之分，绩效薪酬设计也应该兼顾长短期绩效状况，最好能够在保持过去、短期绩效提升的同时，不损害乃至有利于推动未来绩效不断提高和长期可持续发展。

首先，绩效薪酬计划应该与组织长期战略规划相衔接。例如，如果要实施低成本扩张战略，就应该在绩效薪酬制度体系中适当加大计件工资制和收益分享计划的权重；如果推行差异化战略，就应该注意利用奖金制和股权激励计划，以激励员工的创新精神。

其次，绩效薪酬时序要注意与组织层级相衔接。显而易见，绩效薪酬的时间长度与员工层级高低有关。通常，针对层级较低的员工，绩效薪酬设计应主要着眼于短期目标；而针对高层级员工，绩效薪酬设计则应侧重于中长期目标。类似地，针对个人的绩效薪酬项目，其设计的时间尺度应该较短些；而对于团队、部门和组织的绩效薪酬项目，其设计的时间尺度则应较长些。

再次，绩效薪酬设计要注意不同制度模式和计划项目的时间尺度特点。在绩效薪酬制度体系中，有些制度安排，如计件工资制、一次性奖金制等，具有短期激励效果；有些制度安排，如年薪制、佣金制、分享制和股权制，具有较显著的长期激励效果。同样，在各类绩效薪酬项目中，有些绩效薪酬着眼于短期，具有临时性，有些着眼于长期，具有永久性；有些绩效薪酬具有相对稳定性，有些则具有较强的风险性和变动性。在进行设计时，一定要根据激励目的和要求，进行合理搭配，针对不同群体设置恰当的绩效薪酬制度结构和项目组合。

最后，要注意，在同类型的绩效薪酬制度或计划中，时间尺度也有长短差异。例如，在计件工资制中，泰勒模式适合工作周期较短的情形，且鼓励员工间差异化竞争的进取行为；而哈尔西模式和甘特模式则适合工作周期相对较长的情形，并注重劳资协同和团队合作。在佣金制下，瓜分佣金制和浮动佣金制鼓励内部短期竞争，而同期比佣金制，以及“佣金+预支账目”或“佣金+红利”的形式，则倾向鼓励长期连带可持续行为。同是收益分享计划，斯坎伦计划和拉克计划强调劳资双方长期合作，而费恩计划则关注在较短的生产周期内时间节约和效率改进。此外，同为利润分享计划，限期计划模式与延期计划模式，其时间尺度及长短期激励效应也有很大不同。鉴于此，在实际设计和管理中，要很好地了解和把握各种制度模式及计划项目的时间尺度特性，根据具体情况恰当设置绩效薪酬项目体系，形成动态递进、有利于可持续发展的绩效薪酬时序结构。

总之，在BCC–KCI设计中，可以通过将期股权收益等具有长期导向性激励功能的不同类型绩效薪酬水平与全部货币收入水平比较，来测量评估外在直接薪酬在注重历史经验事实、立足短期现实的同时，放眼组织未来长期可持续发展围绕“战略性激励”总目标和总要求，不断推进组织长期可持续发展的动力大小。

四大类EDC–KCI指标，即外部水平竞争性、内部结构公平性、绩薪挂钩关联性和长期激励导向性，其各个界定要素，也大都具有客观度量性。

第六节 研发基础：工作职位分析、胜任力模型与BCC-KCI设计

在BCC-KCI设计中，无论是内在薪酬还是外在薪酬测量评估，都离不开对工作本身客观价值及工作者主体能力进行分析评价。为此，传统工作（职位）分析评价方法及相关胜任力模型设计技术，在经过认真甄别、调整之后，可以作为BCC-KCI研究开发设计的技术基础。

一、工作职位分析

工作职位分析（Job/Position Analysis），即关于组织中各个工作职位信息情况的调查、甄别和研究活动，最初起源于20世纪初泰勒（F.W.Taylor）的“科学管理原理”，以及其追随者吉尔布雷思（F.B.Gilbreth）夫妇的“动作研究”，后来由德国劳动生理研究专家罗默特（W.Rohmert）于20世纪中后期详细论述。他基于劳动工效学原理总结了成套的工作调查、分析和设计方法。现代工作职位分析方法的大规模开发和广泛传播，应归功于美国劳工部（The U.S. Department of Labor，DOL）于20世纪80年代所做的开拓性研究工作。按照美国劳工部的《工作职位分析手册》，工作职位分析要提供的典型信息主要包括两大类：一类是与工作内容相关的信息，如工作任务、活动范围、业绩标准、关键事件、工作条件、担任角色、风险大小和自由空间等；一类是与任职资格要求有关的信息，包括专业技能知识、工作经验和各种能力，诸如机械操作、语言写作、抽象分析、谈判协商、人际交往、领导管理等方面的能力，以及工作职位的内部和外部关系等。这两类信息对于工

作职位相对价值评价都是必要和重要的。

据此，工作职位分析的主要内容可以归纳如下：（1）工作职位名称分析；（2）工作职位任务的性质、内容，以及现实形式和步骤分析；（3）工作职责范围、大小和权重程度分析；（4）工资职位上下级关系和横向协作关系分析；（5）工作劳动强度大小，包括劳动紧张程度、劳动负荷、工时利用率、劳动姿势和工作班制等因素的分析；（6）工作条件和环境状况分析；（7）工作设施、劳动对象和工具分析；（8）工作人员知识水平分析；（9）工作经历要求分析；（10）工作操守和职业道德分析；（11）工作能力，包括语言文字能力、理解判断能力、组织协调能力、决策分析能力、社会活动能力和开拓创新能力等方面的分析；（12）工作心理和身体素质分析。①

工作职位分析可以按照组织层级自下而上或自上而下地进行。其操作程序包括如下6个步骤：（1）明确工作职位分析目的；（2）甄别出所要分析的工作；（3）向员工做出解释并争取他们参与配合；（4）确定收集数据的方法并收集有关工作信息；（5）整理工作信息；（6）经常进行检查、更新和调整。

工作信息数据采集，可以采取定性调查法，常用的有：（1）访谈调查法（Interview Method），通过对员工个人、群体、主管和专家进行访谈调查，搜集有关工作的信息资料；（2）现场观察法（Observation Method），由分析人员直接到工作现场进行观察，搜集有关工作信息；（3）关键事件法（Critical Incident Method），通过收集员工在实际工作中的典型行为和重要事件及其完成情况，来完成工作职位分析；（4）文献分析法（Job

① 安鸿章编．工作岗位的分析技术与应用．天津：南开大学出版社，2001：86~97.

Documentation Analysis Method)，通过对现有工作档案资料、零散的原始数据进行系统分析，来获取基本的工作信息；（5）工作日志法（Work Diaries Method)，让一线员工记录其日常工作信息，然后交由人力资源部门分类整理；（6）专题会议法（Subject Matter Experts Conferences，SMEs)，或称作"主题专家会议法"，召集所有与被分析工作职位相关的内外部人士集思广益，搜集相关工作信息。

关于定量分析法，人们开发研制出各种类型的结构化调查问卷量表。其基本思路是，基于特定理论模型和假设条件，设计出封闭式问题，制成问卷量表，让相关人员填写，回收后量化统计相关工作信息。例如，美国劳工部培训与职业服务中心（U.S. Training and Employment Service）开发研制的功能分析法（Functional Job Analysis，FJA)，主要按不同的量表分析工作任务，包括3个工作职能量表（人、物、事)、3个教育开发量表（推理判断、数学计算和语言表达）和工作指令量表（执行工作时需要得到多少指导)，每项工作任务借助7个量表一一进行定量分解和分析。[①]

1972年，美国普渡大学（Purdue University）教授麦考密克（E.J. McCormick)、詹纳雷特（P. R. Jeanneret）和米查姆（R.C. Mecham）设计开发的职位分析问卷法（Position Analysis Questionnaire，PAQ)，是一种经典的结构型工作职位分析问卷，也是最流行的一种人员导向职务分析系统，其基本思路是：运用通用的统计分析方法来构建关于工作职位的能力模型，同时运用统计推理进行职位间的比较分析，以确定不同工作职位的相对价值和薪酬

① Fine，S.A. Functional Job Analysis. *The Job Analysis Handbook for Business*，*Industry and Government*. Gael，S.（ed.），New York: John Wiley & Sons.1988.

标准。PAQ同时考虑了员工与工作两个变量因素，并将各工作所需要的基础技能与基础行为以标准化的方式罗列出来，共194个项目，其中，187项用来分析完成工作过程中员工活动的特征（工作元素），另有7项涉及薪酬问题。所有项目都归并为信息输入、思考过程、工作产出、人际关系、工作环境和其他特征6个类别中，同时，可以将大多数职位按照5个基本尺度（是否负有决策/沟通/社会方面的责任，是否执行熟练的技能性活动，是否伴随有相应的身体活动，是否操纵汽车/设备，是否需要对信息进行加工）进行等级划分，按照6个维度（信息使用度、耗费时间、适用性、重要程度、发生可能性及特殊计分）予以评价，并给出相应的定义和等级代码。进行问卷调查时，由专门分析师或受过专门训练的主管人员通过面谈访问，要求在职人员协助其从不同维度上按照从0到5六级评分标准予以评价，而后进一步分为32个分区维度和13个总体工作维度，进行计算机数据处理和分析。[①]此问卷分析法具有广泛的适用性，可以用于不同类型的组织中，但实施程序复杂、成本较高。

由亨普希尔（J. K. Hemphill）等人开发设计的管理职位描述问卷（Management Position Description Questionnarire，MPDQ）是一种收集评价有关管理职位信息数据的结构化调查问卷方法。该问卷主要包括信息输入模块，包括基本信息、职能定位信息、决策复杂性信息、计划组织信息、行政事务信息、控制信息、监督信息、咨询创新信息、外部联系信息、内部协调信息、沟通表达信息、指标监控信息、培训开发信息、自我评价信息和反馈

① McCormick，E.J.，Jeanneret，P.R.& Mecham，R.C. A Study of Job Characteristics and Job Dimensions as Based on the Position Analysis Questionnaire（PAQ）. *Journal of Applied Psychology*，1972，56.

补充信息等15个部分，共274项工作行为。这些问题构成调查问卷的主体，由管理者回答填写，并根据包括薪酬设计在内的各个HR职能模块要求，将信息分类整理，生成信息统计分析报告。

此外，还有很多基于职位分析信息要求而开发设计的调查问卷量表，例如：帕特里克·雷马克（Patrick Raymark）等设计开发的个性导向型职位任职资格表（Personality-related Position Requirement Form，PPRF），在五大个性要素的基础上设置了12个子类、107个项目，来评估潜在的与职位相关的个性特征；梅拉尼·贝尔（Melany Baebr）开发设计的技术和特征问卷（Skills and Attributes Inventory，SAI），是一个含96个问项的结构化问卷，主要用于无须外在直接监督的自我管理性工作职位分析；费利克斯·洛佩斯（Felix Lopez）开发设计的最低特性分析法（Threshold Traits Analysis，TTA），是一个包括33个雇员特性（如体力、注意力、口头表达能力）的调查问卷，由作为主题问题专家的上级或任职者根据诸如重要性、独特性、相关性、水平和实用性等因素来给特性评分，其主要特点是可以将工作人员的具体特性和可接受的、完成重要职位任务的绩效联系起来进行评价分析。

工作职位分析的最终表现形式，是编写工作说明书。工作说明书一般包括工作描述（Job Description）和工作规范（Job Specification）两部分内容。前者以“事”为中心，主要描述工作内涵要素，包括工作标识、工作概述、工作内容和任务、工作履行程序、工作职责权限、工作联系、工作设备和工具及工作环境条件等；后者以“人”为中心，侧重于对工作人员的素质和行为要求，包括资历、身体条件、心理素质、所需知识技能及任职业绩标准等。

二、工作职位分类

工作职位分类（Job/Positon Classification）是工作职位分析的另一种成果形式，它是将一个组织中所有职位，按照其工作性质在横向上划分为若干组系，再按照工作难易程度、责任大小及所需资格条件等在纵向上划分为不同等级，对每一职位的职务、职责和职权给予明确定义，并编成职位说明书，从而形成一套严格的管理程序，以及客观准确、严谨完整的标准分类体系。

在职位分类体系中（见图4–4），横向上，将工作性质相同的职位归并为一个系列，称作"职系"（Series），如A、B、C、D、E、F；进一步将工作性质相近的职位综合在一起，形成"职组"或"职群"（Group），如职组Ⅰ、

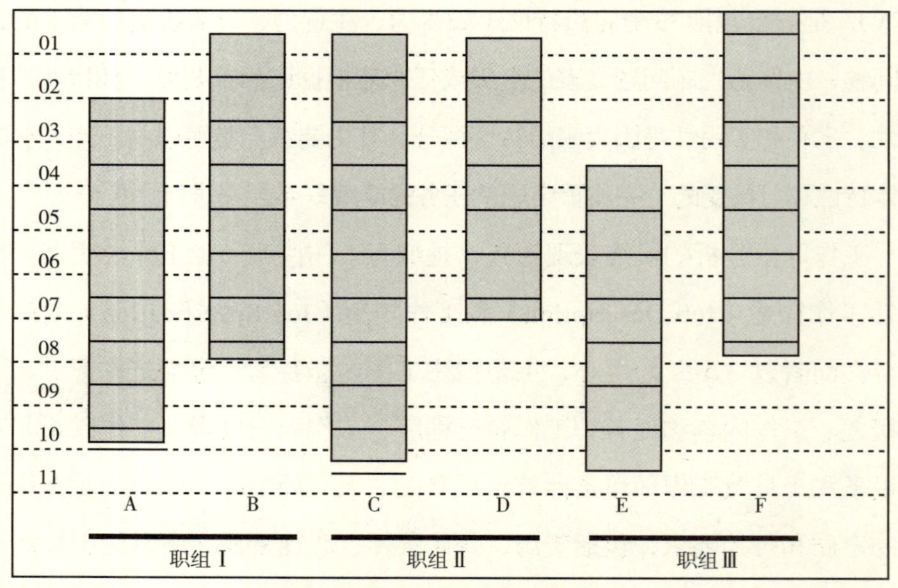

图 4–4 职位分类体系示意

职组Ⅱ、职组Ⅲ。纵向上，将工作难易程度、责任大小及所需资格条件等相近的职位划分成“职级”（Class），图中各职系框内一个横格表示一个职级，进一步将所有职系或职组中工作难易程度、责任大小及所需资格条件等相近的职级归并，形成“职等”（Grade），如01、02…11。职等、职级侧重于表示不同职系的职位之间基于“待遇平衡、同工司酬”原则的相互关系，凡列为同一职等属于不同职系的职位，其工资标准应该是相同的。这样就形成了纵横交错的职位分类体系。

职位分类的基本程序是：（1）进行职位调查，即调查、收集各职位情况和数据资料，包括职位工作性质及其特点，工作目的、职务范围和责任，以及任职资格和条件等，其调查方法有填表法、访谈法、会议法、观察法、文献法等；（2）进行职位分析，即对调查来的资料进行审核，系统、客观地分析职位各项信息，并根据职位分类要求进行汇总整理，最后撰写职位说明书；（3）进行职位评价，即根据基本分类因素区分职系、划定职级，将各职系的职级就其职责程度进行排序，凡程度相当的列入同一职等，设立等级序列；（4）进行职位归级，即按照一定程序将各工作职位归入适当职级，先将各职位根据职系说明书确定职位所属职系，然后再根据职级规范确定职位所属职级职等。

三、工作职位评价

工作职位评价（Position Evaluation），是根据工作职位分析所提供的职位信息，对组织中各个工作职位相对价值进行评价，以保证基本薪酬设计的内部相对公平性。就历史实践来看，职位评价活动最初起源于政府公共组织，后来逐渐推广应用到工商企业等非政府组织。早在1883年，美国议会就通过了一项关于政府雇员工作职位评价的法案，规定政府雇员薪酬要基于工作职位相对价值评价来确定；1909年，格里芬黑根（E. O. Griffenhagen）创立了一套较为完整的工作职位排序分类法，并在芝加哥公共行政部门职务评价中得到实际运用；1912年，一家美国公司运用杨（Arthur H. Young）等人构建的排序法，对其5 000名雇员的工作职位进行了评价分析；接着，1924年罗特（Merri R. Lott）创立要素点值评价法，1926年本吉（Eugene J. Benge）创立因素比较法，各类职位评价方法及方案陆续开发出来，并在各类组织中逐渐推广应用开来。

关于职位评价的基本方法，可以按照比较基准是两两直接比较还是设置基准标尺间接比较，在比较性质上是整体定性比较还是因素分解定量比较，以此划分为四种方法（见图4-5）：（1）两两直接进行整体定性比较，称作"排序定级法"；（2）设置基准标尺间接进行整体定性比较，称作"标尺套级法"；（3）两两直接进行因素分解定量比较，称作"要素赋值法"；（4）设置基准标尺间接进行因素分解定量比较，称作"标尺评分法"。

（一）排序定级法

排序定级法简称"排序法"（Ranking Method），这是最简单、最便捷、最直观的一种工作职位相对价值评价方法。它以已有工作说明或工作规范所描述的"职位总体情况"为依据，按照各工作职位在组织结构中的相对重要性进行排序，从而确定各工作职位价值级别。在进行评价时，一般先要成立一个职位评价委员会或领导小组，把组织所有工作职位分门别类，按照工作

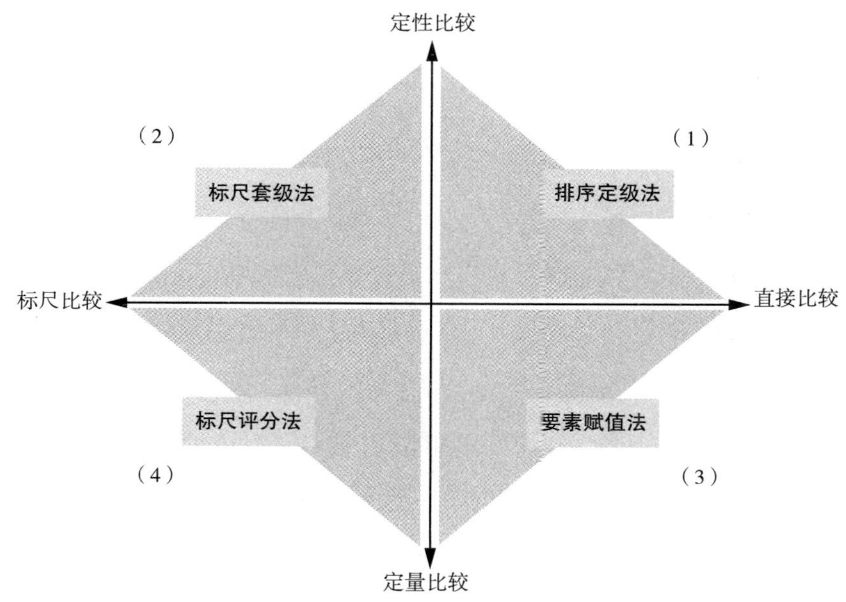

图 4–5　工作职位评价四种基本方法

规范确定价值评价标准，最好能建立一套索引卡片将每个职位与评价标准相关的规范简列其上，然后分发给评价委员或小组成员进行（简单或交错）排序，最后汇总分析各位委员评价结果，由委员会最终做出定级决策。这种方法简便易行，所以应用较普遍，一般适合于组织结构简单、工作职位稳定的中小型组织。例如，很多专业化程度较高、分工较细、工种技术较单一、工作对象或工作场地较固定的机械工业企业，一般技术工人常按车工、钳工、铆工、锻工、焊工、铣工、刨工、磨工、钻工等工作职位分类，依据各自的技术技能复杂程度排序，实行岗位技能工资制。但此法在实际操作上主要依赖评价者的主观判断，因此要求评价者对组织工作职位细节非常熟悉；而且只是给出一个相对顺序，无法对相邻工作职位的具体差距做出判断。

（二）标尺套级法

标尺套级法又称“分级法”或“归类法”（Classification Method），这种方法需要事先制定一套供价值评价参照的等级标准即“标尺”，再将各待定级的工作职位所需价值与标尺对照，即进行所谓“套级”，从而确定各工作职位的相对级别。其一般操作步骤是：首先，将组织中所有职位按工作性质不同划分为若干类别，如管理干部类、工程技术类、市场营销类和行政干事类等，一般可分为5~10类，类别不宜太多；其次，将每类工作职位按复杂程度不同再分为若干级别，级别多少取决于工作职位的技能繁简、职责轻重等复杂性量度，复杂者等级数可多些，简单者等级数就少些，每一等级应有明确定义，并附上相应的工作说明或描述，以作为套级的标尺使用（见表4–2）；最后，将各种待评价工作职位与确定的等级标准相对照，并将之锚定在相应的工作类别及合适级别上，完成工作职位评价。这种方法适合对公共性组织机构或大型公司的管理及专业技术工作职位进行评价。这些组织一般工作职位类别、等级繁多，各种工作职位性质和价值差别很大，利用标尺套级法进行评价非常便利。但在实际操作中，职位类别和级别的划分标准不易确定，往往与薪酬设计的目标存在一定差距；同时，也存在与排序定级法相类似的局限性，即无法对相邻工作职位的具体差距做出评价。

表4–2　某组织管理干部类职位等级定义示例

级别	定　义
G Ⅰ	具备基本专业知识和操作技能，按企业规章制度、标准和程序从事辅助性业务工作，工作内容确定，无须或很少需要进行独立判断，工作负荷率50%~60%，日常工作无严格的时间约束

（续表）

级别	定　义
GⅡ	掌握专业基础理论和操作技能，具有常规业务操作工作经验和技能，工作内容比较确定，需根据有关环境条件要求和限制做出简单判断，工作负荷率 61%~70%，担任有时限的间断性工作
GⅢ	掌握专业理论并具有全面的操作技能，能够进行较复杂的业务操作工作，工作内容有一定的不确定性，需根据深入调研和思考做出有效判断和必要创新，工作负荷率 71%~80%，承担信息处理和一些思维性工作
GⅣ	系统掌握专业理论，了解国内外管理现状和发展方向，能够进行复杂业务操作工作，工作内容有不确定性，需根据环境变化做出全盘分析和思考，工作负荷率 81%~90%，担任多项综合性协调工作，承担一定风险
GⅤ	精通专业理论，掌握国内外管理学前沿，能够独立自主进行复杂业务工作，工作内容有很大不确定性，需做出有价值的判断和重大创新，工作负荷率 90% 以上，承担很大市场经营风险

（三）要素赋值法

这是一种分维度进行定量比较的工作职位价值评价方法。根据不同工作职位的共同赋酬因素，对具有代表性的工作职位相对价值进行评价，并直接赋予具体的分值；将其余工作职位与相应的代表性工作职位进行逐一比较并直接赋予薪值，最后将各因素薪值加总评出各工作职位总的薪酬值（见表4-3）。其基本实施步骤是：首先，对各工作职位价值进行因素分解，选择确定共同的赋酬因素，并进行明确定义，例如，可选择知识技能水平、劳动工作强度、职位责任大小、工作条件优劣等作为一个各工作职位价值评价的共同赋酬因素。其次，选择组织所有工作职位中具有代表性的关键工作职位，所选代表性工作职位一般要涵盖面广，员工普遍熟悉和认可，能代表不同工作类别和赋酬水准，而且有明确定义的工作说明和清晰的工作描述，示例选择Ⅰ、Ⅱ、Ⅲ、Ⅳ等四种分别属于管理干部类、工程技术类、市场营销类和行政干事类的关键基准工作职位。再次，依次按所选赋酬因素，对各关键性工作职位进行评价，并赋予其相应分值，计算出各关键性工作职位的赋值总水平，例如，工作职位Ⅰ在“知识技能”因素下排在第二位，赋值1 000；在“工作强度”因素下排在第一位，赋值900；在“风险责任”因素下排在第一位，赋值1 200；在“环境条件”因素下排在第三位，赋值500。这样，工作职位Ⅰ赋值3 600。按照同样方法，通过要素分解核算，可以获得其他三种关键基准工作职位赋值分别是3 500、3 300和1 100。最后，参照相应关键性工作职位在各因素上的赋酬金额，为其他工作职位赋酬因素确定相应薪值水平，并加总计算各自的薪酬总额，假如经过比较评价，确定某工作职位X的位置如

表4–3 要素赋值法评价示例

要素 赋值	知识技能	工作强度	风险责任	环境条件
100				
200	X		Ⅳ	Ⅳ
300		Ⅳ		
400	Ⅳ			
500		X		Ⅰ
600		Ⅲ	X	
700		Ⅱ		Ⅱ
800	Ⅲ			X
900		Ⅰ	Ⅲ	
1 000	Ⅰ		Ⅱ	Ⅲ
1 100	Ⅱ			
1 200			Ⅰ	

表4–3所示，就可以算得其总赋值为2 100。要素赋值法是一种对工作职位相对价值和绝对差额进行系统精确量化的评价方法，各工作职位都可根据其特殊规定性按分解因素灵活赋值，可靠性较高。但此法开发难度大、成本高，一般员工也难以理解，故应用较少。

（四）标尺评分法

标尺评分法简称“薪点法”（Point Method），这是目前西方企业工作职位价值评价应用最为广泛的一种方法。其基本操作步骤为：首先，将组织所有职位按工作性质不同划分为若干类别，并对各类工作职位价值进行因素分解，选择确定共同的赋酬因素，并进行明确定义。例如，对管理干部类，可以按知识技能、工作强度、风险责任和环境条件四个方面，进一步再分解为专业知识、管理技能、复杂性、创造性、自主性、工作负荷、精神压力、职权影响、信息责任、工作条件等10个子因素，各因素又分成若干等级，并给出明确定义和详细说明（见表4–4）。其次，根据各赋酬因素相对重要性给出其权重，制定标尺评分量表（见表4–5）。再次，把各待评价工作职位对照每一赋酬因素等级说明和评分标准，在标尺评分量表中逐一打分，并乘以权重（%）算得该要素赋值和该工作职位相对价值的总得分。例如，某工作职位在技能性因素下评为5级，得分100，乘以权重15%，得15分；同样方法，可以算得其他因素得分。最后，总得分值为63.2。

表4–4　某企业管理干部类技能性标尺因素[1]等级说明与评分标准示例

级别	分值	标尺因素等级说明
2–1	20	具有简单操作和按企业规章制度、标准、程序从事辅助性业务工作的能力
2–2	40	具有常规操作和按法规、制度、标准、程序从事辅助性工作的能力，一般需要从事相当科员级专业职务工作 1 年以上
2–3	60	能够进行比较复杂的操作和按照大量的法规、制度、标准，从事具体业务工作，有一般的分析、判断和撰写业务报告的能力，一般需从事相当科员级专业职务工作 4 年以上
2–4	80	能进行复杂的业务操作，能够运用基本概念、原理、原则等知识解决实际问题，独立完成专业性业务工作，有在各类专业人员之间协调和对外进行业务交涉、撰写业务报告的能力，一般需从事相当助理级专业职务工作 2 年以上
2–5	100	能够独立从事专业性业务工作，谋求技巧上的完善，能够运用系统的专业知识解决比较复杂的实际问题，制订和实施工作程序、工作方案、工作计划，有较强的协调应变能力，对外有交涉、谈判及撰写工作报告或总结的能力
2–6	125	具有审核工作方案，设计并组织实施管理系统或重大业务项目的能力，能够运用坚实的知识体系和现代管理方法解决企业重大实际问题（对企业经营活动提出重大建议）以及撰写同行业中有推广价值的专业论文
2–7	150	具有能组织制定、审核企业全局性的体制改革、发展规划和管理方针以及做出重大经营决策的能力，能够凭借深厚的造诣推进现代管理方法的运用，解决企业或同行业中重大的实际问题，指挥若干个部门共同完成重大的工作任务，撰写有创见、有重要意义的专业论著

注：1. 技能性因素是指从事岗位工作必须具备的操作能力、智力和人际交往能力，如运算、撰写、分析、判断、公关、设计、组织、指挥等能力。

表4–5 标尺评分量表示例

序号	评价因素	权重%	等级分值							总分
			1	2	3	4	5	6	7	
1	知识性	15	40	60	80	100	120	150		15.0
2	技能性	15	20	40	60	80	100	125	150	15.0
3	复杂性	15	20	40	60	90	120	150		9.0
4	创造性	10	10	20	40	50	100			5.0
5	负荷性	10	20	30	50	70	100			5.0
6	权威性	12	20	40	60	90	120			6.8
7	指导性	5	10	20	30	40	50			2.0
8	监督性	5	5	10	20	35	50			0.5
9	信息性	8	10	20	40	60	80			6.4
10	环境性	5	10	20	35	50				0.5
合计		100%	总得分 = 权重（%）× 等级分值							63.2

（五）海氏评价法

1951年，美国薪酬设计专家海耶（E.Hay）沿着标尺评分法的思路，进一步研究开发出一套“指导图表–形状构成法”（简称“海氏评价法”），很好地解决了不同类别工作职位评价的可比性难题。①海氏评价法，实质上是

① 关于海氏评价法，可以进一步参见：米尔科维奇，纽曼．薪酬管理．北京：中国人民大学出版社，2002：123~126；George T. Mikovich and Jerry M. Newman，*Compensation*，4th edition，Homewood，IL.：Richard D. Irwin，Inc.，1993. 与海氏评价法类似的通用职位评价体系还有不少，如：由美世人力资源咨询公司（Mercer Human Resource Consulting）开发的“国际职位评价体系”（International Position Evaluation，IPE），包括影响（impact）、沟通（communication）、创新（innovation）和知识（knowledge）4个评价要素、10个维度、48个等级、104个级别，总分共计1 225分；由华信惠悦（Watson Wyatt）公司开发的“全球职位等级评价体系”（GGS），主要围绕专业知识、业务专长、团队领导、影响性质、影响领域、人际关系技巧等因素，利用电脑软件工具对全球标杆企业25个等级进行全方位评价。

将赋酬因素进一步抽象为具有普遍适用性的三大因素，即智能水平（Know-how）、解决问题能力（Problem-solving）和风险责任（Accountability），并相应设计了三套标尺性评价量表，分别按细分量度指示查对三因素评价分值，最后将所得分值加以综合，即可算出各个工作职位的相对价值。

智能水平，是指使绩效达到可接收程度所必须具备的专门业务知识及其相应的实际操作技能（见表4–6）。具体包含3个层面：（1）有关科学知识、专门技术及操作方法（表中用T表示），分为基本的、初等的、中等的、高等的、专门的、熟练的、精通的和权威的8个等级；（2）有关计划、组织、执行、控制及评价等管理诀窍（表中用M表示），分为起码的、有关的、多样的、广博的和全面的5个等级；（3）有关激励、沟通、协调、培养等人际关系技巧（表中用H表示），分为基本的、重要的和关键的3个等级。这3个层面的每一种组合分值如表4–6所示，即为该职位智能水平的相对价值。表中各数值从左上角到右下角依次递增，其相对差异是依据心理测量学所谓15%韦伯分级定律来确定的。

关于解决问题能力（用Q表示，见表4–7），海氏评价法将之看作智能水平的具体运用，因此以智能水平利用率（%）来测量。进一步分为两个层面：（1）环境因素，分为高度常规的、常规的、半常规的、标准化的、明确规定的、广泛规定的、一般规定的和抽象规定的8个等级；（2）问题难度，分为重复性的、模式化的、中间型的、适应性的和无先例的5个等级。

风险责任，是指工作职位承担者的行动自由度、行为后果影响及职位责任大小（见表4–8）。也具体分为三个维度进行评价：（1）行动自由度（表中用F表示）是工作职位受指导和控制的程度，分为有规定的、受控制的、标准化的、一般性规范的、有指导的、方向性指导的、广泛性指引的、战略性指引的和一般性无指引的等9个量级；（2）行为后果影响（表中用I表示）分为后勤性和咨询性间接辅助作用，与分摊性和主要性直接影响作用两大类、四个级别；（3）风险责任（表中用R表示）分为微小、少量、中级和大量四个等级，并有相应的金额范围。

以上三大因素实际上被归结为两个方面：智能水平与解决问题能力的乘积，反映的是一个工作职位运作性价值，而风险责任则反映的是某工作职位创造性价值。综合加总时，可以根据组织不同工作职位的具体情况赋予二者以权重。计算公式可一般地表示为：

$$W_i=\gamma\,[f_i(T,\ M,\ H)\cdot Q]+\beta[f_i(F,\ I,\ R)]$$

式中，W_i表示第i种工作职位的相对价值；$[f_i(T,\ M,\ H)\cdot Q]$为第i种工作职位人力资本要素使用性价值；$f_i(F,\ I,\ R)$为第i种工作职位人力资本要素创新性价值；γ、β分别表示第i种工作职位人力资本要素使用性价值和增量创新性价值的权重，$\gamma+\beta=1$。一般情况下，γ、β的取值大致有三种情况：

1）$\gamma=\beta$，如会计、技工等工作职位的情形；

2）$\gamma>\beta$，如工程师、营销员等工作职位的情形；

3）$\gamma<\beta$，如总裁、副总裁、经理人员等工作职位的情形。

例如，某工作职位$f_i(T,\ M,\ H)=200$，$Q=20\%$，$f_i(F,\ I,\ R)=100$，若取$\gamma=\beta=50\%$，则有：

$$W_i=50\%\times200\times20\%+50\%\times100=70\text{（分）}$$

表4-6　海氏工作职位评价指导图表：智能水平

T \ H \ M	起码的			有关的			多样的			广博的			全面的		
	基本的	重要的	关键的	基本的	重要的	关键的	基本的	重要的	关键的	基本的	重要的	关键的	基本的	重要的	关键的
基本的	50	57	66	66	76	87	87	100	115	115	132	152	152	175	200
	57	66	76	76	87	100	100	115	132	132	152	175	175	200	230
	66	76	87	87	100	115	115	132	152	152	175	200	200	230	264
初等的	66	76	87	87	100	115	115	132	152	152	175	200	200	230	264
	76	87	100	100	115	132	132	152	175	175	200	230	230	264	304
	87	100	115	115	132	152	152	175	200	200	230	264	264	304	350
中等的	87	100	115	115	132	152	152	175	200	200	230	264	264	304	350
	100	115	132	132	152	175	175	200	230	230	264	304	304	350	400
	115	132	152	152	175	200	200	230	264	264	304	350	350	400	460
高等的	115	132	152	152	175	200	200	230	264	264	304	350	350	400	460
	132	152	175	175	200	230	230	264	304	304	350	400	400	460	528
	152	175	200	200	230	264	264	304	350	350	400	460	460	528	608
专门的	152	175	200	200	230	264	264	304	350	350	400	460	460	528	608
	175	200	230	230	264	304	304	350	400	400	460	528	528	608	700
	200	230	264	304	304	350	350	400	460	460	528	608	608	700	800
熟练的	200	230	264	264	304	350	350	400	460	460	528	608	608	700	800
	230	264	304	304	350	400	400	460	528	528	608	700	700	800	920
	264	304	350	350	400	460	460	528	608	608	700	800	800	920	1 056
精通的	264	304	350	350	400	460	460	528	608	608	700	800	800	920	1 056
	304	350	400	400	460	528	528	608	700	700	800	920	920	1 056	1 216
	350	400	460	460	528	608	608	700	800	800	920	1 056	1 056	1 216	1 400
权威的	350	400	460	460	528	608	608	700	800	800	920	1 056	1 056	1 216	1 400
	400	460	528	528	608	700	700	800	920	920	1 056	1 216	1 216	1 400	1 600
	460	528	608	608	700	800	800	920	1 056	1 056	1 216	1 400	1 400	1 600	1 840

表4–7　海氏工作职位评价指导图表：解决问题能力（%）

环境＼难度	重复性的	模式化的	中间型的	适应性的	无先例的
高度常规的	10~12	14~16	19~22	25~29	33~38
常规的	12~14	16~19	22~15	29~33	38~43
半常规的	14~16	19~22	25~29	33~38	43~50
标准化的	16~19	22~25	29~33	38~43	50~57
明确规定的	19~22	25~29	33~38	43~50	57~66
广泛规定的	22~25	29~33	38~43	50~57	66~76
一般规定的	25~29	33~38	43~50	57~66	76~87
抽象规定的	29~33	38~43	50~57	66~76	87~100

表4–8　海氏工作职位评价指导图表：风险责任

R	微小责任（金额范围）				少量责任（金额范围）				中级责任（金额范围）				大量责任（金额范围）			
I	间接		直接		间接		直接		间接		直接		间接		直接	
I＼F	后勤的	咨询的	分摊的	主要的	后勤的	咨询的	分摊的	主要的	后勤的	咨询的	分摊的	主要的	后勤的	咨询的	分摊的	主要的
规定的	10	14	19	25	14	19	25	33	19	25	33	43	25	33	43	57
	12	16	22	29	16	22	29	38	22	29	38	50	29	38	50	66
	14	19	25	33	19	25	33	43	25	33	43	57	33	43	57	76
受控的	16	22	29	38	22	29	38	50	29	38	50	66	38	50	66	87
	19	25	33	43	25	33	43	57	33	43	57	76	43	57	76	100
	22	29	38	50	29	38	50	66	38	50	66	87	50	66	87	115
标准的	25	33	43	57	33	43	57	76	43	57	76	100	57	76	100	132
	29	38	50	66	38	50	66	87	50	66	87	115	66	87	115	152
	33	43	57	76	43	57	76	100	57	76	100	132	76	100	132	175

（续表）

R	微小责任（金额范围）				少量责任（金额范围）				中级责任（金额范围）				大量责任（金额范围）			
I	间接		直接		间接		直接		间接		直接		间接		直接	
I / F	后勤的	咨询的	分摊的	主要的	后勤的	咨询的	分摊的	主要的	后勤的	咨询的	分摊的	主要的	后勤的	咨询的	分摊的	主要的
规范的	38	50	66	87	50	66	87	115	66	87	115	152	87	115	152	200
	43	57	76	100	57	76	100	132	76	100	132	157	100	132	157	230
	50	66	87	115	66	87	115	152	87	115	152	200	115	152	200	264
指导的	57	76	100	132	76	100	132	175	100	132	175	230	132	175	230	304
	66	87	115	152	87	115	152	200	115	152	200	264	152	200	264	350
	76	100	132	175	100	132	175	230	132	175	230	304	175	230	304	400
指向的	87	115	152	200	115	152	200	264	152	200	264	350	200	264	350	460
	100	132	175	230	132	175	230	304	175	230	304	400	230	304	400	528
	115	152	200	264	152	200	264	350	200	264	350	460	264	350	460	608
指引的	132	175	230	304	175	230	304	400	230	304	400	528	304	400	528	700
	152	200	264	350	200	264	350	460	264	350	460	608	350	460	608	800
	175	230	304	400	230	304	400	528	304	400	528	700	400	528	700	920
战略的	200	264	350	460	264	350	460	608	350	460	608	800	460	608	800	1 056
	230	304	400	528	304	400	528	700	400	528	700	920	528	700	920	1 216
	264	350	460	608	350	460	608	800	460	608	800	1 056	608	800	1 056	1 400
自主的	304	400	528	700	400	528	700	920	528	700	920	1 216	700	920	1 216	1 600
	350	460	608	800	460	608	800	1 056	608	800	1 056	1 400	800	1 056	1 400	1 840
	400	528	700	920	528	700	920	1 216	700	920	1 215	1 600	920	1 215	1 600	2 112

四、能力及胜任力模型

以人为中心，针对员工自身所拥有的能力或人力资本水平进行评价，也是BCC-KCI设计的关键技术基础。人的能力，就如同冰山一样，有在水面下的“潜能”，也有浮在水面上的“显能”（见图4-6）。就潜能而言，主要是先天性的、由遗传基因和生物演化形成的，往往表现为潜意识和本能性反应行为，包括人格素质特性（Traits）、动机倾向特性（Motives）和自我认知特性（Self-concepts）等。就显能来说，能力有心智能力（Talent）、动手能力（Capability）、操作能力（Skills）、认知能力（Knowledge）、胜任能力（Competency）和做事能力（Ability）等。如果从专业学术角度，也可以用“人力资源素质”或“人力资本水平”术语，来表达“能力”所涵盖的广泛意义。

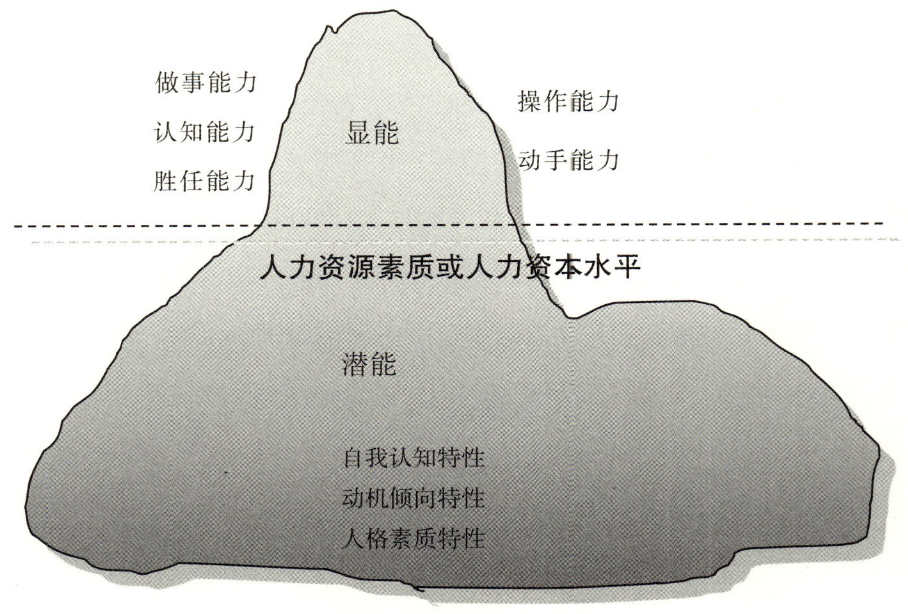

图 4-6　能力冰山模型

在社会化大生产体系中，专业化分工是把双刃剑，一方面它衍生出无限细分的工作职位系列，另一方面它又提出无限纵深的职业技能素质要求。在专业化、职业化的社会分工体系中，特别是在以互联网为核心的新技术革命推动下，现代组织团队化、扁平化和网络虚拟化的学习型变革浪潮扑面而来，一些专业知识密集型组织及职业群体快速崛起。对于这些组织和群体的成员来说，专业知识素质和能力在其职业生涯发展中的影响作用越来越大；而对于高科技企业等专业知识密集型组织来说，通过员工进行职业化开发、专业化投资而形成的人力资源素质或人力资本水平，对于其在市场竞争中获取战略优势也越来越具有关键性意义。在这样的情况下，组织薪酬体系中工作职位差异化越来越不明显，而职业化人力资源素质或专业化人力资本水平的差异却日趋凸现，于是，以人为中心、按能付酬就成为顺应时代潮流的一种必然选择。

20世纪80年代以来，越来越多的世界著名企业，如GE（通用电气公司）、摩托罗拉、本田、宝洁等，纷纷导入和实施能力薪酬计划。据美国南加州大学教授劳勒（E.E. Lawler）对《财富》1 000家企业薪酬情况调查结果显示：1987~2002年，能力薪酬（技能工资）覆盖的员工比例在2%左右，推行能力薪酬（技能工资）计划的企业所占比例分别是40%、50%、60%、62%、62%和55%，计划覆盖率在40%以上的企业所占比例大约为10%；另据韬睿咨询公司于1998年进行的一项调查结果显示：在所调查的700家美国企业及300家欧洲企业中，16%的美国企业、20%的欧洲企业导入和实施了能力薪酬计划，有78%的美国企业、50%的欧洲企业声称将导入和推行能力薪酬计划。[①]近年来，从技能工资、知识工资到胜任力工资，由制造企业扩展到高科技企业，乃至金融业、信息咨询业、教育业和医疗卫生业，基于能力的薪酬设计得到越来越广泛的推广应用。当然，传统薪酬设计尚没有走出狭义薪酬范畴，在BCC框架下全方位评价工作能力或胜任力测量评估的技术意义，恰是我们需要进一步努力拓展的研究空间。

近年来，关于胜任力及其模型设计，以及基于胜任力模型的基本薪酬设计，成为中外人力资源管理界关注的焦点。根据相关研究文献（见表4–9），胜任力（Competency/Competence）是指组织中高绩效员工行为表现出来的个人特质，以此可以判断、衡量和预测一个人能否胜任某项工作并取得好的绩效。[②]也就是说，胜任力研究关注高绩效及其行为表现，沿着“能力—行为—绩效”的线路，寻找导向高绩效行为从而产生高绩效结果的一系列个人特征或特殊能力。显然，不同组织或行业中相同的或类似的工作任务，或一个组织中的不同工作任务，要求员工具备的胜任力内容和水平有所不同。为此，要针对特定的组织环境及管理要求，构建各种胜任力模型。

---

① 转引自：曾湘泉．薪酬：宏观、微观与趋势．北京：中国人民大学出版社，2006：228~229.

② 有学者认为，在HR研究领域，competence与competency是有区别的，前者是一个抽象的、笼统的概念，仅指个体能够达成某个职位绩效要求的一种状态或综合品质，即个体履行工作职责和取得绩效的能力，或者说，一般性地基于观察来描述某种整体功能；而后者可以用来了解和识别优秀绩效、功能性行为和技能的表现，针对的是一个个具体职位或工作任务而言的特质或特征。用数学语言来说，如果说competence是一个集合，那么，competency就是集合里的元素。也就是说，competence是“胜任力”的意思，而competency则是“胜任特征”的意思；competence具体到某个特殊的职位或任务上时，就可以提炼出一项或数项具体的competency。

表4–9　有关胜任力的经典研究文献

研究者	研究背景	主要观点
John Flanagan	基于1941~1946年美国空军飞行员绩效项目，于1954年创设工作分析关键事件法，成为胜任力领域研究先驱	胜任力是与特定工作行为有关，并基于工作行为关键事件数据分析而测量出来的特定能力
David C. McClelland	于20世纪70年代早期发表论文，质疑传统智力测验的可靠性，并基于美国外交情报官员甄选项目，创设行为事件访谈法（BEIs），研究情报官员胜任力	胜任力是相对于一般任职者，那些有着杰出工作绩效表现的员工所具有的特殊素质和能力
Richard Boyatzis	于20世纪八九十年代总结胜任力相关研究成果，并将工作要求、组织环境与个人胜任力三个绩效影响因素联系起来，扩展了胜任力模型设计思路，是该领域研究的集大成者之一	胜任力是导致高绩效的一种潜在特质，这种特质是通过适当的行为引导而对工作绩效产生影响的
Lyle M. Spencer，Jr. Signe M. Spencer Richard J. Mirabile	于20世纪90年代提出工作胜任力高绩效模型，并在此基础上提出包括知识技能、社会角色、自我形象、个性与工作动机五要素的广义胜任力冰山模型	胜任力是人在工作或情境中产生高效率或高绩效所必须具有的潜在特性，或者说，它是与工作高绩效相关的知识、技能或个性的总称；同时，只有当这些特质能够在现实中带来可衡量成果时，才能称作胜任力
Mcber & Company AMA	20世纪70年代，美国管理协会围绕成功管理者胜任力问题，对1 800位管理者展开了为期5年的大规模研究活动。同时，在联邦政府甄选公务员及其他组织人员能力评价实践中，对于胜任力要素构成有了新的发现	胜任力是在一项工作中与达成优良绩效相关的知识、动机、特征、自我形象、社会角色及技能。它是介于“看得见”与“看不见”之间、能够明确定义、观察和测量的能力，包括思维方式、行为特征、工作态度及沟通能力等，可以有针对性地加以开发利用

（续表）

研究者	研究背景	主要观点
Hay Group	该公司根据其与世界许多著名大公司的长期合作研究成果，在斯潘塞等人的冰山模型基础上，对胜任力的内涵意义和外延要素做了进一步拓展和甄别	胜任力是在既定工作、任务、组织或文化中区分绩效水平，驱使一个人产生有效工作表现的个人特征；而且，越是不易被观察和测量的特征，对工作绩效表现影响越大
The Gallup Organization	基于70年来关于选民、消费者与员工态度和行为的调查研究，运用成功心理学理念和方法，研究一个人成功的关键影响因素	胜任力是个人所展现的自发而持久的且能够产生效益的思维、感觉和行为模式

资料来源：J.C.Flangan，The Critical Incident Technique，*Pscnological Bulletin*，Vol. 51，Iss. 4，1954，pp.327~358；D.C.McClelland，Testing for Competence Rather Than for “Intelligence”，*American Psychlogist*，Vov.28，Iss.1，1973，pp.1~16；D.C.McClelland，Identifying Competencies with Behavioral Event Interciews，*Psychological Science*，Vol.9，No.5，1998，pp.311~339；A. Yeung，Competencies for Hr Professionals: An Interview with Richard B. Boyatzis，*Human Rasource Management*，Vol.35，Iss. 1，1996，pp.119~131；A.R. Boyatzis，*The Competent Manager: A Model for Effective Performance*，New York: J，Wiley，1982，pp.20~21；Lyle M. Spencer，Jr. and Signe M. Spencer，*Competency at Work*，New York:John Wiley and sons，1993；James L. Hayes，A New Look at Managerial Competenc:The AMA Model of Worthy Performance，*Management Review*，Vol.68，Iss.11，1979，pp.2~3；R.J.Defillipi and M.B.Arthur，The Boundaryless Career:A Competency-based Perpective，Journal of Organizational Behavior，Vol.15，No.4，1994，pp.307~325；Mercer Inc. Competencies，Performance and Pay，New York: William M，Mercer Companies，Inc.，1995；马库斯·白金汉，唐纳德·克利夫顿.现在，发现你的优势.北京：中国青年出版社，2002：10~15.转引自：彭剑锋.人力资源管理概论（第二版）.上海：复旦大学出版社，2011.

所谓胜任力模型，就是为了完成某项工作任务并达成一定绩效目标而构建的关键胜任力要素组合模式。胜任力模型可以通过一般逻辑分析来构建和设计，也可以从组织实际出发进行有针对性的设计。

在一般意义上，一个人工作胜任力的大小，从内到外取决于个性、动机、自我认知（自我印象、社会角色）、价值观、态度、知识和技能等要素，这些要素耦合形成外显行为，从而导致工作绩效的差异性，基于此，可以构建所谓胜任力洋葱模型（见图4–7）。

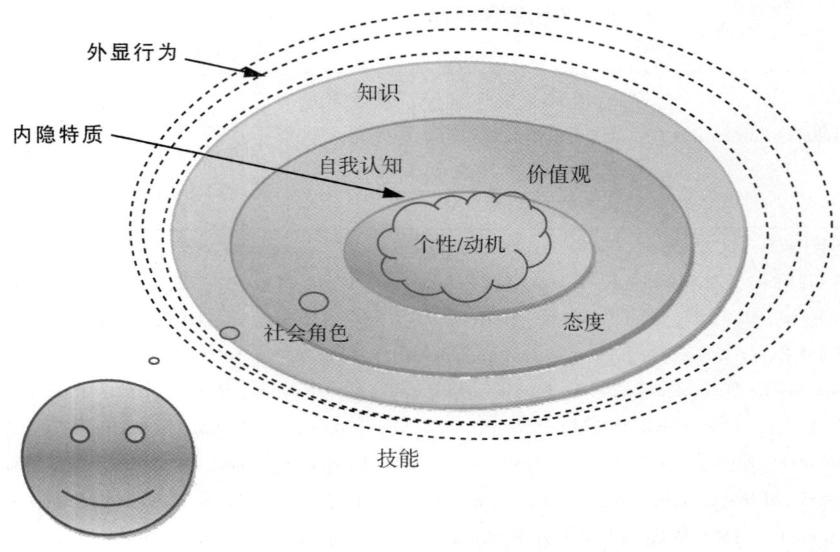

图 4–7 胜任力洋葱模型

从脑科学的角度进行分析，胜任力与大脑各区位功能构造有关。大脑由两个半球组成，每个半球的功能也上下分层，大致规则是，左管右，右管左，上管下，下管上，如此形成上下倒置左右交错的微妙结构。每个半球在形态结构上大致相同，每个半球的皮层都有感觉区、运动区和联合区，也有相同的皮下结构，但各自功能不同：大脑左半球主要负责控制语言、逻辑、数学和次序等抽象思维活动；而右半球则主要负责控制韵律、节奏、音乐、图像和想象等形象思维活动。大脑两半球由胼胝体相连，胼胝体是由3亿个神经细胞组成的高度精密的交换传输系统，它将左右脑信息交换并整合起来，使两个大脑半球之间形成广泛的神经纤维联系，并组成统一的中枢神经系统，有条不紊地管理和控制着整个身体机能。基于此，可以将胜任力构成要素大致分为四个象限，构建和设计胜任力全脑模型（见图4–8）。

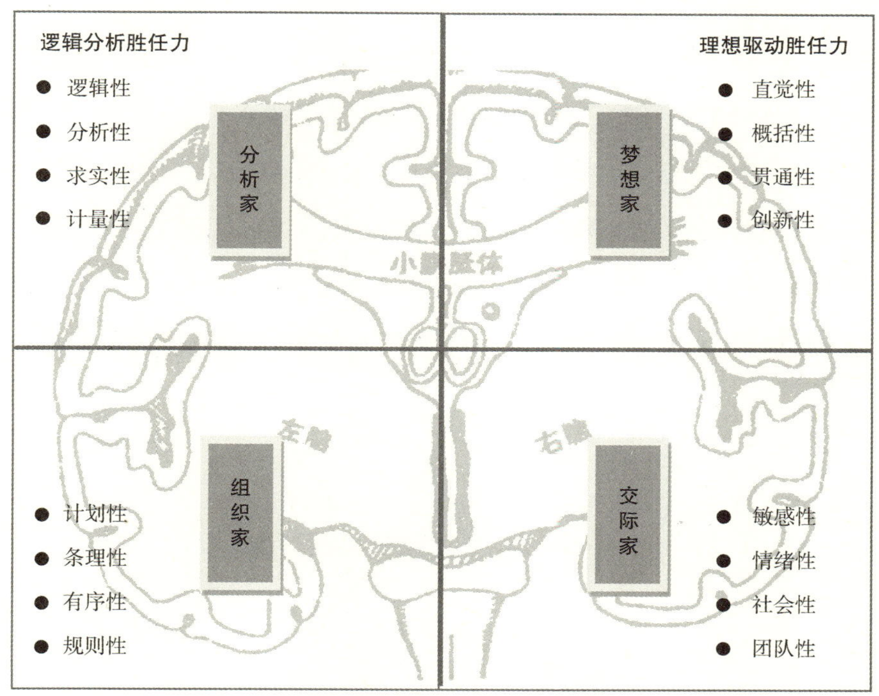

图 4–8　胜任力全脑模型

但是，胜任力是相对于特定的工作任务和绩效目标而言的，因此，如果不与工作绩效以及导致高绩效的工作行为相联系，仅在抽象意义上讨论胜任力构成要素，是没有多大价值的。胜任力模型还可以依据对于实现绩效目标的驱动要素来构建和设计，由此形成胜任力钻石模型（见图4–9）。从驱动强度来分析，胜任力可以分为三大类：（1）成就导向性，即驱动实现高绩效目标的动机强烈程度，以及为实现高绩效目标采取行动的倾向性、紧迫性和完整性；（2）外延影响力，即该胜任力影响范围、规模、层级、人数、事务和重要程度；（3）主观努力度，即所指向的行为人在特定环境约束及行动情景中为达到目标绩效所投入或花费的时间、精力和资源多少。实践中，针对不同的工作任务及绩效目标，三个维度的胜任力要素可能有不同的级别或程度组合（见表4-10）。例如，高层管理者在影响力等级水平上较高，往往通过不易让人察觉的策略来影响他人，并且更加努力地维护组织的信用和声誉；表现最突出的高层管理者具有成就导向、组织认知和关系建立等特征；杰出的高层管理者在信息搜集和积极主动方面表现出更强的胜任力，同时其理念与行动更具有长远眼光，而关心秩序、自我控制等特征则不明显。

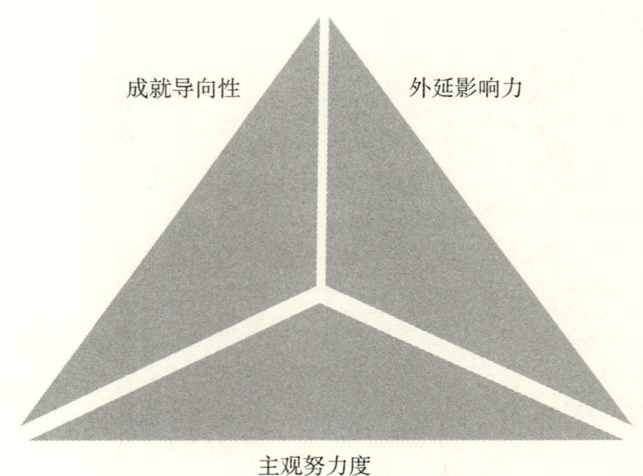

图 4-9 胜任力钻石模型

表 4–10　胜任力钻石模型三维度级别定义举例

A 成就导向性	B 外延影响力	C 主观努力度
A0：工作没追求，只做分内事	B0：没有什么影响	C0：没有明显努力
A1：围绕工作任务工作，但绩效不显著	B1：会影响个人工作绩效	C1：在模仿中努力突破自我
A2：试图把工作做好，但缺乏效率，绩效改进不明显	B2：影响若干人的工作绩效	C2：在团队或部门内部有创新性努力行为
A3：能够达成既定工作目标	B3：影响工作团队的绩效	C3：在组织范围内进行了不具推广价值的创新努力
A4：能够设定并达成没有挑战性的绩优目标	B4：影响一个部门的工作绩效	C4：在组织中进行了具有普适性意义的创新活动
A5：能够不断按照工作流程和要求改进绩效	B5：影响一个组织的业绩	C5：进行了引发行业巨大变革的革命性创新活动
A6：能够设定并达成具有挑战性的目标	B6：影响行业或地区发展状况	
A7：勇于承担风险，应对各种挑战，不断提升工作绩效		

从胜任力外显的动态过程来看，如果将胜任力看作投入要素，工作绩效看作产出结果，那么，工作行为就是在这种投入产出过程中表现出来的具体情境。基于此，应该针对不同的工作任务及绩效目标，通过甄别工作行为表现，进而找出导致此行为（特别是区别高绩效与低绩效行为）的对应胜任力素质特征，构建和设计胜任力投入产出模型（见图4–10）。

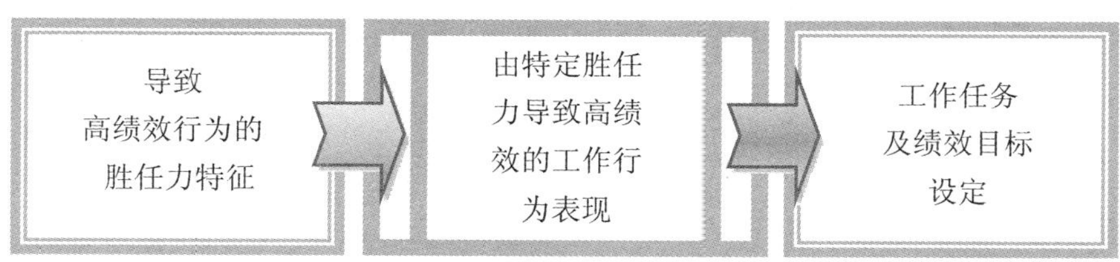

图 4–10　胜任力投入产出模型

就胜任力在一个组织架构中对各类工作任务及绩效目标的适用性而言，可以将胜任力分为：（1）基础胜任力，这是组织中所有成员都必须具备的最低胜任力，又称门槛胜任力（Threshold Competencies）；（2）通用胜任力，即在各个岗位普遍适用、可以迁移到各个群体或领域的胜任力，又称迁移胜任力（Transformational Competencies）；（3）专业胜任力，即特殊岗位适用、完成特定工作任务并达成特殊绩效目标所要具备的胜任力，如工程技术类胜任力、生产运作类胜任力、市场营销类胜任力、经营管理类胜任力等，又称差异胜任力（Differentiating Competencies）；（4）核心胜任力，即组织特殊使命、核心价值观和文化所要求的，构成组织核心竞争力的胜任力要素。由此形成胜任力组织结构模型（见图4–11）。

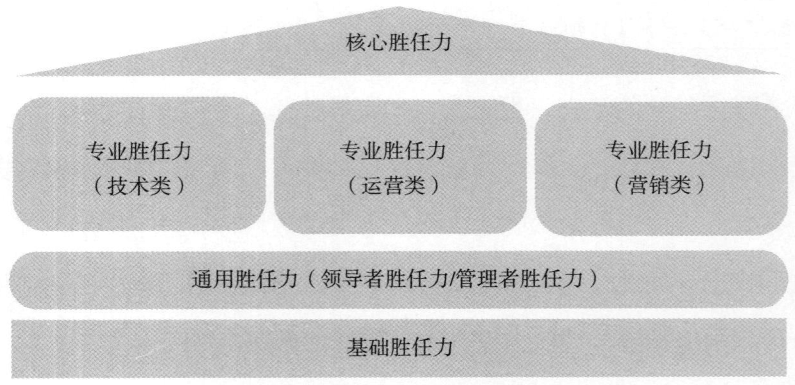

图 4–11　胜任力组织结构模型

实际中，构建和设计胜任力模型，通常有三种做法：一是行为归纳法，即从具体的高绩效行为出发，通过行为事件结构化问卷访谈（Behavioral Event Interview，BEI），分析归纳出与之关联的胜任力模型；二是目标导向法，或称战略演绎法，即从阐释组织愿景、使命、战略和核心价值观出发，甄别与之相吻合的高绩效行为，从而推导出相应的胜任力模型；三是模板筛选法，或称主题分析法，基于心理学家开发的“胜任力词典”分类和级别定义，提炼出胜任力要项信息，通常先由专业顾问提供通用的胜任力调查备选方案，再请相关人员根据本组织的情况，从中选择一组胜任力要素或项目，最后筛选确定胜任力模型。显然，三种做法各有优劣，单纯用某一做法都有局限性，最好根据组织情况及特殊要求，综合运用三种方法，以取长补短。其基本操作流程是：（1）选定待研究的工作任务，并确定绩效指标（如营业额、利润、员工满意度等），进而找出相对于普通绩效者的绩优者，建立绩效标准样本库；（2）按计划组织大规模访谈、调研活动，可以采用行为事件访谈（BEI）、问卷调查、评价中心、专家评议等方法，收集有关数据信息，并由专业人员对访谈调查结果进行编码、整理和分析；（3）确定和描述胜任力的内容及等级，建立胜任力模型，并在实践中不断验证、改进。

第七节　工利其器：有关IDC/IIC–KCI影响因子测量技术及工具

在进行BCC–KCI设计，特别是对内在直接薪酬8个KCI指标进行设计时，将会用到概率统计学、人体功效学、心理测量学原理及试验测量技术，借助问卷调查、案例分析、现场观察、面谈访问、实地操作、情景模拟、公文处理、仪器检测等形式和手段，对组织成员有关工作内在意义与外在条件的激励性报偿效应，进行实验测评或量化评价。

首先，应用最为广泛的测量技术及工具，就是标准化问卷量表。一般来说，凡是涉及组织成员个性（如品质、气质、态度、情绪、兴趣等），特别是对于所从事工作内在意义及外在环境条件的影响因子，诸如知识技能、胜任力、成就感、归属感、满意度等，大都可以通过开发标准化的问卷量表来进行相关测量和设计。问卷量表通常把有关工作影响因子特性特征的一系列问题以是非式、选择式或等级排序式的形式编制成量表，由被测试者自陈答卷，最后评出分值以判断个性特征。这方面，组织行为学及心理测量学已经发展出很多成熟量表（如著名的DISC量表、16PF量表等，见专栏4-1）可供借鉴。

专栏4-1 操作方法

卡特尔16因素人格测验简介

来由：卡特尔16因素人格测验（Cattell 16 Personality Factor Test）由美国伊利诺州立大学人格及能力研究所卡特尔教授创立，其采用系统观察法、科学实验法及因素分析统计法，经数十年研究，确定出16种人格特质，并据此编成问卷量表，即16PF量表。

特点：该测验为自陈量表。优点是高度结构化，简便易行，记分解析较客观；缺点是定义困难、情景误差及反应定势和风格影响大。

功能：有普遍的应用性。可以用来了解应试者环境适应、专业成就和心理素质等表现，预测应试者工作稳定性、工作效率及承受力等个性特质。

构成：量表共由16个分量表（每个因素一个）187道题（每量表10~13题）组成。量表试题以对应16因素的16题为一组轮流排序，每题有三个备选答案。

16个因素的符号及名称为：A.乐群性，B.聪慧性，C.稳定性，E.恃强性，F.兴奋性，G.有恒性，H.敢为性，I.敏感性，L.怀疑性，M.幻想性，N.世故性，O.忧虑性，Q1.实验性，Q2.独立性，Q3.自律性，Q4.紧张性。

样题：指导语（略）

（1）我喜欢看团体球赛。

A）是的　　B）偶然的　　C）不是的

（2）我所喜欢的人大都是

A）拘谨缄默　　B）介于A、C之间　　C）善于交际

（3）金钱不能带来快乐

A）是的　　B）介于A、C之间　　C）不是的

报告：正文是结论性评语，后面附16PF量表（测量结果），包括16量表（因素）的原始得分和16种人格因素剖面图。16种人格因素剖面图式如下所示：

	标准分										
低分特征	1	2	3	4	5	6	7	8	9	10	高分特征
（1）缄默孤独			*								乐群外向
（2）迟钝浅薄							*				聪慧机智

此外，报告往往还给出被测试者双重个性因素（如内向－外向型）的估算分值以及依据有关量表标准分推算的综合个性应用评价分（如情绪心理健康状态等个性因素）。

资料来源：王垒等.实用人事测量.北京：经济科学出版社，1999：147~156.

其次，在进行BCC-KCI设计时，相关KCI指标影响因子测量还可以采用心理测量学上的投射测验技术。所谓“投射测验”（projecive test），即为被试者提供一个特定刺激情景即所谓“投射物”，如一个图画或图片或某种实物等，要求其进行即兴反应或想象作业，使之不自觉地将自己工作的主观感受（如情感、愿望、态度或思想等）投射出来；由于这种方法对语言文字的敏感性和依赖性较小，因此适合在跨文化的工作测量情景中推广使用。最常用的投射测验方法有“罗夏墨迹测验”（Horschan Test）、“主题统觉测验”（Thematic Apperception Test，TAT）等，其基本思想方法及操作套路，都可

以借鉴使用到BCC–KCI设计中。

再次，在进行BCC–KCI设计时，对于员工对所从事工作内在隐含性特征及外在环境条件的主观感受，可以采取工作情景模拟的形式进行测量。这种方法要求员工在模拟设置的“实际情景”中进行“工作”，以观察和判断其是否具有所要求的知识技能。在这方面，著名的“工作样本技术”（Work Sampling Technique）和“管理评价中心”（Management Assessment Center），具体方法包括公文处理、无领导小组讨论、角色扮演等，都可以根据需要恰当改造运用。

复次，设计BCC–KCI，还会用到大量社会心理学、试验（行为）经济学研究方法及相关跨学科研究方法。例如，从经济学发展走势来看，相关前沿研究正在试图摆脱新古典主义的单纯“消费满足指数”量化测量陷阱，逐渐将研究焦点回归到古典行为主义关于“快乐”或“幸福”（Happiness/Hedonic）的真实效用价值情景中来，从而衍生出一种直接研究最大化幸福行为的“幸福经济学”（Hedonomics）。[①]幸福经济学将情感、心理和精神

① 这方面的有关文献可参照：

T.Scitovsky. *The Joyless Economy: An Inquiry into Human Satisfaction and Consumer Dissatisfaction*. New York: Oxford University Press，1976.

Etal Casta.Environmental and Dispositional Influences on Well-being. *British Journal of Psychology*，1987，78，pp.299~306.

C.D.Ryff，Happiness is Everything， or is It? Explorations on the Meaning of Psychological Well-being. *Journal of Personality and Social Psychology*，1989，57，pp.1069~1081.

I.Gilboa & D.Schmeidler. Case-based Decision Theory. *Quarterly Journal of Economics*，1995，110，pp. 605~639.

E.Diener. Most People are Happy. *Psychological Science*，1996，7（3），pp.181~185.

D.Kahneman，E.Diener，& N.Schwarz. *Well-being: The Foundations of Hedonistic Psychology*. New York: Russell Sage Foundation，1999.

因素加入人类行为选择模型中，认为人们的一切选择行为最终都是为了满足精神上的快乐需求，因而可以通过观察人们的“选择”（Choice）行为或组合来判断人们如何最大化自己效用或快乐感；但选择行为并非都是“理性”的，人们选择跳槽、换工作，表面上是为了更多工资或收入最大化，其实有着非常复杂的心理动机，不过归根结底是为了获得“幸福生活”（Well-being）。

一些心理经济学家认为，人们在经济生活中的“幸福感”往往来源于一系列具有普适性的心理规律，诸如：

动态比较（Temporal Comparison），幸福来源于“变得富有”而不是“富有”本身，相对于过去状况感到自己的境况变好，就会感到幸福。

社会性比较（Social Comparison），相对于他人（邻居、同事等社会性群体）状况感到境况变好，就会感到幸福。

心理账户（Mental Account），货币在人们心目中不具有充分替代性，人们把不同的东西往往归入不同的“心理账户”里，同样的东西如果从不同的心理账户中支出，其幸福感是不一样的。

记忆效用（Memory Utility），用同样的货币或代价获得一个心理预期不可能得到的东西，人们往往会因意外惊喜而幸福。

脉冲式变化，相对于无变化的优越状态来说，具有脉冲式变化的非优越状态往往会使人感到幸福。

赋予效应（Endowment Effect），同样的东西，一旦被人们拥有，相对于还未拥有时来说，其估价较高；反之，人类行为往往有损失规避倾向，即人们对损失的厌恶程度比等量所得带来的满足程度要大得多，这种得失相对变化显然会影响人们的幸福感。

鉴于以上观点，在进行薪酬调控管理时，不仅要在可客观衡量的“经济理性”层面来判断薪酬高低，还应特别深入到员工的“心理尺度”和“心理感受”层面，去考察薪酬支付给员工带来的真实快乐或幸福有多少，并随时注意他们实际的精神情感状态及心理满足程度变化。譬如，由于人们日常消费支出都设有不同的心理账户，如果单位偶尔提供一次超过员工日常心理预算的集体性消费活动，如温泉营地休假活动、攀岩拓展训练、歌舞晚宴等，会给员工带来更大满足感、幸福感。同样，由于记忆效用或脉冲式变化的影响（见图4-12），可变的绩效薪酬，特别是股权激励可能要比相当数量固定的基本薪酬带来较高的“心理满足度”；给员工支付习以为常的货币报酬或福利待遇，可能比不上其在工作职场本身获得的成就或意外体验所带来的惊喜或快乐。

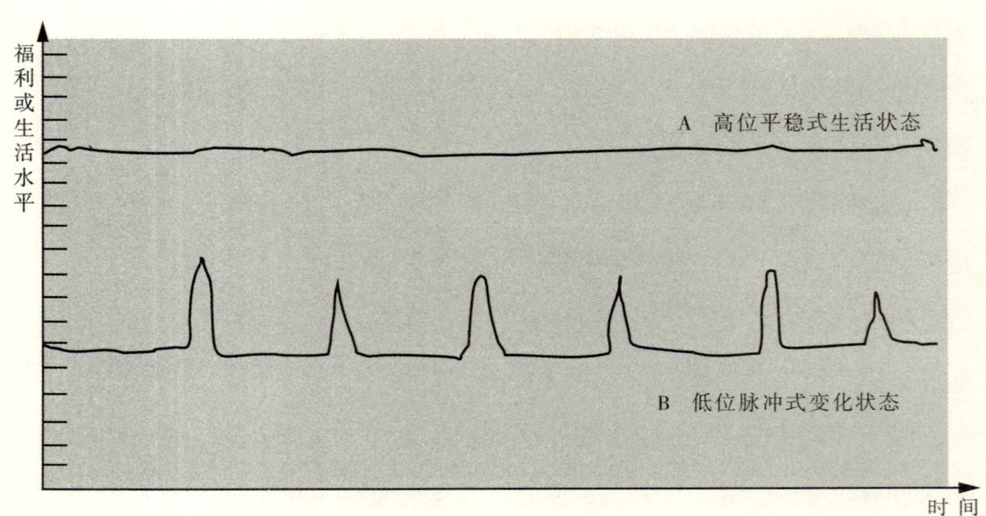

图4-12 脉冲式变化可以带来高幸福感

举例来说，现有两种月薪支付方案：一种是固定月薪5 000元，外加平均水平为1 000元的绩效薪酬，业绩好可能获得超过1 000元的奖金，业绩差可能少于1 000元甚至一分钱没有；另一种是无论什么情况都拿固定月薪6 000元。如果遇到金融危机，企业生产经营状况很不景气，要将月薪调整到5 000元的水平。在这样的变故下，虽然客观的外在薪酬量度水平是一样的，但两种情况下员工的"心理感受"是有很大差别的：如果是前一种情况，员工在心理上可能感到没有什么，降薪属于"正常"现象；但如果是后一种情况，员工将会面临很大的负面心理冲击，其满足度或快乐度可能会大大低于前一种情况。

最后，还要特别注意相关测量效度与信度检验问题。BCC-KCI设计涉及的问卷量表、测验工具及相关研究方法技术，特别是反映众多样本共性特征值的所谓"常模"指针的设计及其标准化，需要在长期的实践中反复检验其效度（Validity）与信度（Reliability），并不断地修正完善。

所谓"效度"，即测量的有效性，是指测量成绩与实际工作绩效的相关程度。效度是选择和评价测量的最重要指标和最重要依据。具体包括"标准效度"（Criterion Validity）和"内容效度"（Content Validity）。

标准效度，即标准的有效性，是指在测量中的成绩和表现与在实际工作中的绩效和表现之间的相关程度。也就是说测量是否有效，要看在测量中的得分高低与此人录用后的工作绩效好坏是不是相一致，将工作绩效作为检验测量有效性的标准。根据测量分数进行甄选决策时，如果能够证明测量分数确实能够预测求职者的未来工作绩效表现，那么这种测量结果就算是有效的。

内容效度，即从工作内容角度检验测量的有效性。首先要识别哪些是决定工作绩效的关键行为，以此界定工作内容，如果能够证明测量中执行的工作内容是实际执行工作内容的全面或随机样本，就说明测量具有内容效度。内容效度一般没有现成的定量指标，只能靠逻辑推理来评估，主要看两点：一是测量内容在范围上要明确，二是测量取样要有代表性。

所谓“信度”，即用同样或等价的测量对同一人重复进行测量所得分值的稳定性或一致性。如果求职者多次接受同一测量或对等形式测量，其得分是相近或相一致的，则说明测量信度较高，否则信度就低。信度评价具体包括“重置评价”（Retest Estimate）和“复本评价”（Equivalent-Form Estimate）。

重置评价，又称稳定性系数，是指对求职者先后进行同样的测量，以分析两次测量结果的相关程度，如果相关程度高就说明这项测量信度高，否则说明信度较低。显然，此法不适合于对成绩和熟练程度相关的测量信度检验。重置信度所考察的误差，主要来源于时间变化所带来的随机影响，而不反映被试行为本身的持续变化。因此，只有当所测量的行为较为稳定时，重置评价才会有效。

复本评价，又称等值性系数，是对求职者先后进行两次内容相当或等价但具体题目可能有区别的测量，估算两次测量结果的相关程度，以此判断测量的信度。复本评价能够避免重置评价面临的记忆或熟练效应等问题，适用于长期追踪测量项目。

经过长期积累，我们已经研制开发出一系列具有高效度和高信度的问卷量表，以及成套实用操作技术、调查方法和测量工具。在实际运用时，要特别注意各种测量技术及工具的适用性、应用条件和环境因素，一般须由外部咨询专家帮助，经过反复调试后方能导入实施。

第五章
怎样导入实施平衡计酬卡

在导入实施BCC时，应该直面现实情境问题，审慎判断组织条件，注意基本操作要领，根据情势因地制宜，借助外部专家在长期实践中持之以恒、循序推进，才能真正有针对性地解决组织所面临的（特别是薪酬管理、绩薪整合管理方面）问题。

第一节　直面现实：基于BCC-KCI标度盘诊断组织激励型态及问题

在基本思想方法的意义上，BCC可以作为“万能钥匙”来使用，但就组织管理功能来看，它更直接、更重要的还是一种人力资源战略管理框架平台及系统化操作工具。导入实施BCC，首先可以将它作为“标度盘”或“问诊器”来诊断分析组织人力资源管理状况及其在战略性激励动力、功能及效应方面存在哪些失衡问题，并在此基础上有针对性地设计BCC-KCI目标体系，进一步与BSC对接构建“三层四维关键目标绩薪整合管理框架”，乃至一整套推动组织可持续发展的人力资源战略性激励管理体系。

在现实中，由于组织性质、外部环境、行业类型、成长发展阶段、结构模式、规模大小等差异性，组织在人力资源管理及其战略性激励动力机制方面，也会存在很大差异性。各种矛盾、问题及困境表现，诸如整合激励导向有偏差、功能紊乱、整合效应差、长期激励乏力等，也各有特点。导入实施BCC必须直面现实情境，以观察、分析和解决问题为导向。我们开发设计的一整套BCC-KCI体系，包括四维16个变量控制指标，以及组织、部门/团队和个人三个基本层面的标准化目标值及其权重量度标尺，其中充分考虑了组织性质（行业类型）、战略导向、规模大小、环境变化、结构模式、成长阶段等各影响因子的弹性幅度（见图5-1），可以用来诊断一个组织（乃至部门、团队或个人）的薪酬总体状况、激励型态、目标导向或偏好倾向，以及在广义薪酬综合平衡激励方面存在哪些矛盾、问题及困境。

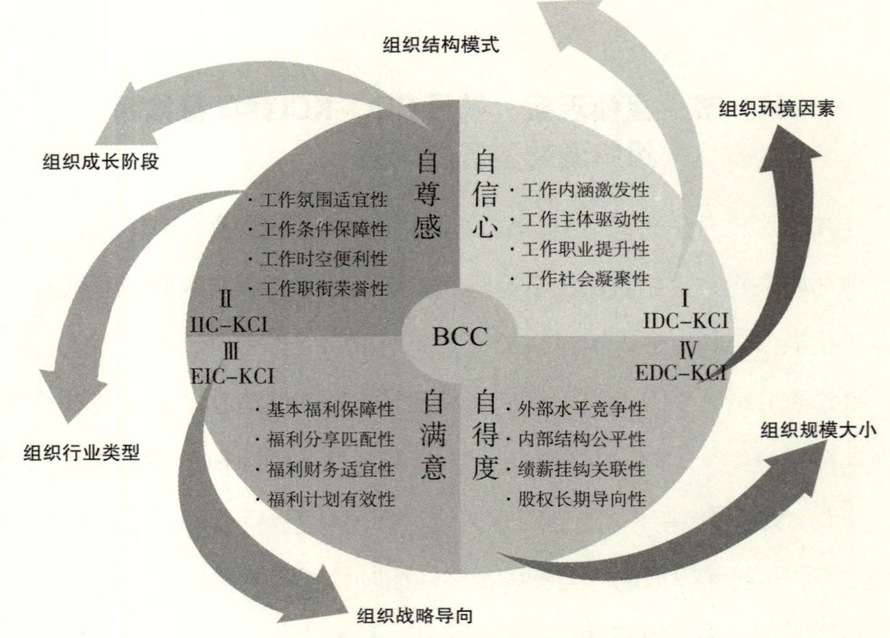

图5-1 组织导入实施BCC要考虑的现实影响因素

在进行诊断时，首先，要深入组织现实运营管理过程（特别是一线生产作业、劳动工作活动情景）中，根据BCC-KCI体系测算技术要求，全面系统搜集真实可信的测算数据资料；其次，整理分析原始数据资料，将之转化为16个变量控制指标影响因子测算可用数据，在组织、部门/团队和个人各个层面上一一测算出16个变量控制指标数据值；最后，根据BCC-KCI四维度及各个变量控制指标的标准化目标值及权重，诊断组织人力资源管理特别是绩效—薪酬战略性激励功能及效应的总体状况、形态和问题，并正式撰写BCC-KCI诊断报告及导入实施项目建议书，递交给组织管理层及相关部门用于决策参考。

第二节　夯实平台：基于MBO搭建广义薪酬战略性激励管理框架

目标指引方向，战略决定成败。导入实施BCC，首先要检核组织战略导向，利用目标管理平台，构建一套与组织、部门/团队、个人三层次绩效目标导向对接匹配的BCC-KCI目标控制体系及广义薪酬战略性激励机制。

众所周知，德鲁克所倡导的“目标管理法”（Management by Objectives，MBO）[①]，经过半个世纪的推广应用，已经被世界各国工商企业及其他各类组织采纳，成为组织绩效层级贯通整合管理的一个具有普适性和基础性的通用操作平台。组织本来是将一群人集结起来做事的，但在组织运作过程中，成

① “目标管理”英文原词是Management by Objectives，但亦有Management by Results，Management by Goals等，而Management by Objectives得到普遍认可。目标管理法最初是由德鲁克于1954年在其著作《管理实践》中首先提出来的，并于1974年在《管理：任务·责任·实践》中，又以“目标管理与自我控制”为题作了进一步的阐释，后来被逐渐推广运用开来。

员一来二去却“忘了本”。所谓“目标管理”（MBO），就是让组织成员在工作中不要忘了组织本来是干什么的。基于自我控制的目标管理，是有关人的行为内在激励的普适性民主管理理念，适用于各种层次和职能的管理人员，适用于各种规模的组织；它把客观的组织需要转化为个人的奋斗目标，并保证其能积极自主地取得工作成就，在各个方向上“自由自在”地获得一种“自我价值实现”意义上的人生价值和事业成就。借助“目标管理”这一平台，从明确组织使命及核心价值观着手，在此引导和驱动下形成战略愿景和总目标，再将组织战略愿景和规划目标层层分解，具体落实到组织各个层面和每个员工身上，以统领全局、整合组织相关绩效管理行动。

但是，由于没有与之在运作逻辑层次上相吻合、运作模式上相匹配、制度框架上相衔接的“三层四维”BCC–KCI目标控制体系和广义薪酬战略性激励机制整合设计及动态跟进，很多组织绩效战略管理往往被引导到“短期急功近利、长期激励乏力”的死胡同。鉴于此，导入实施BCC，进行薪酬整合设计，可以借助目标管理平台，但又不能局限于只着眼于组织绩效导向的传统目标管理，要在“广义薪酬战略性激励”的视界上导入BCC–KCI目标控制体系，重塑目标管理基础平台。

组织总目标（Overall Objectives / Broad Objectives），其实就是在组织使命特别是核心价值观驱动下所要达到的战略愿景陈述。关于“战略”，同样需要注意“思想方法”问题。正如德鲁克所强调的：战略及其规划，就其本身的性质来说，不是一个“方法技术”问题，而是一个人文互动的问题；不是“科学方法”在组织决策方面的应用，而是思想、分析、想象、责任和判断的落实；不是试图预测和决定未来，而是面向未来立足现在的选择；不是要化解或规避风险，而是要进行选择和承担风险的决策。作为组织总目标的战略愿景陈述，是组织使命和核心价值观的具体化，就其本身的特点和要求来说，有五个要点：一要简明扼要，能够一目了然地为人们所理解；二要鼓舞人心，吸引、凝聚和整合组织所有利益相关者为之努力；三要准确明白，具有可验证的标准和可行性的实践基础；四要抓住关键，聚焦关键领域，突出核心竞争力和独特优势；五要相对稳定，具有较大的调整空间和应变弹性。

在组织多元总目标体系中，需要进行一系列“综合平衡”：各个关键领域的目标之间要进行平衡，而且，主要的社会性目标与必要的经济性目标要想做到平衡，还应在短期需要与长期利益之间进行平衡。对各项目标的“综合平衡”能力，可以说是衡量组织管理者水平的一个重要标志。在综合平衡的基础上确定设置组织总体目标，并通过（基于BSC的）目标管理平台将其层层落地实施，使战略管理转化为一种有着规定目标、完成期限、明确责任的具体工作行动计划。与此相适应，在薪酬战略管理层面要借助BCC的导入，进而构建一整套三层四维薪酬目标控制体系及广义薪酬战略性激励机制，为此需要做好三个方面的基础性工作。

首先，薪酬战略管理架构要选好其在组织HR战略管理系统的支撑点。在一个组织HR管理系统中，薪酬管理的基本职能和战略任务就是（见图5–2）：（1）与HR战略规划目标要求相适应，强化组织战略驱动力；（2）服务于HR招募甄选要求，提升组织外部竞争力；（3）配合HR配置使用需要，提高组织内部公平性；（4）适应HR培训开发需要，挖掘未来发展潜能；（5）基于HR关系整合，强化组织凝聚力。

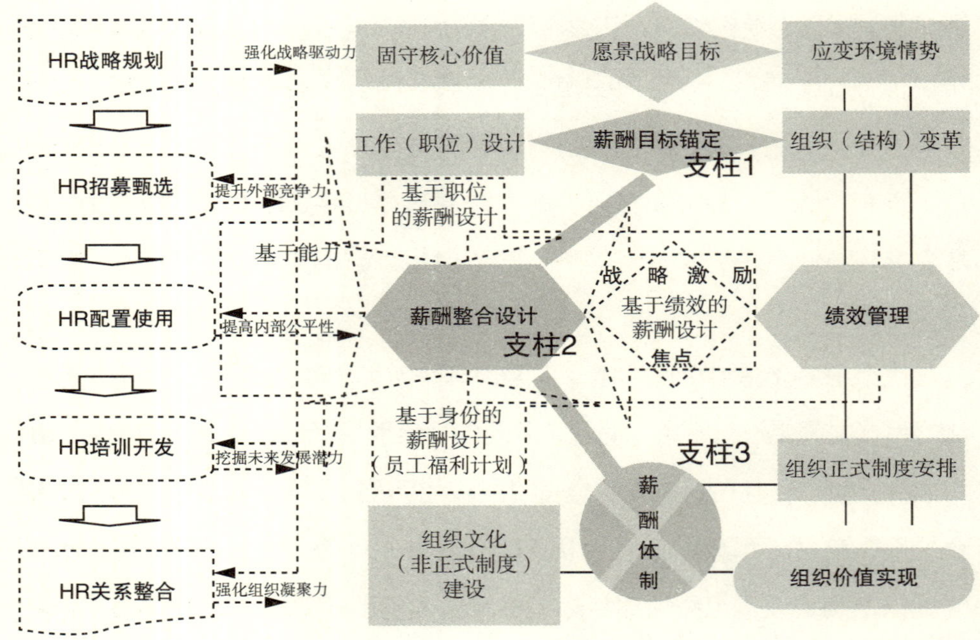

图 5-2　广义薪酬战略性激励管理框架及其 HR 功能定位

其次，薪酬战略管理架构要具有三大支柱，即锚定薪酬政策目标，整合设计薪酬体系，选择薪酬体制模式。为实现以上五项基本职能和战略任务，在战略总体构架建设上需要做好三个支柱性工作：一是，在制订HR战略规划时，薪酬管理应该在准确把握组织变革趋势，以及工作职位分析和设计的基础上，将组织成员的共同愿景具体转化为可以量度的总体目标，并根据总目标要求进一步锚定薪酬战略目标和政策取向；二是，基于HR招募甄选、配置使用和培训开发需要，组织绩效提升和管理的总要求，以及组织文化建设、员工关系协调和精神整合激励的战略视界，进行薪酬项目、结构和水平的整合设计，选择确定基本薪酬设计基准、薪酬项目组合方式、薪酬结构重心和薪酬总体水准；三是，基于外部体制和法制环境，以及内部组织结构状态，选择和确定适当的薪酬体制模式，决定薪酬管理是集权还是分权，员工在薪酬管理中的参与度、参与方式，薪酬制度规范的刚性和弹性及公开性与封闭性如何权衡，在长期的战略管理实践中不断探索，逐渐找到适合本组织情况、具有相对比较优势和特色的薪酬体制模式。

最后，薪酬战略架构要做好具体而细致的制度安排和雕琢工作。通常，国家立法和政府管理机构会基于市场经济条件下薪酬运行变化规律，针对组织或个人有关薪酬及收入分配行为，制定一系列相关法律、规定和政策。在此环境约束条件下，各类组织应进一步结合自身情况，针对本组织薪酬管理系统的特殊矛盾和问题，以及具体实施工作环节，制定出一系列有关薪酬管理的准则、标准、规章和办法，以保证薪酬战略的有效执行。

第三节　明确导向：适应内外部环境做好四大战略性匹配工作

薪酬并不仅仅是对员工贡献的简单承认或回报，更重要的是作为一种战略性激励因子，在组织战略管理的诸多方面发挥主导性驱动功能。导入实施BCC进行薪酬战略管理，首先要依据“公平、合法、有效”的基本要求，将薪酬设计与管理工作统一纳入组织总体经营战略和人力资源战略管理框架中，做好战略目标定位，明确薪酬政策目标导向。为此，要认真做好四个层面的战略性匹配工作。

一、要做好与外部环境情势的战略性匹配工作

一个组织面对的外部环境具体情势非常复杂，大致有民族文化、政府法规、劳动市场和行业特点等几个方面的因素，在进行绩效薪酬目标定位及政策取向抉择时，要在战略层面上保证这些因素之间具有很好的契合度。

在民族文化环境方面，集权主义、族群主义、科层主义和男权主义的文化环境，与民主主义、个人主义、自由主义和女权主义的文化环境，对于一个组织绩效薪酬目标定位和政策取向显然具有实质性的差异。

在政府法规环境方面，最低工资法、个人所得税法、社会保障等方面的制度性差异，对于组织绩效薪酬战略定位也有实质性影响。

在劳动市场环境方面，完善的劳动力市场体系，发达的劳动力市场机制，以及供不应求或供过于求的非均衡市场状态，对于一个组织绩效薪酬政策带来的外部压力和约束，显然是直接的、巨大的，其绩效薪酬政策要更加顾及外部竞争性要求；反之，面对外部市场机制不顺畅、劳动力流动性不显著的劳动市场环境，一个组织绩效薪酬政策取向可能会更加注重内部公平性。

此外，一个组织所处行业的特点，如垄断性或竞争性，新兴高成长性或传统衰退性，其绩效薪酬战略目标和政策取向也会大不相同。

二、要做好与内部组织状况的战略性匹配工作

一个组织的绩效薪酬战略目标定位和政策取向，在考虑环境因素的同时，还要与内部组织状态相匹配。内部组织状况包括很多情形，例如：

组织使命和愿景是什么？组织提倡并崇尚什么样的文化模式和核心价值

观导向，以及员工的特殊需求是什么？

组织结构是纵向金字塔式的还是扁平化的？组织内部权力差异、等级跨度有多大，是高度集权型还是民主集中型或向下授权模式？

在整个组织业务模块及运作流程中，重点业务单元、关键部门、工序及岗位有哪些？它们之间是怎样匹配协同的？

组织的核心竞争力是什么？核心资源，特别是核心人力资源是什么？哪些员工是组织持续竞争力始终依托的核心员工？

长期以来，组织运营业绩、财务状况和经济实力如何？它能支撑什么样的绩效薪酬预算方案？

在锚定绩效薪酬战略目标、制定绩效薪酬政策时，一定要对这些问题进行一一甄别，努力做到与这些组织状况最大限度匹配。

三、要做好与运营战略目标的战略性匹配工作

学术界对于组织运营战略模式有多种分类，例如：按照业务范围分为简单专业化战略、有关联多元化战略和无关联多元化战略；按照竞争优势划分为低成本战略、差异化战略和集中性战略；按照发展阶段分为高速成长型战略、盈利扩张型战略、成熟稳定型战略和衰退保守型战略；等等。针对不同的组织运营战略目标要求，绩效薪酬战略目标定位和政策取向要与之紧密配合，使绩效薪酬管理成为直接支持组织总体战略目标实现的焦点职能性支柱。

例如，对于专注于特制饮料连锁服务的星巴克公司来说，其绩效薪酬战略目标定位及政策取向非常明确：忽视差别，将所有员工当作“战略合作伙伴”，在低工资快餐行业里支付稍高于其他竞争对手的工资和福利待遇，给包括兼职

人员在内的所有员工提供医疗保障及股票期权（俗称“咖啡豆股份”），使他们能够分享公司发展成果、充分体验到自身的价值，由此推动组织可持续发展。

再如，最初因成功实施低成本扩张战略而大获全胜的美国西南航空公司，到20世纪90年代，由于旅客需求高端化、飞行员短缺、员工怠工、行业竞争加剧等外部环境变化，传统绩效薪酬战略面临巨大挑战。于是，其在1995年制定了将核心员工利益与公司股东利益挂钩的股权激励绩效薪酬战略，与飞行员签订了10年长期合同，约定前5年绩效薪酬水平保持不变，后5年获得股票期权且年薪以3%递增，这使得西南航空不仅走出了困境而且获得并保持战略竞争优势。

高科技成长型公司，例如微软、联想、华为等，其经营战略强调创新、风险分担和市场拓展，那么与此相匹配的绩效薪酬战略目标定位和政策取向就应该是：近期外在基本绩效薪酬水平相对较低，强化内在绩效薪酬的激励作用，使员工能够分享公司未来成功而获得较高的长期收入或股权收益。

处于成熟期的大型跨国公司，它们在市场上已经具有稳定的竞争优势地位，其经营战略可能是集中化导向的，那么相应的绩效薪酬战略目标和政策取向就会有很大不同：绩效薪酬决策强调集权化，绩效薪酬项目以外在绩效薪酬为主体，实行短期高基本绩效薪酬和高福利而长期低增长潜力的政策导向，主要以工作职位性质而不是以创新技能为基础确定绩效薪酬水平。

当然，在不同时期，组织战略目标和重点会有所变化，绩效薪酬战略目标定位和具体政策导向也应有适当调整。例如，可以根据具体情况和实际需要，或选择“支持组织变革，支持工作团队运作”，或选择“提高顾客满意度，强化市场竞争意识”，或选择“留住关键人才，精减职工队伍”等，作为绩效薪酬战略管理在特定时期的目标定位和政策取向。

四、要做好与组织绩效目标管理的战略性匹配工作

在战略性激励机制中，薪酬作为一个与绩效直接关联的焦点激励因子，如何与绩效挂钩、基于绩效导向确定薪酬战略定位，是至关重要的。要实行绩效导向型的薪酬政策，不仅意味着要把事后的薪酬支付与事前的绩效评估结果挂钩，而且要强调薪酬对绩效的事前导向功能及决定作用，合理的、高水准的薪酬定位会带来好的、高绩效的工作结果。这是绩效薪酬战略定位和政策导向须高度重视并认真研究解决的问题。

在实际中，一些大型组织（如青啤这样的国际化大公司，见专栏5-1），其绩效管理比较成熟并明确其在整个人力资源战略管理体系中功能定位以及与各个职能模块的衔接关系，特别是已经成功导入实施BSC并构建了一整套“三层四维关键绩效目标管理框架”（如图5-3所示）。这样具有较好管理基础的大型成熟组织，其绩效战略目标管理的动态运作程式，一般来说有三点：首先，基于组织核心价值观形成共同愿景，并以此为指引确定组织战略目标；其次，进一步在组织层级上将目标由群体、部门或团队层层分解到每位员工，同时，在动态上将创新学习能力、内部运作机制、外部营销地位和财务运营状况四个基本维度有机协同起来；最后，通过战略综合平衡来检核有利于实现组织长期价值目标的关键成功要素，进而设计相应的关键绩效指标体系，由此展开日常绩效管理工作，以有效应对和解决现实中三大绩效整合难题。对于这样一些组织来说，如果能够在此基础上导入实施BCC，并通过双卡对接构建更加完善的“三层四维关键绩薪整合目标管理框架体系”，

将会使其人力资源战略管理提升一个新台阶。对此，我们拟在下文进行专门讨论。

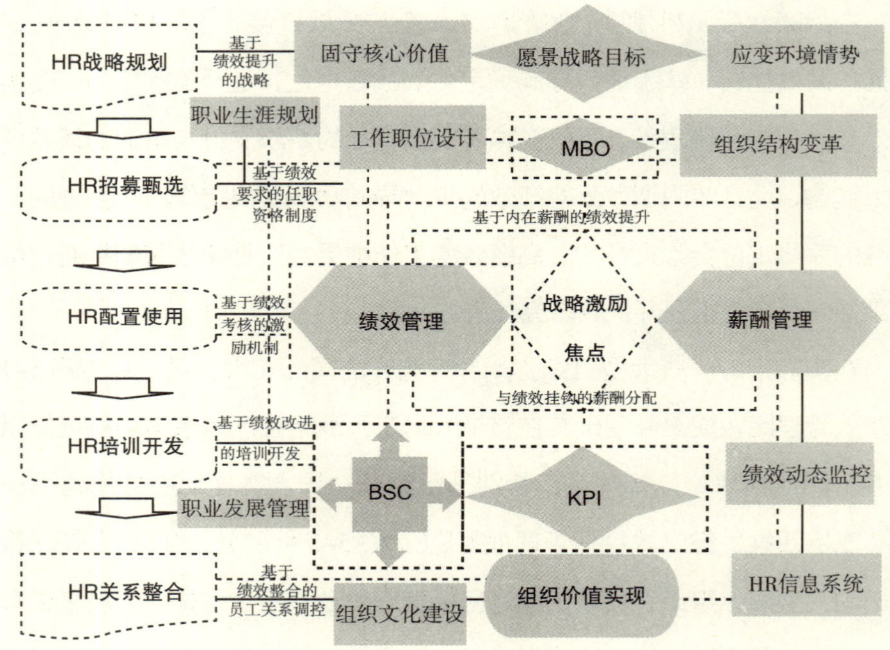

图 5-3　三层四维关键绩效目标管理框架及其 HR 功能定位

专栏5-1　典型案例

青啤基于BSC实现战略整合与转型

青岛啤酒厂始建于1903年，原为英德商人开办，后历经日本麦酒株式会社“青岛工场”、国民党军政部“青岛啤酒公司”、新中国“国营青岛啤酒厂”等沧桑历史变迁，至20世纪末，通过全面实施“大名牌”战略，走“高起点发展、低成本扩张”之路，在短短数年间企业规模发生了“核裂变”。在经过大规模扩张之后，公司管理层引入“平衡计分卡”（BSC）作为战略执行核心工具，成功实现战略整合和转型，使青岛啤酒迅速从过度扩张的困境中走出来，并大幅度提升了经营业绩。

历史地看，青啤的低成本向外扩张，大致顺应了啤酒产业发展趋势，基本遵循了市场运作规律，特别是注意到了组织文化融合和人力资源整合，实现了跳跃式、超常规发展，总体来说还是相当成功的。但是，随着时间推移，青啤扩张的负面效应逐渐显现出来，2001年，青啤达到了247万吨的产量规模，但利润却在逐渐下滑。应时而变，积极实施新的战略整合与转型，成为摆在青啤人面前的新使命。在公司上下互动讨论中，战略转型思路逐渐清晰起来，管理层提出战略重心转移的基本方向是由“做大做强”向“做强做大”转变，即由外延式扩张到内涵式发展，由生产导向转为市场导向，由经营产品到经营品牌，由规模扩张到运营能力提高，以便为扩张奠定良好的基础。

在以整合为重心的战略调整过程中，青啤管理层经过了多方的考虑、协商和论证，最后选择了BSC作为战略执行工具和战略整合调整的基础平台。于是，青啤聘请正在着力推广BSC权威咨询机构“博意门”（Beiman）公司作咨询顾问，助其导入BSC系统。当时分管战略的副总裁孙明波与上海博意门的孙永玲博士接洽，将最新的“战略中心型组织”思想和BSC操作管理系统导入青啤集团。其操作要点是：第一，为了使BSC的实施推进具有权威性，集团成立了一个专门运作BSC的战略管理机构，并得到公司一把手的高度重视和大力支持；第二，借助BSC工具对战略进行了全面梳理，并围绕公司层面战略图和计分卡建立了几个跨部门指标开发小组，兼顾财务与非财务、长期与短期、内部与外部、结果与驱动型指标的平衡筛选出20多个关键指标，接着进一步根据历史数据、行业情况、竞争对手表现等因素为指标设定了目标值，并为实现这些目标而设定了相应的行动方案；第三，以战略为中心整合组织，逐级开发、建立了各事业部以及职能部门的战略图和平衡计分卡，基于战略导向使专业部门服务于统一的价值链，并不断挖掘和有效利用价值空间以提升竞争力；第四，从公司战略目标出发，然后按照四个维度来层层分解到每个人，使战略成为每个人的工作；第五，公司内部设立了一个专门小组，其职责就是根据每年的战略目标对各个部门进行战略目标的分解，周期性地回顾、寻找差距、提出解决办法，使战略成为一种持续的管理活动。

通过五年的艰苦努力，从浅层次到深层次，从模块到系统，从“扩张”到“整合”再到“整合与扩张并举”，青啤成功实现了从生产外延型的全国性企业向市场内涵型的国际化大公司的转变；在这个重大的战略转型过程中，BSC战略管理工具起到了根本性的作用，它有力推动了管理者和员工思想转变，培育了数字化科学管理意识，聚焦并优化了资源配置，提高了组织的协同能力，打造了专业化的工作团队，推动了公司业绩大幅度提升，并为青啤未来长期可持续发展奠定了坚实的基础。

资料来源：李宝元等.人力资源战略管理.北京：清华大学出版社，2013，219~220.

第四节 导入实施：在战略导向下建立 BCC-KCI目标控制体系

首先，根据基于“BCC-KCI标度盘”诊断测量结果，综合考虑组织性质（工商企业、事业单位及政府机关）、行业类型（诸如制造业、高科技IT、传统服务业及现代服务业等）、发展阶段（初创、成长、拓展）、环境条件（快速变化或相对稳定）、运营规模（小微型、中小型、巨大型）、结构模式（直线型、事业部型、矩阵型、网络虚拟型）及战略导向（竞争生存、稳扎稳打、学习变革）等影响因子的调整弹性，综合测算一个标准化平衡系数，获得各KCI的实际平衡状态值；同时将标准化平衡权重减去实际测量权重，得到各KCI的平衡矫正权重，以此修正实际平衡值，获得标准化平衡状态值。最后，将标准化平衡状态值减去实际平衡值，获得该组织目标导向下的四维度及16KCI矫正值（见图5-4及表5-1）。

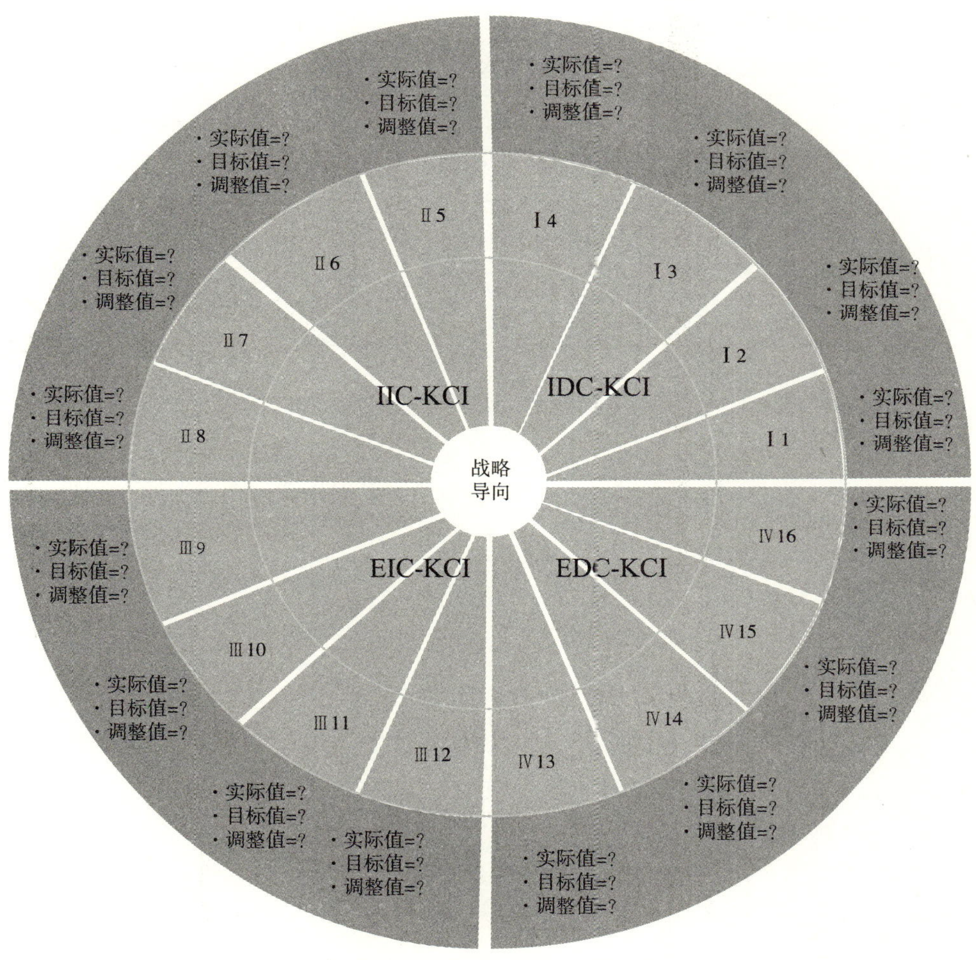

图 5–4　BCC–KCI 标度盘（基础模板）

其次，一一诊断分析各BCC各模块非平衡状态，完成该组织内外在、直接与间接的四维度分项目综合平衡设计。其中包括三大层次、十五种组合情况的平衡设计，即两两维度六种平衡控制设计，三一维度组合四种平衡控制设计，以及四维两方三种平衡设计。

表5-1 BCC-KCI目标控制体系核算一览表

维度	KCI	实际诊断测量值	组织型态影响因子调整系数								权重			平衡调整			主要举措
			组织性质调整系数	行业类型调整系数	发展阶段调整系数	环境条件调整系数	运营规模调整系数	结构模式调整系数	战略导向调整系数	标准化平衡系数	实际测量权重	标准化平衡权重	平衡调整权重	实际平衡状态值	标准化平衡状态值	目标导向矫正值	
		(1)	(2)	(3)	(4)	(5)	(6)	(7)	(8)	(9) = (2) +… (8)	(10)	(11)	(12) = (11) − (10)	(13) = (1) × (9) × (10)	(14) = (13) × (12)	(15) = (14) − (13)	
IDC	Ⅰ 1																
	Ⅰ 2																
	Ⅰ 3																
	Ⅰ 4																
IIC	Ⅱ 5																
	Ⅱ 6																
	Ⅱ 7																
	Ⅱ 8																
EIC	Ⅲ 9																
	Ⅲ 10																
	Ⅲ 11																
	Ⅲ 12																
EDC	Ⅳ 13																
	Ⅳ 14																
	Ⅳ 15																
	Ⅳ 16																

一、两两维度平衡控制设计

关于两两维度平衡控制设计，就是基于BCC四维度标度盘，在给定其他两个维度不存在平衡问题的前提下，聚焦研究剩余两个维度的非平衡状态，并寻找达到平衡态的路径及举措。这样，两两维度对应，一共有六种组合情况：（1）内在薪酬中的直接间接薪酬平衡控制设计；（2）外在薪酬中的直接间接薪酬平衡控制设计；（3）内外在直接薪酬控制平衡设计；（4）内外在间接薪酬平衡控制设计；（5）内在直接薪酬与外在间接薪酬平衡控制设计；（6）内在间接薪酬与外在直接薪酬平衡控制设计（模板见图5-5）。

1. 内在薪酬中直接薪酬与间接薪酬的平衡控制设计

总的原则应该是，以内在直接薪酬为本位或主导，以内在间接薪酬为保障或辅助，在长期价值驱动、可持续发展动力机制上做好激励性工作设计，在创业及学习型变革时期侧重于直接薪酬（工作性质）激励功能效应，而在持续成长、稳定发展阶段适当注重基于间接薪酬（工作条件）的制度安排及管理策略，从而使二者在动态上协同匹配起来。其非平衡态无外乎两种情况：如果出现“内直畸重–内间畸轻型”失衡状态，就会出现“虚火过劳焦虑症”，长此以往会损害组织品牌文化建设；如果出现“内直畸轻–内间畸重型”失衡状态，则会出现“虚荣和气涣散症”，长此以往会失去锐意创新学习动力。

2. 外在薪酬中直接薪酬与间接薪酬项目的平衡控制设计

在BCC薪酬项目体系中，相对于内在薪酬项目来说，外在薪酬项目往往具有显性、可度量性和权重敏感性。沿袭传统习惯，可以将直接薪酬按照基

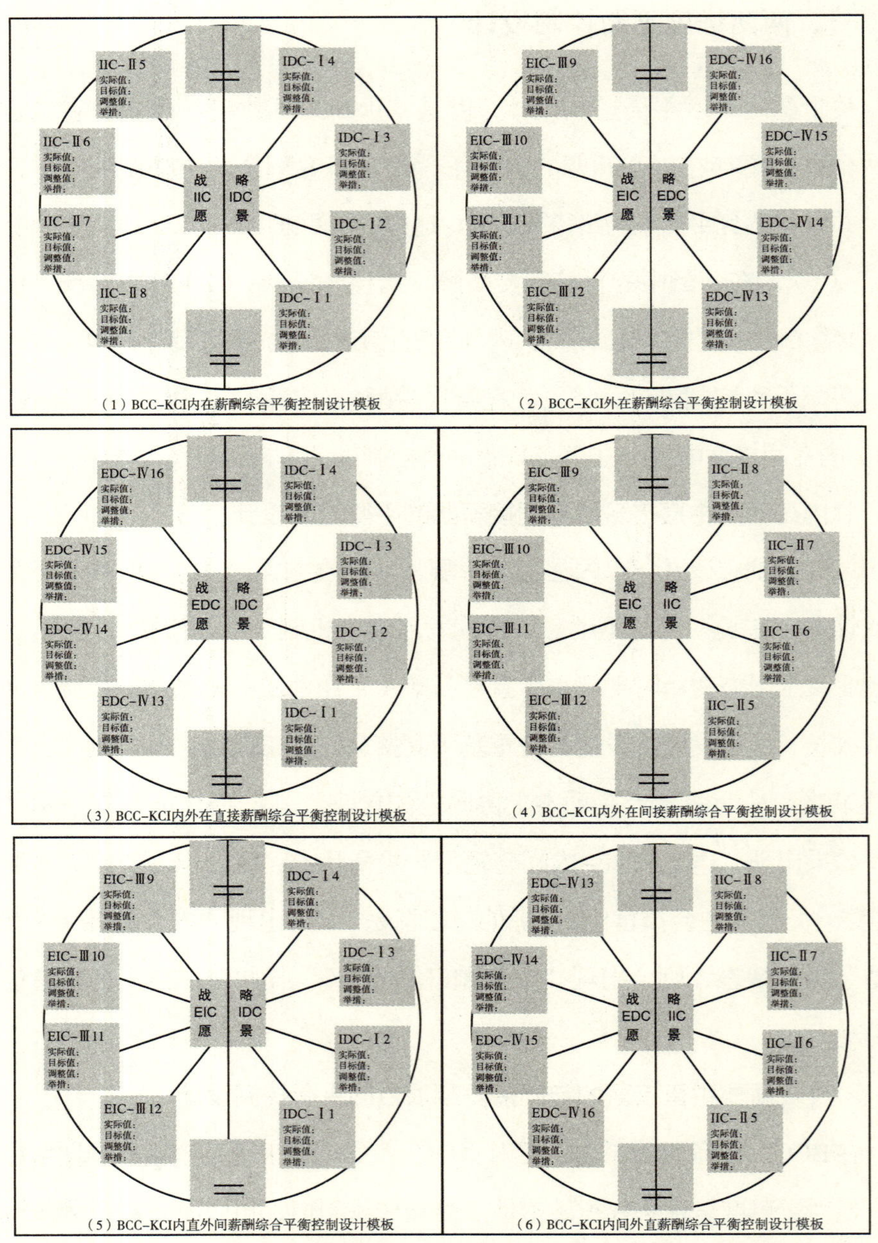

（1）BCC-KCI内在薪酬综合平衡控制设计模板

（2）BCC-KCI外在薪酬综合平衡控制设计模板

（3）BCC-KCI内外在直接薪酬综合平衡控制设计模板

（4）BCC-KCI内外在间接薪酬综合平衡控制设计模板

（5）BCC-KCI内直外间薪酬综合平衡控制设计模板

（6）BCC-KCI内间外直薪酬综合平衡控制设计模板

图 5-5　BCC 两两维组合六种 KCI 平衡控制设计模板

本薪酬与绩效薪酬一分为二，与间接薪酬并列考察分析。基本薪酬按照设计基准不同，可以分为职本位薪酬、能本位薪酬和年功本位薪酬；绩效薪酬可以按时间序列动态指向不同，分为短期奖励薪酬与长期激励薪酬；间接薪酬即员工福利，包括法定与非法定两大类型。基此，可以构建一个“三项六类”整合设计模型（见图5–6），作为核心操作工具来规划、设计和管理外在薪酬项目。其基本平衡原则是“直接薪酬促效益，间接薪酬确保障”。实际中，大致有如下几种常见外在薪酬非平衡症状：（1）职位等级计时工资畸重型；（2）能力符号化（学历文凭）本位畸重型；（3）年工序列论资排辈畸重型；（4）计件工资–短期奖惩压力畸重型；（5）连股不连心坐享高薪畸重型；（6）低货币薪酬–高福利待遇畸重型。

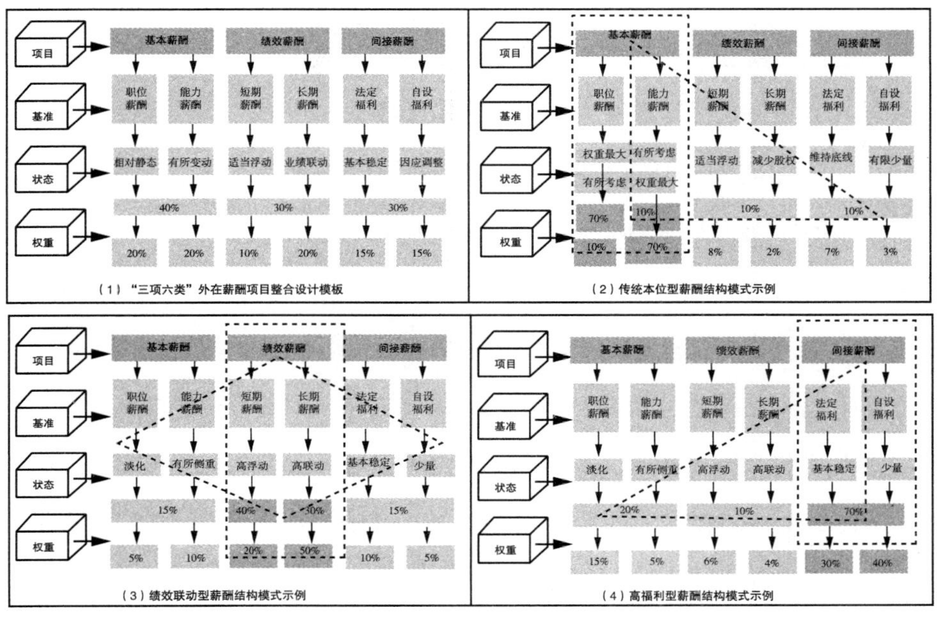

图 5–6 “三项六类”外在薪酬项目整合设计模型（示例）

3. 内外在直接薪酬的平衡控制设计

内外在直接薪酬，是与工作直接相关的报偿激励性薪酬项目。内在直接薪酬与工作的内涵性、主体性、职业性和社会性意义直接相关，是最直接、最重要的激励因素；外在直接薪酬，虽然外在于工作本身但也与工作直接相关，它是传统沿袭下来的薪酬本源意义之体现，是直接针对员工工作职位、能力及业绩计发的法定货币报酬。如果这两个维度出现失衡状况，畸重外在直接薪酬必然会导致“内在价值驱动乏力，工作状态主要依赖物质刺激，员工关系异化为讨价还价雇佣博弈”问题，而畸重内在直接薪酬也会导致“激情波动性亢奋，精神刺激缺乏应有物质基础，工作价值与货币（市场）价值悖逆扭曲”的问题。在实际中，内外在直接薪酬的平衡设计操作困境主要体现在两个方面：一是工作设计与薪酬设计长期分属于不同职能模块而互不搭界，二是在同度量平衡技术上存在显著内隐主观性与高度外显货币性差异。BCC导入实施一定程度上解决了这样的操作难题。

4. 内外在间接薪酬的平衡控制设计

工作条件属于员工就工作本身获得但与内在激励因素比较不那么“直截了当”的报偿，其中大部分属于“激励性因素”，少部分带有“保障/保健性”属性；员工福利外在于工作并与员工工作职位、能力及业绩不直接挂钩，其中大部分属于“保障/保健性因素”，小部分也有一定“激励性”功能。如果这两个维度出现失衡状况，畸重福利待遇会导致“工作氛围不宽松，工作生活协调度差，工作自尊感下降，普患平均主义福利病”，畸重工作条件也会导致“福利保障缺失，工作养尊处优”的问题。

5. 内在直接薪酬与外在间接薪酬的平衡控制设计

按照赫茨伯格的双因素论，内在直接薪酬属于典型的“激励因素”，外在间接薪酬属于典型的“保健因素”，如果二者出现非平衡状况，畸重前者、畸轻后者会导致“满意中有不满，满意者有激励不甘心，不满者心涣散流失离职”的尴尬结局，若畸轻前者而畸重后者则会导致“没有不满也没有满意，不满意者激励乏力，没有不满者‘端起碗吃肉，放下碗骂娘’，组织异化为养尊处优的‘保险箱’”的不堪后果。鉴于此，要将薪酬平衡设计的天平向工作本身的内在价值方面适当倾斜，按照“以人为本，快乐工作”这个基本准则，最大限度地从工作丰富化、团队化的角度进行激励性设计的同时，充分可虑到员工福利具有普适性保健功能及向下刚性的特点，本着“适度从紧，周而不滥”的基本原则进行外在间接薪酬设计。

6. 内在间接薪酬与外在直接薪酬的平衡控制设计

在某一工作职位按照任职资格及能力要求履行工作职责、做出工作业绩，既可以“外在”地直接获得相应的货币性报偿，也可以“内在”地间接享有工作条件而获得激励性报偿；二者如果出现非平衡状况，畸重前者而畸轻后者会导致员工在工作态度或薪酬认知上“只看到看得见的，见钱就眼开；看不到看不见的，工作无体验”的偏向性，若畸轻前者而畸重后者则会导致员工在工作与生活条件上出现“上班悠闲自得工作乐呵呵，下班愁眉不展生活压力大”的情况。

二、三一维度组合四种平衡控制设计

关于三一维度组合四种平衡控制设计，就是基于BCC四维度标度盘，在给定其他一个维度付酬水平及结构的前提下，聚焦研究剩余三个维度的非平衡状态，并寻找达到平衡态的路径及举措。这样，三维度对应，一共有四种组合情况（模板见图5–7），即（1）给定内在直接薪酬，聚焦讨论内在间接薪酬、外在间接薪酬与外在直接薪酬三维度平衡控制设计问题，简称“内直–三维”薪酬平衡设计；（2）给定内在间接薪酬，聚焦讨论内在直接薪酬、外在间接薪酬与外在直接薪酬三维度平衡控制设计问题，简称“内间–三维”薪酬平衡设计；（3）给定外在间接薪酬，聚焦讨论内在直接薪酬、内在间接薪酬与外在直接薪酬三维度平衡控制设计问题，简称“外间–三维”薪酬平衡设

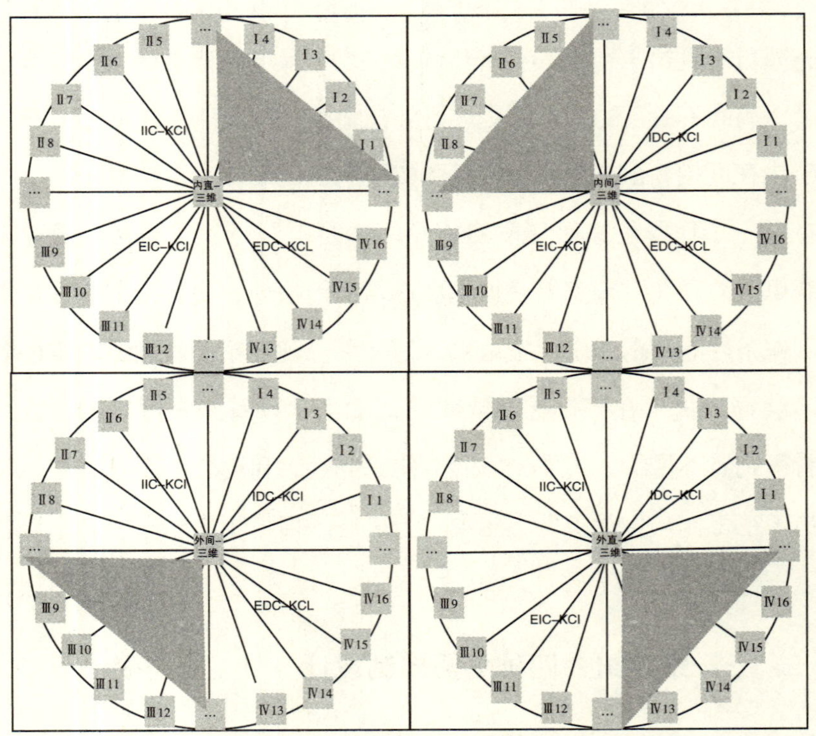

图 5–7　BCC 三一维组合四种 KCI 平衡控制设计模板

计；（4）给定外在直接薪酬，聚焦讨论内在直接薪酬、内在间接薪酬与外在间接薪酬三维度平衡控制设计问题，简称"外直－三维"薪酬平衡设计。

1."内直－三维"薪酬平衡设计

给定内在直接薪酬，内在间接薪酬、外在间接薪酬与外在直接薪酬三维度非平衡状况，如果按照畸轻－轻重两种非均衡状态分类组合，无外乎（1）"重内间，轻外间，轻外直"；（2）"重内间，重外间，轻外直"；（3）"轻内间，重外间，轻外直"；（4）"轻内间，轻外间，重外直"；（5）"轻内间，重外间，重外直"五种情况。其分别导致的后果对应为：（1）工作条件较优越，工资福利待遇差，劳动流动率高，市场竞争压力大；（2）工作条件及福利好，基薪绩薪水平低，市场价值认可度小；（3）工作条件差，福利待遇好，工资薪水低，激励动力不足；（4）工作条件及福利待遇差，工资薪水丰厚，主要靠市场机制及物质刺激驱动；（5）工作条件差，工资福利好，内在激励动力不足。

2."内间－三维"薪酬平衡设计

给定内在间接薪酬，内在直接薪酬、外在间接薪酬与外在直接薪酬三维度非平衡状况，如果按照畸轻－轻重两种非均衡状态分类组合，无外乎（1）"重内直，轻外间，轻外直"；（2）"重内直，重外间，轻外直"；（3）"轻内直，重外间，轻外直"；（4）"轻内直，轻外间，重外直"；（5）"轻内直，重外间，重外直"五种情况。其分别导致的后果对应为：（1）工作激励性强，工资福利待遇差，短期内劳动市场竞争压力大；（2）工作驱动力强，福利待遇好，基薪绩薪水平低，市场价值驱动乏力；（3）福利待遇好，工资薪水低，工作激励动力不足；（4）工作满意度低，福利不满度高，主要靠外在货币性物质刺激；（5）工资福利好，工作内在激励性差。

3.“外间－三维”薪酬平衡设计

给定外在间接薪酬，内在直接薪酬、内在间接薪酬与外在直接薪酬三维度非平衡状况，如果按照畸轻－轻重两种非均衡状态分类组合，无外乎（1）“重内直，轻内间，轻外直”；（2）“重内直，重内间，轻外直”；（3）“轻内直，重内间，轻外直”；（4）“轻内直，轻内间，重外直”；（5）“轻内直，重内间，重外直”五种情况。其分别导致的后果对应为：（1）工作富有意义，但工作条件较差，工资薪水低，短期流动压力大；（2）工作内在激励功能强，货币性价值认可度低；（3）工资薪水低，工作意义不明确，但工作条件优越，内在激励及市场驱动力不足；（4）工作内在激励性差，但工资薪水丰厚，可能存在“拿钱干活、干活拿钱、讨价还价”倾向；（5）工作缺乏意义，但工作条件优越，货币薪酬丰厚，主要靠工作职位优越感、名誉头衔加物质刺激外在性因子驱动。

4.“外直－三维”薪酬平衡设计

给定外在直接薪酬，内在直接薪酬、内在间接薪酬与外在间接薪酬三维度非平衡状况，如果按照畸轻－轻重两种非均衡状态分类组合，无外乎（1）“重内直，轻内间，轻外间”；（2）“重内直，重内间，轻外间”；（3）“轻内直，重内间，轻外间”；（4）“轻内直，轻内间，重外间”；（5）“轻内直，重内间，重外间”五种情况。其分别导致的后果对应为：（1）工作富有意义，但工作条件和福利待遇差，工作满意感与员工不满意感并存，可能导致部分（高成就感）员工工作激情较高涨，但部分（低成就感）员工可能因不满而选择流动；（2）工作内在激励性高，但员工福利待遇差，缺乏保障性、保健性安全感；（3）工作缺乏内在意义和货币价值感，但工作时空条件较便利，工作环境较舒心，职衔荣誉感较强；（4）工作内在激励性差，但福利待遇较好，可能存在“磨洋工，混饭吃”倾向；（5）工作内在意义不明确，但工作条件及福利待遇好，直接性内在激励动力不足。

三、四维两方三种平衡设计

关于四维两方三种平衡设计，就是基于BCC四维度标度盘，聚焦研究内外在、直间接及内外直间接交叉双面非平衡状态，其平衡控制共有三种组合情况（模板见图5–8），即（1）内在薪酬与外在薪酬平衡设计；（2）直接薪酬与间接薪酬平衡设计；（3）内在直接－外在间接薪酬与内在间接－外在直接薪酬平衡设计。

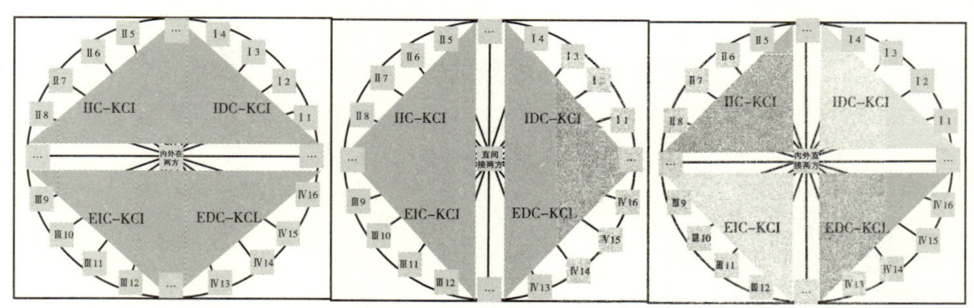

图 5–8 BCC 四维两方组合三种 KCI 平衡设计模板

1. 内在薪酬与外在薪酬的平衡设计

基于BCC进行薪酬综合平衡设计，最大的技术难点在内外薪酬间同度量性平衡控制上，一方面是“看不见，摸不着”，具有高度内隐性的激励性工作设计，另一方面是“看得见，摸得着”，具有显著物质货币性的狭义薪酬及福利安排，这样两个方面在实际操作层面发生分离、失衡、扭曲、错乱几乎普遍存在，而且多表现为“外在畸重型偏态”，少数情况有“内在畸重型”非平衡倾向。

2. 直接薪酬与间接薪酬的平衡设计

内外在直接薪酬与内外在间接薪酬两方非平衡状况，如果畸重于前者会导致“精神紧张，物质刺激”偏向，如果畸重于后者则会导致“精神松懈，养尊处优”福利病。

3. 内在直接–外在间接薪酬与内在间接–外在直接薪酬的平衡设计

如果畸重内在直接–外在间接薪酬，会导致“精神亢奋性福利病”；如果畸重内在间接–外在直接薪酬，则会导致“物质刺激性松懈症”。

最后，在分模块诊断非平衡状态及其症结病因基础上，分别设置组织、部门（团队）及个人层面BCC–KCI平衡控制目标体系，并形成相应的三层次薪酬设计方案（包括薪酬水平、薪酬结构及薪酬项目）体系（见图5–9）。

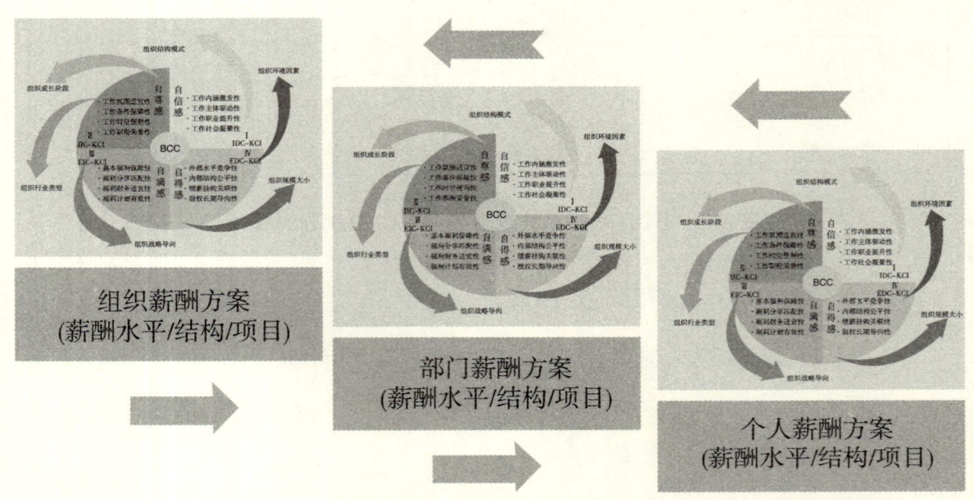

图 5–9 基于 BCC–KCI 控制目标体系的组织三层次贯通薪酬方案体系

第五节　提升管理：双卡对接构筑三层四维关键绩薪整合管理系统

对于成功导入实施BSC并建立了完善三层四维关键绩效目标战略管理体系的组织来说，可以进一步导入实施BCC并在双卡对接基础上构筑三层四维关键目标绩薪整合管理框架体系（见图5-10），这样，就可以使其人力资源战略管理水平大大提升，从而推动整个组织战略管理再上一个新台阶。

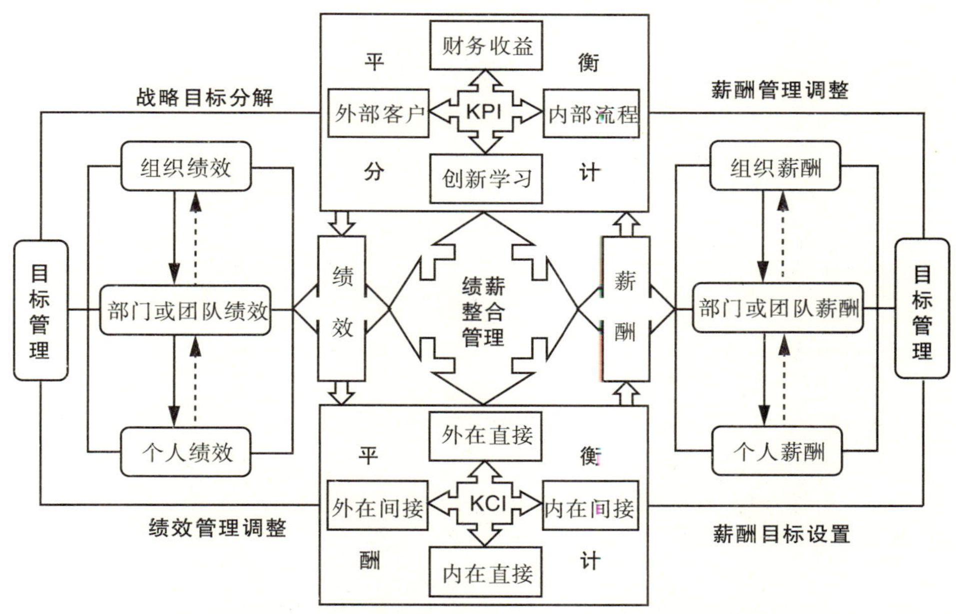

图5-10　BSC-BCC双卡对接三层四维关键目标绩薪整合管理框架体系

基于BSC-BCC双卡对接构筑三层四维关键目标绩薪整合管理框架的总体思路（见图5-11）是：首先，在核心理念及指导思想层面，BSC“追求理想，顺带赚钱，超越利润最大化通过市场为人民服务”，BCC则追求“工作并快乐着，认定工作本身是最直接、最重要的激励因素”；其次，在关键指标四维度平衡设计层面，与基于BSC在价值驱动下确认关键绩效指标相对应，基于BCC则在快乐工作中确认关键激励（计酬）指标；再次，在四维度目标管理操作平台上，与基于目标管理平台将组织、群体（部门/团队）及个人绩效指标上下贯通层层分解相对应，须基于目标管理平台将组织、群体（部门/团队）及个人薪酬激励指标上下贯通层层分解；最后，与绩效管理相对应给出与之相匹配的薪酬管理实施举措。

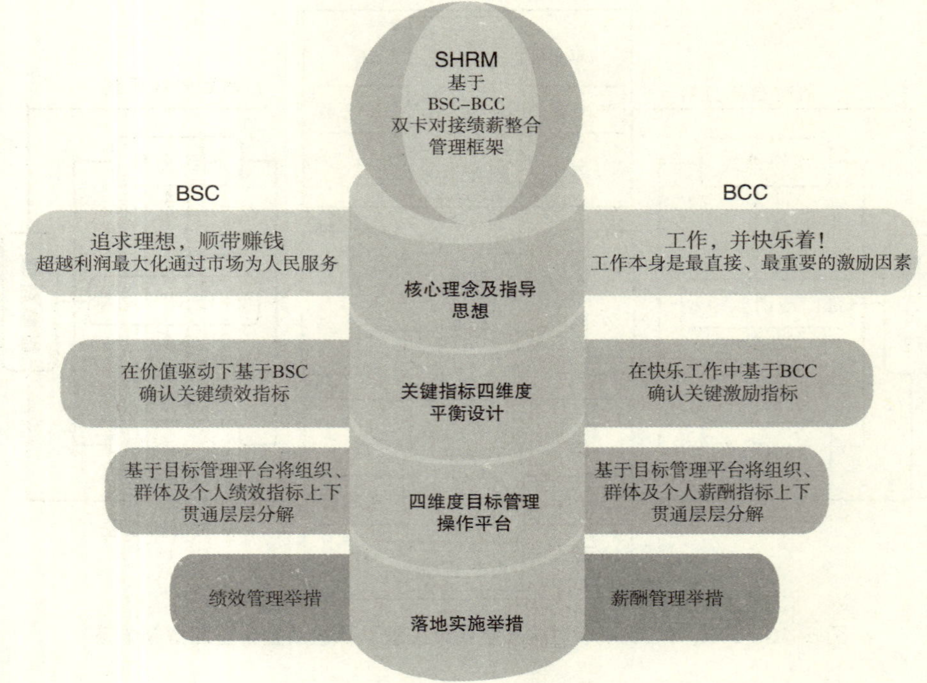

图 5-11　组织双卡对接绩效－薪酬整合管理总体思路

首先，如第三章所述，在组织最高管理层的激发和支持下，从检核组织使命、核心价值观开始，形成共同愿景，并通过绘制BSC-BCC战略路线图（见图5-12），将创新学习、内部流程、外部客户与经济效益四维绩效，以及内在直接、内在间接、外在间接与外在直接四维薪酬之间的内在逻辑关系，包括各种前置薪酬驱动因素与后续业绩成果之间的战略关联性，以一种“战略路线图”的形式全面系统地呈现出来，使战略愿景变得清晰可视、形象生动。这样，就可以将组织愿景目标转化为战略规划，进而将之具体化为

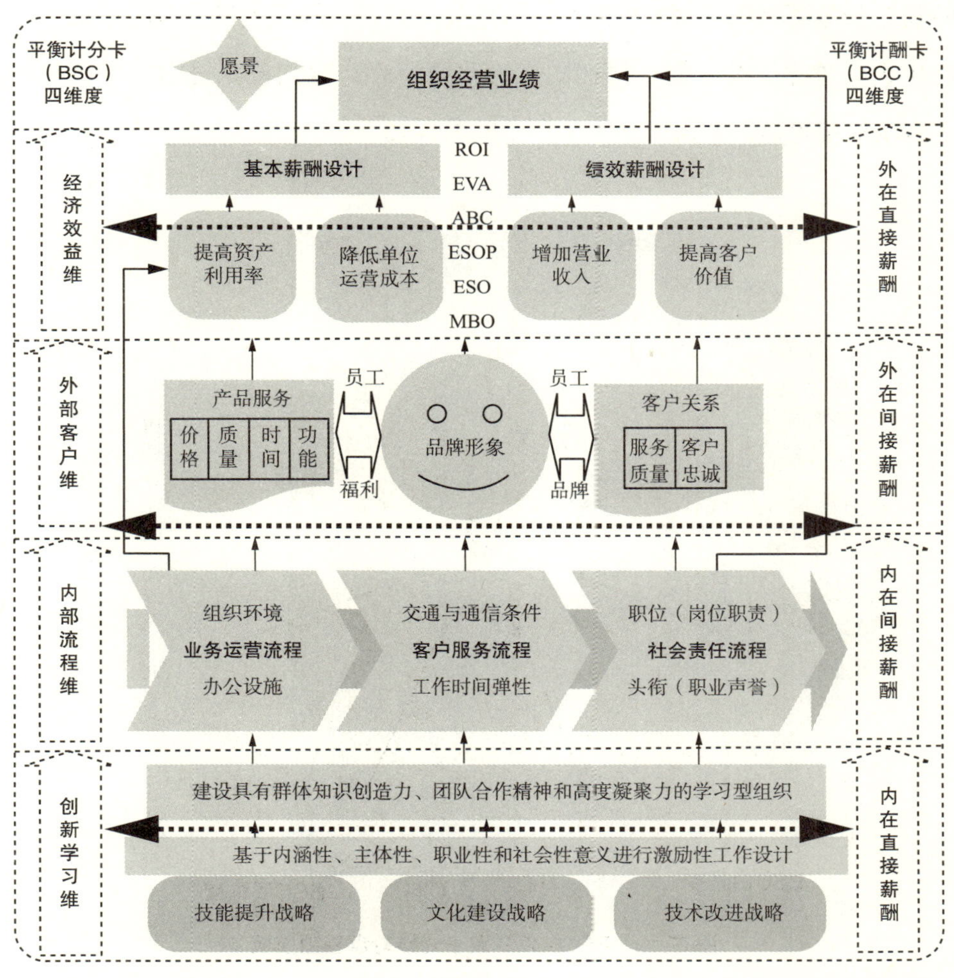

图 5-12 BSC-BCC 双卡对接战略路线图模板

两方八维绩效–薪酬对接平衡卡评价体系，以此作为沟通手段统筹兼顾、上下贯通为组织行为寻找平衡点，从而将个人、团队和整个组织有机整合起来，进行价值理性驱动的绩效薪酬整合战略管理。

其次，基于BSC–BCC双卡对接战略路线图，可以通过设计“双卡对接轮盘”为各类组织不同类型的战略落地及运营管理模式提供相应的基础性操作平台。首先，为了便于描述实操套路及程序，我们首先给出一个可称作“双卡对接轮盘”的技术操作工具（见图5–13）。

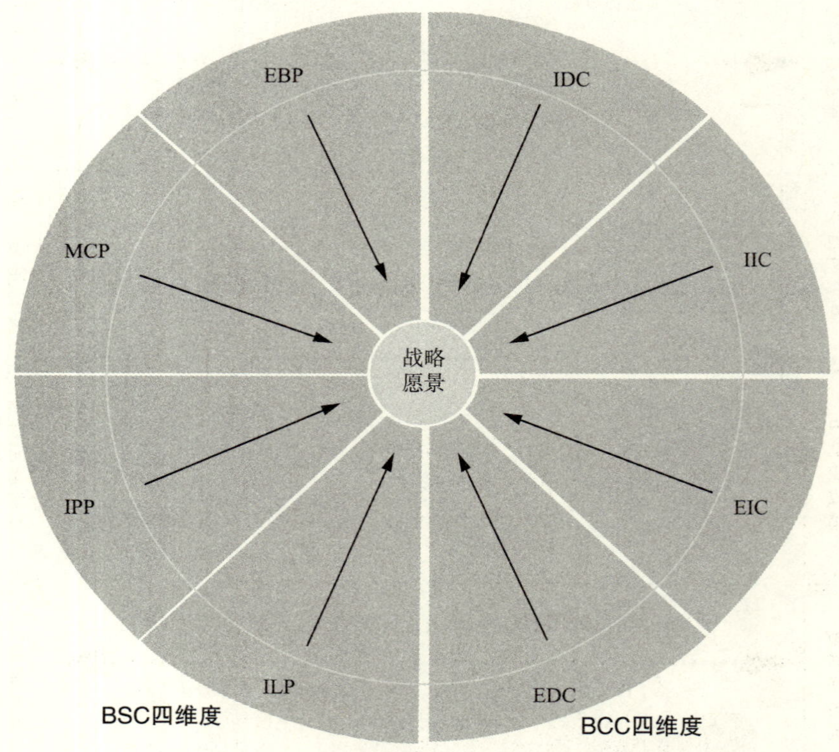

图 5–13　BSC–BCC 双卡对接轮盘基础模板

在轮盘中，左半部表示平衡计分卡（BSC）四个维度，从下到上分别是学习创新维（ILP）、内部流程维（IPP）、市场客户维（MCP）和经济效益维（EBP）；右半部表示平衡计酬卡（BCC）四个维度，从下到上分别是外在直接维（EDC）、外在间接维（EIC）、内在间接维（IIC）和内在直接维（IDC）。双卡八个维度所指向的中心位置，表示组织战略愿景及目标。其中，左右两卡对角线两个维度表示主对接关系，其他非对角维度表示辅助对角关系。例如，平衡计分卡中的学习创新维（ILP）与平衡计酬卡中的内在直接维（IDC）直线相对成主对接关系，内部流程维（IPP）与内在间接维（IIC）直线相对成主对接关系。主对接关系表示BSC与BCC双卡之间两两相对的维度链接，相对于其他非对角维度的链接，在技术性质及激励机制设计上具有较显著的契合性、相关性，故前者如果称作“主导对接关系”，那么后者就可称作“辅助对接关系”。

基于双卡对接轮盘模板，就可以针对不同类型组织战略愿景目标导向及实际运作情景，检核其绩效薪酬及各维度相互对接匹配的程度及问题，有针对性地制定和实施绩效薪酬整合战略及管理模式。下面我们就几种典型的组织类型及绩效薪酬整合管理模式落地实施情景，做简要说明。

一、内驱型绩薪整合模式

一个组织，如果以激发员工工作本身内在价值意义（包括工作内涵性意义、主体性意义、职业性意义和社会性意义）、特别是自主创新学习精神为主导动力，以使组织走在行业发展、产业升级和科技创新前沿并得以保持，由此形成的绩薪整合战略管理模式，我们称为“内驱型”模式。

基于双卡对接轮盘模板，内驱型绩薪整合模式设计以“ILP–IDC”主导对接关系为轴心，同时一一辐射其他辅助性非对角关系，进行分维度问题检核、对接匹配和协同联动体系设置（见图5-14）。一方面，从BSC角度来看，要基于组织创新学习战略愿景，以内在直接薪酬为主动力，为绩效提升打下扎实的创新学习根基，并在此基础上一一检核内部流程、市场客户与经济效益三个维度上绩效目标、指标体系设置的契合性，调整并设置与之契合的绩效综合平衡衡量体系；另一方面，再从BCC角度，回答符合组织创新

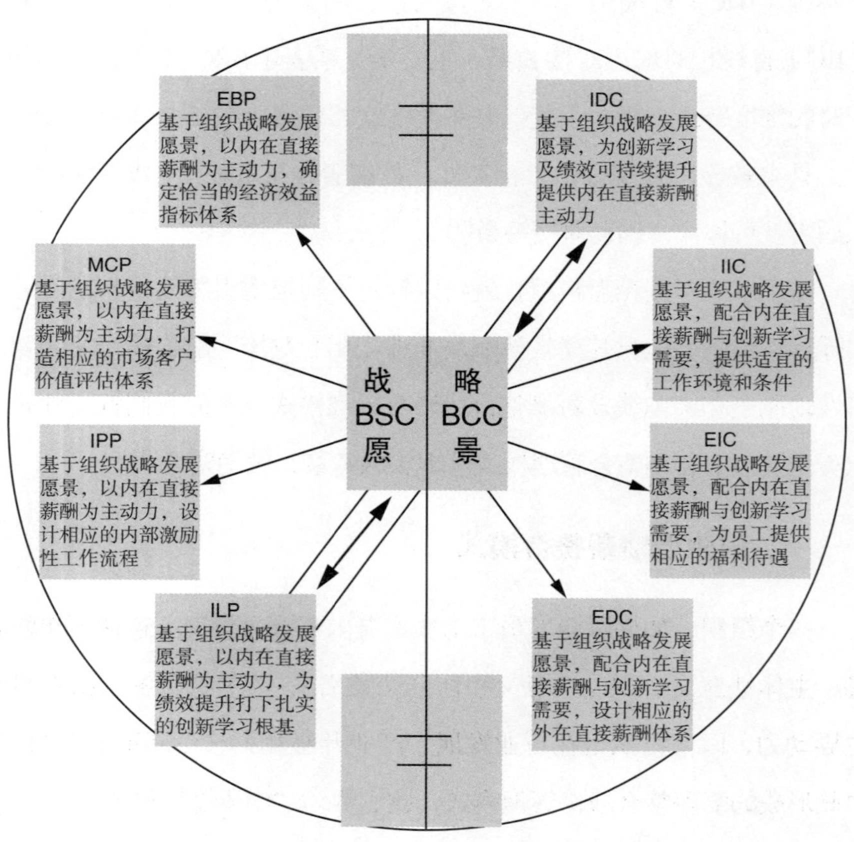

图5-14　内驱型组织BSC-BCC双卡对接轮盘设计模板

学习战略愿景目标要求，特别是为员工自主创新学习以及团队和整个绩效可持续提升，应该提供什么样的内在直接薪酬主动力，并配合这种内在直接薪酬与创新学习需要，其他三个薪酬维度，包括内在间接薪酬（工作条件）、外在间接薪酬（福利）和外在直接薪酬（工资薪水及各类绩效薪酬），应该一一做出什么样的调整和变革，以及与之相匹配的薪酬体系究竟是什么。

一般来说，内驱型绩薪整合模式有 3 个基本特征：（1）绩效评估以员工自主创新学习为导向和准则，在组织层级上以个人创新周边绩效、团队学习协同绩效和组织长期卓越绩效为贯通整合要则，在时序动态上强调立足内部高绩效工作流程满足客户价值诉求需要以追求长期可持续高收益为要则，进而设置相应的关键卓越绩效指标体系；（2）薪酬设计强调员工在工作过程中直接从创新学习活动中获得精神动力的内在激励意义，同时注意营造有利于个体多元化自由创新学习的组织氛围、薪资体系与长期股权激励计划；（3）绩效薪酬对接整合设计以“高绩效、高激励创新学习型工作系统”为主轴和主线，以工作为直接原动力带动绩效提升、拉动薪酬平衡，进而驱动绩效与薪酬实现高层次、高水平、高境界的融合。

在实践中，一些互联网数字化高科技公司（如微软、谷歌、摩托罗拉、华为、中兴通讯、联想等），还有一些具有长期卓越历史并处于变革创新状态的大型跨国公司（如青啤等），其绩效薪酬整合战略管理往往属于或适合于这种内驱型模式。

二、中和型绩薪整合模式

一个组织，如果主要以满足员工满意的工作条件和福利待遇为基本原则，以获取和保持组织长期稳定和谐发展动力，由此形成的绩薪整合战略管理模式，我们称为“中和型”模式。

基于双卡对接轮盘模板，内驱型绩薪整合模式设计以“IPP–IIC”与“MCP–EIC”两个主导对接关系为轴心，同时辐射其他两个辅助性非对角关系，进行分维度问题检核、对接匹配和协同联动体系设置（见图5–15）。首先，从BSC角度来看，要基于组织长期稳定和谐发展战略愿景，以工作条件及福利待遇为主导激励机制，设置内部工作流程及外部市场客户价值评估体系，同时一一检核并解决更根本性的学习创新维度以及更外在的经济效益维度在目标、指标体系设置和运作流程上存在的问题。其次，再从BCC角度，回答适应内外部利益相关者群体（员工与客户）价值诉求的高绩效工作系统建设需要，应该提供什么样的工作条件及福利计划，以及为配合这种需要其他两个直接薪酬维度，包括内在直接薪酬（工作意义）、外在直接薪酬（工资薪水及各类绩效薪酬），应该一一做出什么样的调整和变革，以及与之相匹配、契合的薪酬体系究竟是什么。

一般来说，中和型绩薪整合模式有3个基本特征：（1）绩效评估以内部工作流程和外部客户价值为重心，以外部客户价值创造为导向检核内部工作流程关键绩效驱动因素，同时兼顾创新学习与经济效益，因而既能内外兼顾又具有可行性；（2）薪酬设计强调构建和谐的组织人文氛围、优越舒适的工作环境和优厚平等的福利待遇，以此为出发点考虑工作本身的激励性意义，以及基本薪酬体系及适度绩效薪酬挂钩设计；（3）绩效薪酬对接整合设计以“福利性工作条件”的为主轴和主线，强调以福利留人、以优越的工作条件吸引人才，以便争取达到一种绩效薪酬“务实和合”的协同状态。目前，国内很多国有企业、国家机关事业单位，其绩效薪酬整合战略管理往往属于或适合于这种中和型模式。

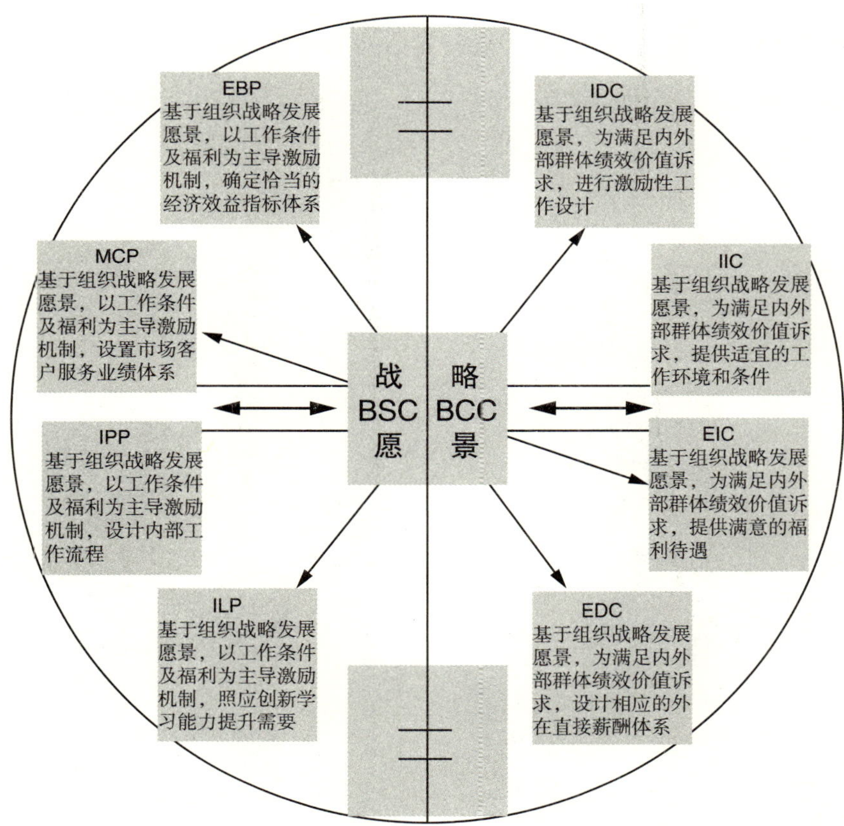

图 5-15　中和型组织 BSC-BCC 双卡对接轮盘设计模板

三、外驱型绩薪整合模式

一个组织，如果以外在直接薪酬，特别是与绩效直接挂钩的传统外在薪酬项目以及短期财务业绩目标为主轴线，来设计其绩薪整合战略管理模式，我们称为“外驱型”模式。

基于双卡对接轮盘模板，外驱型绩薪整合模式设计以“EBP–EDC”主导对接关系为轴心，同时一一辐射其他辅助性非对角关系，进行分维度问题检核、对接匹配和协同联动体系设置（见图5–16）。其基本思路是：首先，

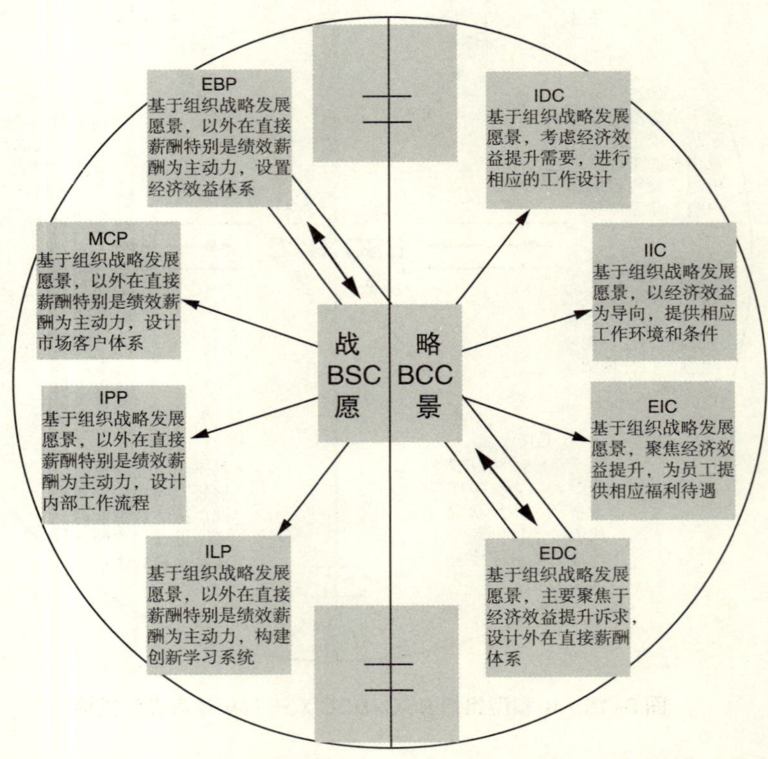

图 5–16　外驱型组织 BSC–BCC 双卡对接轮盘设计模板

从BSC角度来看，基于特定的财务改善和调整需要，以外在直接薪酬特别是与绩效直接挂钩的薪酬项目为底盘，设置与之匹配的经济效益指标体系，并在此基础上的由外而内依次检核市场客户、内部流程与创新学习三个维度上的绩效评估体系；其次，从BCC角度来看，在进行薪酬设计时，主要聚焦于特定财务业绩提升诉求，重点设计外在直接薪酬特别是绩效薪酬体系，同时兼顾福利计划实施，以及工作本身的内外在激励性设计；最后，考虑到长期战略愿景的可持续性要求，在双卡对接意义进行试错性调整和平衡，最终实现特定的绩薪整合目标。

一般来说，外驱型绩薪整合模式有3个基本特征：（1）组织管理当局特别注重外在功利性运营目标，绩效评估体系及运作机制以经济效益维度为重心；（2）薪酬体系以岗位绩效工资为主体，强调薪资收入与工作业绩或经济效益指标直接挂钩；（3）绩效薪酬整合以“短期雇佣，工效挂钩，胡萝卜加大棒”为基本指导思想和运作管理模式，员工个人诉求与组织目标要求处于一种外在、游离、短期功利性对接状态。

目前中国正处于转型期，长三角、珠三角地区诸多低端中小制造企业，甚至像富士康这样的著名高科技代工企业，以及各种无处不在、尚没有发展到一定规模，形成现代企业管理规范的零售及餐饮等生活服务类企业，往往采取的是这种外驱型绩效薪酬管理模式。事实上，很多企业还远谈不上在“战略”层面上将绩效与薪酬进行有效对接、有机整合。

一个组织究竟导入实施什么样的绩薪整合模式，要综合考虑组织性质、行业类型、发展阶段、规模大小及战略导向等因素（见表5–2）。例如，组织战略导向如果是“学习创新”，则选择内驱型模式较为合适；如果以“稳定发展”为战略导向，则选择中和型模式可能较为恰当；如果是“成本效益”战略导向，则选择外驱型绩薪整合模式较为匹配（见图5-17）。

表5-2 组织BSC-BCC双卡对接绩薪整合模式选择影响因素（示意）

发展阶段（规模大小） 组织性质及行业类型		初创期 （小微型）	成长期 （大中型）	成熟期 （巨大型）
组织性质	工商企业	典型外驱型	偏外中和型	偏内中和型
	事业单位	偏内中和型	偏内中和型	典型内驱型
	政府机关			
行业类型	制造业	玖龙纸业		富士康
	服务业			
	高科技产业	百度、阿里巴巴	联想	微软

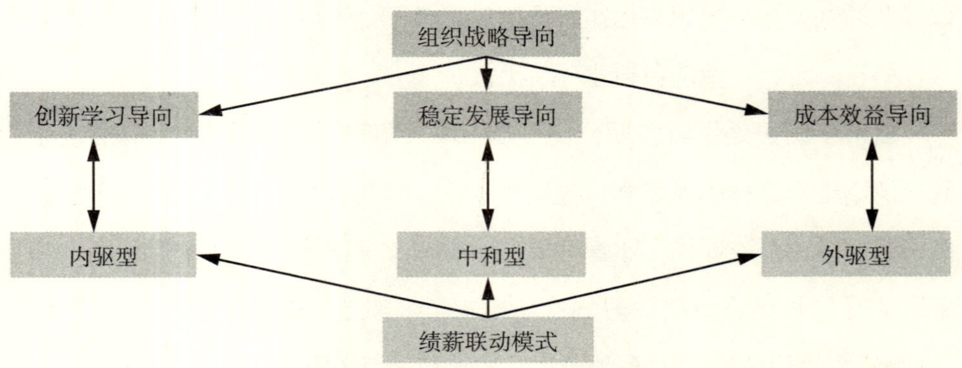

图5-17 不同战略导向下的组织BSC-BCC双卡对接联动整合模式选择匹配

最后，在落地实施操作层面，要在BSC-BCC双卡对接、绩薪联动意义上重新诠释戴明环、改造目标管理基础平台（见图5-18），使绩效薪酬目标管理在组织、部门（团队）及个人三层次上下贯通起来，整合联动，循序推进，层层落实。

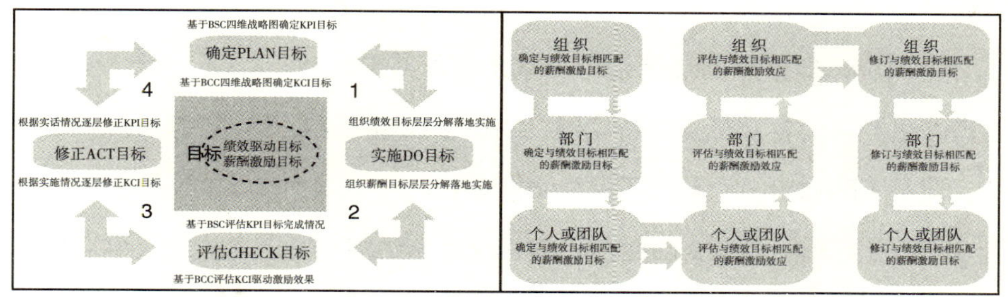

图 5–18　基于 BSC–BCC 双卡对接绩薪联动的戴明环及目标管理操作流程

具体地说，基于BSC–BCC双卡对接的绩薪整合战略管理同步联动落地实施流程（图5–19所示），就薪酬管理操作层面来说，大致有五大步骤：

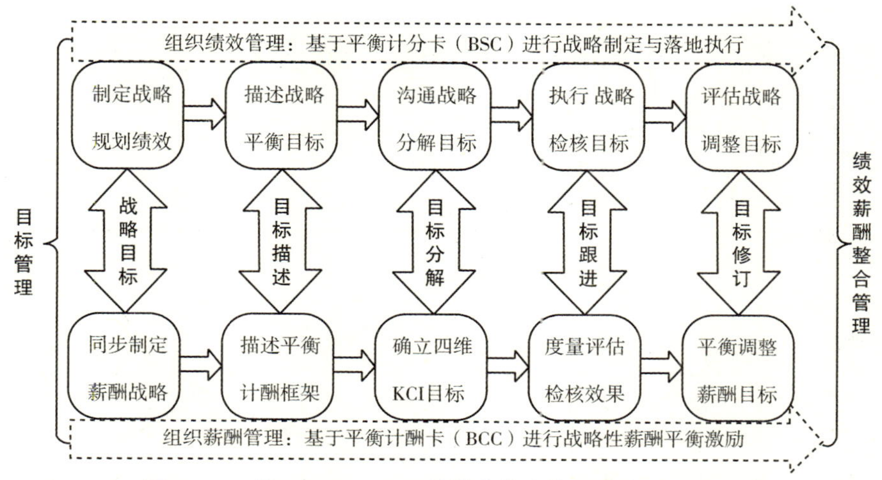

图 5–19　基于 BCC–BSC 的绩薪整合管理同步实施流程

第一步，同步制定薪酬战略。在制定组织战略的同时，根据战略目标的具体设置和战略规划，同步制定广义薪酬战略。既要使薪酬战略能支撑总体战略并与之相衔接，又要全面考虑员工需求，从广义视角出发制定薪酬管理战略。

第二步，描述平衡计酬框架。基于组织战略目标的描述，就广义薪酬管理战略与各类各层员工进行沟通，向员工描述广义薪酬的四维平衡计酬框架，让员工明白自己的薪酬回报总体框架。

第三步，确立四维KCI目标。在四维平衡计酬框架基础之上，对各维度的具体薪酬项目加以界定，并设立各维度的关键计酬指标（KCI），结合员工的绩效目标分解及关键业绩指标（KPI）的设置情况，确定各维度KCI的具体目标值，形成与KPI目标体系对应的KCI目标体系。

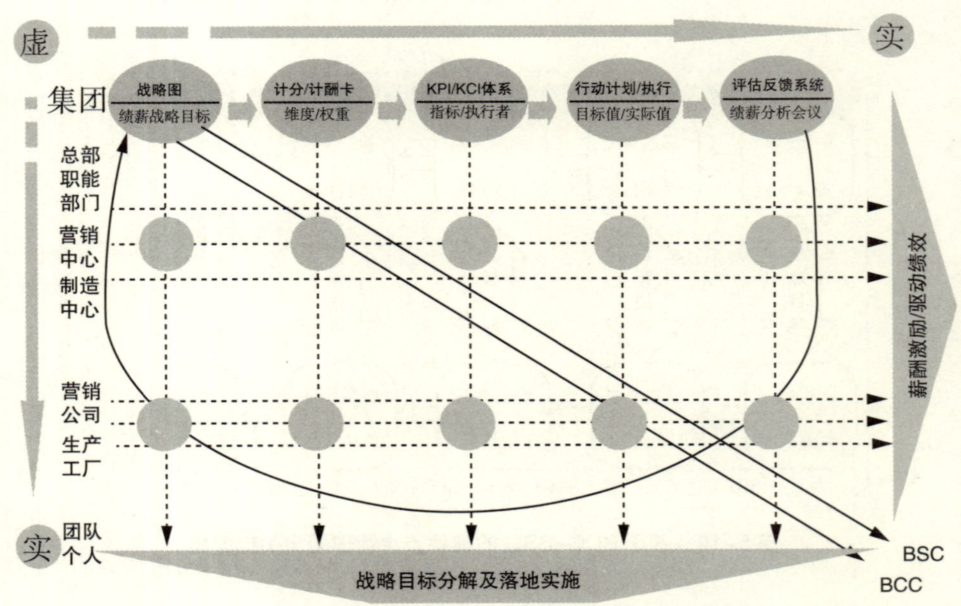

图 5-20 基于 BCC-BSC 双卡对接三层次贯通绩薪整合管理落地实施示意图

第四步，度量评估并检核效果。对照绩效目标跟进阶段性完成情况，定期度量薪酬各维度KCI，评估KCI目标体系的实际情况，通过四维KCI的度量和评估对四维薪酬平衡激励的实际效果进行检核。检核内容包括实际绩效任务及目标的完成情况和员工对四维薪酬激励的满意度及平衡感知。

第五步，平衡调整薪酬目标。在一个周期或阶段的战略执行之后，对照战略实施评估及战略目标的修订，根据整个周期或阶段对四维KCI目标体系的度量及薪酬激励效果的检核与评估结果，动态调整下一个战略周期或推进阶段的四维KCI目标体系，平衡调整新的薪酬管理战略。

此外，要整合提升组织战略管理水平，特别是构建完善的人力资源战略管理框架体系（见图5-21），还要注意将绩效薪酬整合管理与其他HR职能模块对接起来，做好各自的功能定位，使各个HR职能模块都能够围绕BSC-BCC双卡对接绩薪整合功能要求开展日常管理工作，从而形成一个动态有序联动的操作系统。

第六节　因势变通：成功导入实施BCC须具备的五大组织条件

导入实施BCC，在实际操作层面遇到的困境，与BSC极为相似：现实组织于战略执行中往往存在愿景沟通、激励机制、资源配置及运营管理等诸多障碍，导致本来很好的工具成为“好看不好用的花瓶”。在实践中，按照双向四维五步薪绩协同联动基础架构，探索“绩效－薪酬挂钩联动架构，BSC-BCC双卡对接导入，激励焦点模块对偶设计，战略激励水平整合提升”具体导入实施的可行路径和模式，需要着重解决如下几个关键性操作难题：

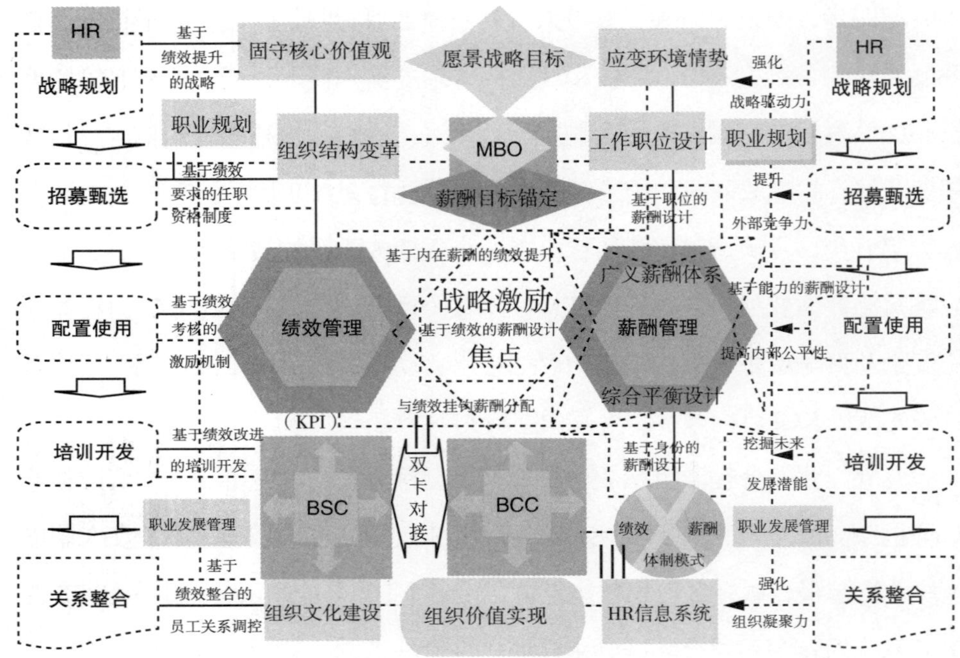

图 5-21 基于 BCC-BSC 双卡对接绩薪整合的 HR 战略管理框架体系

（1）如何在最高管理层的激发和支持下进行愿景阐释，从检核组织使命、核心价值观开始，通过绘制BSC-BCC战略图，将共同愿景转化为战略规划，进而将之具体化为四维八方平衡卡评价体系？（2）怎样实现有效沟通、变革与整合，使企业每个成员都能够深刻理解组织的战略思维，并获得激励去帮助组织实现战略目标，从而将他们的日常行为和实现战略目标联系起来，使他们能够自觉而经常地去发现新的、具有创意的、往往是跨部门或跨单位的机会？（3）领导如何推动开发，团队怎么监控实施，从而将组织的高层战略愿景目标以某种方式转化为经营单位、团队和个人的行动目标和具体评价指标？（4）如何实施绩效反馈，持续改进薪酬激励机制，根据执行结果自下而上及时反馈信息，适时调整组织战略方向，矫正战略管理偏差，进而修正经营单位或个人原定目标和评价指标，以确保组织经营活动在战略上持续稳定地进行？

换句话说，导入实施BCC并构建绩薪整合管理框架须具备五个组织条件（见图5–22）。

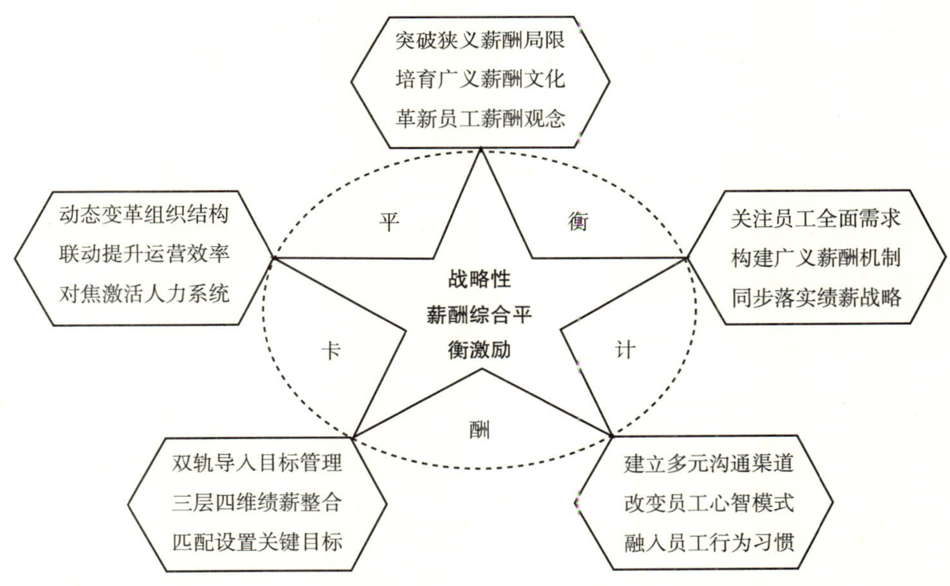

图5–22　成功导入实施BCC须具备的五大组织条件

其一，突破狭义薪酬局限，培育广义薪酬文化，革新员工薪酬观念。BCC是建立在广义薪酬概念基础之上的新型战略性薪酬综合平衡激励工具，运用此工具必须首先在组织内部创造一种从上到下都能接受、认可并积极支持的广义薪酬观念。为此，作为组织领导者，必须首先突破传统狭义的货币薪酬局限，通过培育广义薪酬的组织文化，引导和鼓励员工重视非经济物质回报给生活带来的积极效用，通过举办相关的活动推动广义薪酬文化的发展，革新员工的薪酬观念。这是BCC赖以应用的基础，没有广大员工的认可和接受，BCC就不可能成为管理者手中的综合平衡激励系统工具。

其二，关注员工全面需求，构建广义薪酬机制，同步落实绩薪战略。组织高层管理者要摆脱只追求绩效目标、重视金钱刺激的传统管理模式，真正关注员工全面的需求，在战略性广义薪酬激励理念指导下，在组织内构建多维广义薪酬激励机制，将广义薪酬观念文化制度化，并与多维平衡绩效管理机制相结合，同步落实绩效和薪酬管理战略。

其三，建立多元沟通渠道，改变员工心智模式，融入员工行为习惯。管理者在组织内应建立多元化的沟通渠道，通过主动与员工交流，传播平衡计酬卡的核心思想，逐步改变员工的心智模式，让这种广义薪酬理念、平衡计酬卡方法、绩薪整合联动的管理思想及模式融入员工的行为习惯。另一方面，绩效管理和薪酬管理，对应到每一位员工身上都有双重的自我目标管理，绩效目标和薪酬目标都需要上下级的沟通与协商，尤其是关于薪酬目标的沟通，对于员工来讲，存在“天然”的弱势屏障。因此，只有建立多元化的沟通渠道，才能使员工“有据可依、有道可循”地与各级管理层进行顺畅的沟通。

其四，双轨导入目标管理，三层四维绩薪整合，匹配设置关键目标。运用目标管理思想及方法进行绩效管理和薪酬管理，双轨导入目标管理机制，构建三层四维关键绩薪整合战略管理体系，有效制定“绩效—薪酬”双轨并行目标，即以战略为导向，合理设置“KPI–KCI”关键指标系统及目标体系。

其五，动态变革组织结构，联动提升运营效率，对焦激活HR职能系统。对组织结构进行以战略为导向的动态调整与变革，使其适合绩薪整合管理系统核心驱动功能的发挥。同时，不断优化和提升以“绩薪整合管理”为核心的组织运营管理效率与水平，并通过绩薪对焦管理，纲举目张，全面带动各个人力资源管理职能系统高效运转。

总之，要成功导入实施BCC，须认真做好五项战略变革性工作，即组织管理者要摆脱传统战略局限，真正从员工个人诉求出发，构建广义薪酬综合平衡激励机制；将广义薪酬概念及BCC真正贯穿到日常工作中并为广大员工所认可和接受，塑造其心智模式和行为习惯；大刀阔斧进行组织结构变革，构建三层四维关键目标绩薪整合战略管理体系；将绩效与薪酬作为焦点职能模块纲举目张，全面带动各个HR模块整合，提升运营管理水平；循序渐进形成有利于绩薪综合平衡联动、可持续发展的组织文化模式。

第六章
平衡计酬卡向何处去

前景是广阔的，道路是曲折的，欲出成果是要付出努力的。从BSC到BCC，从理论逻辑到实践操作，尚有一系列技术难题需要破解，这将是一个需要业界同人坚忍不拔齐心协力才会有所收获的艰辛探索历程。

第一节　立足本土：紧接地气，做足“中国功夫”

我国虽然具有数千年悠久历史，但由于长期闭关锁国，近代又突然遭遇西方文明尤其是科学技术浪潮冲击，在今天，无论是自然科学技术还是人文社会科学领域，包括经济学和管理学界，尤其是精英人士“言必称希腊，文必引英美”几为常态。

笔者也不例外，无论是个人学习生活还是学术研究活动中，长期缺乏自信心，虽然没“底气”但还算接“地气”，直面中国转型期改革与发展实践，做了数十年的艰辛探索和学术积累；特别是近十余年来，研究对象从宏观国民经济管理逐渐转向微观组织特别是企业管理，变得更加谨慎，真可谓“好好学习，天天向上”，总算略有所得。2009年，笔者在卡普兰、诺顿BSC基础上首次提出BCC，并在此基础上又进行了五六年研发，此专著就是由此而收获的。

“世界潮流，浩浩荡荡，顺之者昌，逆之者亡。”在当今世界早已步入移动互联网大时代之时，笔者深知以开放的心态，广泛学习人类文明成果，特别是顶级管理学家及世界大公司、大组织先进管理实践经验的必要性和重要性，同时也明白，立足“中国本土”、直面“中国现实”、做足“中国功夫”去老老实实解决“中国问题”，乃在学术生物链中得以生存并最终“自立于世界民族之林”的血脉之根。这也是BCC最终能够成功走出国门、反哺西洋、普惠全球的根本出发点、立足点和归宿。

为此，笔者接下来会进一步踏踏实实做足“中国功夫”，拟马上着手研究的课题便是：选择若干家不同类型的典型组织，进行多案例比较研究和导入落地试验研究。本土企事业单位组织管理中长期存在的功利主义文化导向、工具主义人事情态和家长主义威权控制，对于成功导入实施BCC无疑是一种巨大的挑战。对此，必须有充分的思想准备和坚韧耐心，勇于面对现实，深入工商企业、教科文卫事业单位及各级政府机构管理一线，直面各种商业生态和管理情境中的工具理性、急功近利导向与官本位恶劣影响，以及由此导致的一系列“艰难困苦”管理困境，通过导入实施BCC从根本上解决现实突出矛盾与深层症结问题。

第二节　走向世界：带着自己厚积薄发的自信将BCC推向国际社会

“世界那么大，我想去看看。”

这据说是史上最牛的辞职信，之所以成为网络流行语，是因为它反映出国人“开放好奇自信满满而又带点忐忑不安”的普遍心理。同样，作为中国学人，要将BCC带出国门、走向世界，最需要的就是长期厚积而自然薄发的自得和自信。

精神不倒基业才会长青，坚守核心价值观，以不变应万变，是一切基业恒久弥新的成功秘诀。我们将坚持不懈地追求“人本价值，京师品味”，始终如一地做好“放眼全球视界，脚踏本土地界，走向卓越境界”的三界修炼，自信满满地带着BCC走向精彩的外部世界。

在推广实施BCC过程中，需要始终谨记并牢牢遵守如下三大操作准则或要领：其一，组织高层要通过领导激发，以人力资源管理部门为主导，促使各级管理者及员工紧密配合，建立一整套以“绩效薪酬战略性对接整合”为核心任务的新型目标管理体系；其二，逐层逐级贯通设置绩效薪酬整合目标体系，明确整个组织下一工作周期的总目标和任务，各单位与组织领导共同商定各部门或团队的工作目标，部门或团队主管与下属员工协商，确定每个员工的个人目标，即为实现本部门或团队目标任务自己须做出什么样的贡献；其三，目标绩效薪酬整合管理面临的基本任务是，如何将个人、团队和组织三个层次的绩效指标与薪酬项目同步整合置于统一的目标管理平台上加以评估、反馈和监控。

应该看到，BCC从理论逻辑到实践操作，虽然都有BSC的“前车之鉴”，但毕竟是一个“革命性”的理念工具或思想方法，在其导入实施的过程中尚有一系列技术难题需要破解，而这将是一个需要业界同人坚忍不拔齐心协力才会有所收获的艰辛探索历程。

本书只是个引玉之砖，期待HR理论界及实业界同人多多批评指正！

参考文献

阿德斯金 T. 绩效管理案例与评析[M]. 北京：电子工业出版社，2007.

阿吉斯 H. 绩效管理[M]. 北京：中国人民大学出版社，2008.

阿尔钦 A，诺斯 D等. 财产权利与制度变迁：产权学派与新制度学派译文集[G]. 上海：上海三联书店，1994.

艾什比 M.D，迈尔斯 D.A. 领导：全球顶级CEO的领导智慧[M]. 沈阳：辽海出版社，2003.

安东尼 W.P. 人力资源管理：战略方法[M]. 北京：中信出版社，2004.

贝克尔 G.S. 人类行为的经济分析[M]. 上海：上海三联书店，1993.

贝克 B.E等. 人力资源计分卡[M]. 北京：机械工业出版，2003.

布雷克 J.A等. 管理经济学与组织架构[M]. 北京：华夏出版社，2001.

彼得斯 L等编. 布莱克韦尔人力资源管理学百科辞典[M]. 北京：对外经济贸易大学出版社，2002.

伯杰 L.A薪酬手册（第4版）[M]. 北京：清华大学出版社，2006.

巴德 J.W. 人性化的雇佣关系[M]. 北京：北京大学出版社，2007.

克拉克. 财富的分配[M]. 北京：商务印书馆，1983.

艾力格 B.H. 经理薪酬完全手册[M]. 北京：中国财政经济出版社，2004.

弗莱伯格 K，弗莱伯格 J. 我为伊狂[M]. 北京：中国社会科学出版社，2005.

格林豪斯 J.H等. 职业生涯管理[M]. 北京：清华大学出版社，2006.

格拉斯曼 D，华彬编.EVA革命：以价值为核心的企业战略与财务、薪酬管理体系[M].北京：社会科学文献出版社，2002.

柯武钢 W，史曼飞 M.E.制度经济学：社会秩序与公共政策[M].北京：商务印书馆，2002.

科斯 R.H.论生产的制度结构[M].上海：上海三联书店，1994.

柯林斯 J，波勒斯 J.I. 基业长青[M].北京：中信出版社，2002.

柯林斯 J. 从优秀到卓越[M].北京：中信出版社，2002.

克雷纳 S. 管理百年[M].北京：海南出版社，2003.

柯武钢 W，史曼飞，M.E.制度经济学：社会秩序与公共政策[M].北京：商务印书馆，2002.

达夫特 R.L. 组织理论与设计精要[M].北京：机械工业出版社，1999.

丹哈特 R.B. 公共组织理论[M].北京：华夏出版社，2002.

德鲁克 P.F. 管理：任务·责任·实践[M]. 北京：中国社会科学出版社，1987.

德鲁克 P.F. 管理的实践[M].北京：机械工业出版社，2006.

德鲁克 P.F. 非营利组织的管理[M].北京：机械工业出版社，2007.

德鲁克等. 公司绩效测评[M].北京：中国人民大学出版社，1999.

德鲁克基金会编.未来的组织[G].北京：中国人民大学出版社，2006.

德鲁 H等.精益之道[M].北京：机械工业出版社，2007.

赫斯特 D.K. 危机与振兴：迎接组织变革的挑战[M].北京：中国对外翻译出版公司，1998.

亨利 N.公共行政与公共事务（第7版）[M].北京：华夏出版社，2002.

欣德尔 T.管理思想[M].北京：中信出版社，2004.

休斯 O.E.公共管理导论[M].北京：中国人民大学出版社，2001.

休斯理德 M.A.等.员工计分卡：为执行战略而进行人力资本管理[M].北京：商务印书馆，2005.

伊万切维奇，J.M. 赵曙明.人力资源管理[M].北京：机械工业出版社，2005.

卡普兰，诺顿.战略中心型组织[M].北京：人民邮电出版社，2004.

科特勒 P.等.企业的社会责任[M].北京：机械工业出版社，2006.

洛赛 M等.人力资源管理的未来[G].北京：高等教育出版社，2006.

穆勒 J.政治经济学原理及其在社会哲学上的若干应用[M].北京：商务印书馆1991.

米尔科维奇 G.T，纽曼 J.M.薪酬管理[M].北京：中国人民大学出版社，2002.

明茨伯格.战略历程[M].北京：机械工业出版社，2006.

马歇尔 A.经济学原理[M].北京：商务印书馆，1964.

马尔托奇奥 J.J.战略薪酬管理[M].北京：中国人民大学出版社，2005.

梅纳尔 K.制度、契约与组织：从新制度经济学角度的透视[G].刘刚等，译.北京：经济科学出版社，2003.

明兹伯格 H.管理者而非MBA[M].北京：机械工业出版社，2005.

麦克南 C.R等.当代劳动经济学（第六版）[M].北京：人民邮电出版社，2004.

野中郁次郎，竹内广隆.创造知识的公司：日本公司是如何建立创新动力学的[M].北京：科学技术部国际合作司编译，1999.

诺斯 D.C. 制度、制度变迁与经济绩效[M].上海：上海人民出版社，1994.

诺伊 R.A.等.人力资源管理：赢得竞争优势[M].北京：中国人民大学出版社，2001.

大内.Z理论：美国企业界怎样迎接日本的挑战[M]. 北京：中国社会科学出版社，1984.

尼文 P.R.平衡计分卡实用指南[M].北京：中国财政经济出版社，2003.

奥斯本 D，普拉斯特里克 P. 摒弃官僚制：政府再造的五项战略[M].北京：中国人民大学出版社，2002.

普特曼 L，克罗茨曼R.S.企业的经济性质[G].上海：上海财经大学出版社，2000.

派恩斯 J.E. 公共和非营利组织的人力资源管理[M].王孙禺，达飞，译.北京：清华大学出版社，2002.

彼德斯 T.沃特曼R.H.追求卓越[M].北京：中央编译出版社，2003.

潘德 P.S等.6σ管理法：追求卓越的阶梯[M].北京：机械工业出版社，2001.

青木昌彦.比较制度分析[M].周黎安，译.上海：上海远东出版社，2001.

罗斯金 M.G等.政治学[M].北京：华夏出版社，2002.

罗宾斯 S.P.组织行为学（第七版）[M].北京：中国人民大学出版社，1996.

斯密 A.国民财富的性质和原因的研究[M].北京：商务印书馆，1972.

赛拉蒙 L.M.等.全球公民社会：非营利部门视界[M].北京：社会科学文献出版社，2002.

斯蒂格利茨 J.E.经济学[M].北京：中国人民大学出版社，1997.

泰勒 F.W. 科学管理原理[M].北京：中国社会科学出版社，1984.

韦尔奇 J等.杰克·韦尔奇自传[M].北京：中信出版社，2002.

韦尔奇 J等.赢[M].北京：中信出版社，2002.

威勒 A，西巴瑟 M.利益相关者公司[M].北京：经济管理出版社，2002.

威尔逊 T.B.薪酬框架：美国39家一流企业的薪酬驱动战略和秘密体系[M].北京：华夏出版社，2001.

沃尔德曼 D.A，阿特沃特 L.E. 360° 反馈：方法与案例[M].北京：人民邮电出版社，2004.

沃麦克 J等.改变世界的机器[M].北京：商务印书馆，1999.

沃麦克 J等.精益思想[M].北京：机械工业出版社，2008.

沃克.人力资源战略[M].北京：中国人民大学出版社，2001.

威茨曼 M.分享经济[M].北京：中国经济出版社，1986.

雷恩 D.A. 管理思想的演变[M].赵睿等，译.北京：中国社会科学出版社，2000.

扬 S.D，奥伯恩 S.F. EVA与价值管理：实用指南[M].北京：社会科学文献出版社，2002.

安鸿章.工作岗位的分析技术与应用[M].天津：南开大学出版社，2001.

毕意文，孙永玲.平衡计分卡中国战略实践[M].北京：机械工业出版社，2003.

宝利嘉顾问.战略执行：平衡计分卡的设计和实践[M].北京：中国社会科学出版社，2003.

程恩富.公平与平等不能划等号[J].中国经济导报，2002.10.19.

董克用.中国转轨时期薪酬问题研究[M].北京：中国劳动社会保障出版社，2003.

邓国胜.非营利组织评估[M].北京：社会科学文献出版社，2001.

段钢.基于战略管理大绩效考评[M].北京：机械工业出版社，2007.

付亚和，许玉林.绩效管理[M].北京：复旦大学出版社，2003.

邱则奇.什么是社会学[M].北京：北京大学出版社，2002

官有垣等.第三部门评估与责信[M].北京：北京大学出版社，2008.

国家统计局北京调查总队，北京市统计局.北京市居民时间利用情况调查报告.北京市统计局网站，2009-03-19.

侯文若，孔泾源.社会保险[M].北京：中国人民大学出版社，2002.

黄有光.经济与快乐[M].大连：东北财经大学出版社，2001.

宋晓梧.中国社会保障体制改革与发展报告[R].北京：中国人民大学出版社，2001.

李宝元.战略性激励：现代企业人力资源管理精要（第一版，第二版）[M].北京：经济科学出版社，2002，2005.

李宝元.组织行为学通论[M].北京：清华大学出版社，北京交通大学出版社，2008.

李宝元.人力资本论[M].北京：北京师范大学出版社，2009.

李宝元.绩效管理：原理·方法·实践[M].北京：机械工业出版社，2009.

李宝元.薪酬管理：原理·方法·实践[M].北京：清华大学出版社，北京交通大学出版社，2009.

李宝元.人力资源管理通要[M].北京：人民邮电出版社，2010.

李宝元.关于“平衡计酬卡”的构想：基于战略性广义薪酬整合激励的综合平衡设计[J].中国人力资源开发，2011（3）.

李宝元. 现代组织薪酬管理演化的历史脉络及前沿走势——基于历史与逻辑相统一的文献梳理及理论透视[J].财经问题研究，2012（7）.

李宝元等.现代人力资源开发学[M].北京：北京师范大学出版社，2013.

李宝元等.人力资源战略管理[M].北京：清华大学出版社，2013.

李宝元，王文周.从平衡计分卡到平衡计酬卡[J].中国人力资源开发，2013（10）.

李宝元等.绩效薪酬整合管理[M].北京：清华大学出版社，2014.

李宝元等. 中国组织如何打造“战略中心型组织”：基于青啤BSC导入实践的案例研究[J].中国人力资源开发，2013（2）.

李宝元，王文周，焦豪.绩效薪酬整合管理[M].北京：清华大学出版社，2014.

李映洲.外国政府制度[M].兰州：甘肃人民出版社，1993.

李德志.人事行政学[M]，北京：高等教育出版社，2001.

李立清，李燕凌.企业社会责任研究[M].北京：人民出版社，2005.

林泽炎.转型中国企业人力资源管理[G].北京：中国劳动社会保障出版社，2004.

刘爱军.薪酬管理：理论与实务.[M].北京：机械工业出版社，2008.

刘洪.薪酬管理.[M].北京：北京师范大学出版社，2007.

刘俊生.公共人事管理比较分析[M].北京：人民出版社，2001.

陆国泰（主编）.中国公共人事管理[M].北京：中共中央党校出版社，2002.

劳动保障部社会保险研究所，博时基金管理有限公司.中国企业年金制度与管理规范[M].北京：中国劳动社会保障出版社，2002.

马新建.薪酬管理与公平分配[M].北京：北京师范大学出版社，2008.

麦迪.标杆管理及其最佳实践[M].北京：光明日报出版社，2003.

饶征，孙波.以KPI为核心的绩效管理[M].北京：中国人民大学出版社，2003.

石金涛.绩效管理[M].北京：北京师范大学出版社，2007.

水藏玺等.绩效指标词典[M].北京：中国经济出版社，2005.

王名等.中国社团改革：从政府选择到社会选择[M].北京：社会科学文献出版社，2001.

王一江，孔繁敏.现代企业中的人力资源管理[M].上海：上海人民出版社，1998.

王垒等.实用人事测量[M].北京：经济科学出版社，1999.

魏武.我国深化职称制度改革总体思路已初步形成 将积极推进改革试点[J].中国人事报，2008-3-7.

彭剑锋.人力资源管理概论（第二版）[M].上海：复旦大学出版社，2011.

薛求知.行为经济学：理论与应用[M].上海：复旦大学出版社，2003.

杨瑞龙，周业安.企业的利益相关者理论及其应用[M]. 北京：经济科学出版社，2000.

杨春学.经济人与社会秩序分析[M].上海：上海三联书店，1998.

杨瑞龙.论制度供给[J].经济研究，1993（8）.

杨瑞龙，周业安.一个关于企业所有权安排的规范性分析框架及其理论含义：兼评张维迎、周其仁及崔之元的一些观点[J].经济研究，1997（1）

曾湘泉.薪酬：宏观、微观与趋势[M].北京：中国人民大学出版社，2006.

曾湘泉.劳动经济学[M].上海/北京：复旦大学出版社，中国劳动社会保障出版社，2006.

曾湘泉.薪酬管理（第二版）[M].北京：中国人民大学出版社，2010.

张维迎.企业的企业家–契约理论[M].上海：上海三联书店，1995.

张维迎.所有制、治理结构及委托–代理关系[J].经济研究.1996（9）.

张西超.员工帮助计划[M].北京：中国社会科学出版社，2006.

张曙光.论制度均衡和制度变革[J].经济研究，1992（6）.

张宇燕.个人理性与“制度悖论”[J].经济研究，1993（4）.

郑国安等.非营利组织与中国事业单位体制改革[M].北京：机械工业出版社，2002.

周其仁.市场里的企业：一个人力资本与非人力资本的特别合约[J].经济

研究，1996（6）.

卓越编.政府绩效管理导论[M].北京：清华大学出版社，2006.

Andrew Weiss, *Efficiency Wages: Models of Unemployment, Layoffs, and Wage Dispersions*. Princeton, NJ: Princeton University Press, 1991.

Akerlof, G.A., Gift Exchange and Efficiency Wage Theory, *American Economic Review*, 1984, 74: 79-83.

Ahlstrom, P., Blacknon, K. and Voss, C. Benchmarking and Manufacturing Performance:Some Empirical Results. *Business Strategy Review*, Vol.4, 1996.

Baumol, W.J., *Business Behavior, Value and Growth*, New York: Macmillan, 1959.

Bection, J.B., & Schraeder, M. Participant Input into Rater Selection: Potential Effects on the Quality and Acceptance of Ratings in the Context of 360-degree Feedback. *Public Personnel Management*, 2004, 33: 23-32.

Blanz, E., & Ghiselli, E., The Mixed Standard Scale: A New Rating System, *Personnel Psychology*, 1973, 25: 185-199.

Boxwell, R.J. *Benchmarking for Competitive Advantage*.McGraw-Hill, New York, 1994.

Borman, W.C. & Motowidlo, S.J. Expanding the Criterion Domain to Include Elements of Contextual Performance. In N. Schmitt & W.C. Borman (Eds), *Personnel Selection in Organizations*. San Francisco:Jossey-Bass, 1993, pp.71-98.

Borman, W.C., Penner, L.A., Allen, T.D. & Motowidlo, S.J. Personnel Selection in Organizations. *International Journal of Selection and Assessment*, 2001, 9: 52-69.

Brutus, S., London, M., & Martineau, J.The Impact of 360-degree Feedback on Planning for Career Development. *Journal of Management Development*, 1999, 18: 676-693.

Boyatzis, A.R. *The Competent Manager: A Model for Effective Performance*, New York: J, Wiley, 1982, pp.20-21.

Carroll, Archie B. A Three-Dimensional Conceptual Modal of Corporate Performance. *The Academy of Management Review*, 1979, 4（4）.

Carroll, Archie B. The Pyramid of Corperate Social Responsibility:Toward the Moral Management of Organizational Stakeholders.*Business Horizons*, 1991, 34（4）.

Casta, Etal. Environmental and Dispositional Influences on Well-being. *British Journal of Psychology*, 1987, 78: 299-306.

Cohen, G.S., Grad L.H., *Employee Assitance Programs: A Preventive, Cost-effective Benefit*, Journal of Health Care Finance, 1998, Vol. 24, no. 3, pp. 45-53.

Csiernik R. *A Review of Research Methods Used to Examine Employee Assistance Program Delivery Options*. Evaluation and Program Planning. 1995, Vol. 18, No. 1, pp. 25-36.

David B. Balikin, Luis R. Gomez-Mejia, Matching Compensation and

Organizational Strategy, *Strategic Managemnet Journal*, Vol.11, 1990, pp.153-169.

Luis R. Gomez-Mejia, David B. Balikin, *Compensation and Organizational Strategy, and Firm Performance*, South-Western Publishing Co., 1992.

Darlene O' Neill, Blending the Best of Profit Sharing and Gainsharing, *HR Magazine*, March 1994, pp.66-69.

Defillipi, R.J. and M.B.Arthur, The Boundaryless Career:A Competency-based Perpective, *Journal of Organizational Behavior*, Vol.15, No.4, 1994, pp.307-325.

Diener, E.Most People are Happy. *Psychological Science*, 1996, 7 (3): 181-185.

Douglas McGregor, *The Human Side of Enterprise*, New York: McGraw-Hill Book Co., 1960.

Dunlop, John T., *Industrial Relations Systems*, New York: Henry Holt, 1958.

Davis, P., &Rogers, B. Managing the "C" Performer: An Alternative to Forced Ranking of Appraisals. Available Online at http://www.workinfo.com / free/ Downloads/ 150.htm.2005-08-15.

DeNisi, A.S., & Kluger, A.N.Feedback Effectiveness: Can 360-degree Appraisals Be Improved? *Academy of Management Executive*, 2000, 14:129-139.

Elton Mayo, *The Human Problems of an Industrial Civilization*, New York:

Macmillan Co., 1933; —*The Social Problems of an Industrial Civilization*, Boston: Division of Research, Graduate School of Business Administration, Harvard University, 1945.

Flangan, J.C.The Critical Incident Technique, *Pschological Bulletin*, Vol. 51, Iss. 4, 1954, pp.327-358.

Frisch, M.H.Going Around in Circles with "360" Tools: Have They Grown too Popular for Their own Good? *Human Resource Planning*, 2000, 24: 7-8.

Frerman, R.E. *Strategic Management:A Stakeholder Approach.* Boston: Pitman/Ballinger (Harper –Collins), 1984.

Fitz-enz, J. Benchmarking: HR' s New Improvement Tool. *HR Horizons*, 1992, 107: 7-13.

Frigo, M. Stragegy, Business Exccution and Performance Measures, *Strategic Finance*, 2002, 83 (5): 6-8.

Friedman, M. *Capitalism and Freeedom.* Chicago :University of Chicago Press.1962.

George A. Akerlof and Anet L. Yellen (eds.), *Efficiency Wage Models of the Labor Market.* Cambridge: Cambridge University Press, 1986.

Gilboa, I. & Schmeidler, D.Case-based Decision Theory. *Quarterly Journal of Economics* 1995, 110: 605-639.

Glanz, E.& Dailey, L. Benchmarking.*Human Resource Management Journal*, 1993, 31: 9-20.

Gollins, J. *Leader to Leader*, SAN Franciso:Jossey-Bass, 1999.

Haran, R. & Coivin, G. Why OECs Fail. *Futune*, June, 1999, 21.

Harvey Leibenstein, The Theory of Underemployment in Densely Populated Backward Areas, in Harvey Leibenstein, (ed), *Economic Backwardness and Economic Growth*. New York: John Wiley & Sons, 1963.

Hayes, James L. A New Look at Managerial Competenc:The AMA Model of Worthy Performance, *Management Review*, Vol.68, Iss.11, 1979, pp.2-3.

Hartwell, T.D, Steele P ., French, M.T, Potter, F.J, Rodman, N.F, and Zarkin , G..A. Aiding Troubled Employees:The Prevalence, Cost, and Characteristics of Employee Assistance Programs in the United States. *American Journal of Public Health*, June 1996, Vol. 86, No. 6.

Henry L. Gantt, Work, Wage, and Profit. New York: Engineering Magazine Co., 1910.

Herzberg , F., Mausner, B. and Snyderman, B., *The Motivation to work*, New York: John Wiley & Sons, 1959. ; *Work and the nature of man*, Cleveland, OH: World Publishing, 1966.

Joseph E. Stiglitz, The Causes and Consequences of the Dependency of Quality on Price, *Journal of Economic Literature*, March 1987, pp.1-48.

Jensen, M. Value Maximization, Stakeholder Theory and the Corporate Objective Function, *Harvard Business Working Paper*, 2001.

Johnston, J.M. and B.S. Romzek, Contracting and Accountability in State Medicaid Reform: Rhetoric, Theories, and Reality, *Public Administration*

Review, 1999, 59（5）:383-399.

Kaplan, R. and Cooper, R., Make Cost Right: Make the Right Decisions, *Harvard Business Review*, September-October, 1988.

Kaplan, R.S. & Norton, D.P. The Balanced Scorecard: Measures that Drive Performance. *Harvard Business Review*, January-February, 1992.

Kaplan, R.S. & Norton, D.P. Putting the Balanced Scorecard to Work. *Harvard Business Review*, September-October, 1993.

Kaplan, R.S. & Norton, D.P. Using the Balanced Scorecard as a Strategic Management System. *Harvard Business Review*, 1996.

Kaplan, R.S. & Norton, D.P. *The Balanced Scorecard: Translating Strategy into Action.* Harvard Business School Press, Boston, MA, 1996.

Kaplan, R. *Cost and Effect*, Harvard Business School Press, Boston, MA, 1997.

Kaplan, R.S. & Norton, D.P. On Balance, *CFO*, February, 2001, 73-77.

Kaplan, R.S. & Norton, D.P. The Strategy-Focused Organization：How Balanced Scorecard Companies Thrive In The New Business Environment. Harvard Business School Press, Boston, MA, 2001.

Karlof, B. The Benchmarking Management Guide. Productivty Press, Cambridge, MA, 1993.

Kahneman, D., Diener, E. & Schwarz, N.1999. *Well-being: The Foundations of Hedonistic Psychology*. New York: Russell Sage Foundation.

Kaufman, R. The Effects of Improshare on Productivity, *Industrial and*

Labor Relations Review, 45 no.2, 1992, pp.311-322.

Kevin M. Murphy and Robert H Topel, Efficiency Wages Reconsidered: Theory and Evidence, in Yoram Weiss and Gideon Fishelson (eds.), *Advances in Theory and Measurement of Unemployment*. London: MacMillan, 1990.

Lawrence F. Katz, Efficiency Wage Theories: A Partial Evaluation, in Stanley *Fisher* (*ed*), *NBER Macroeconomics Annual 1986. Cambridge*, MA:MIT Press, 1986.pp.235-276.

Lesiur, F.G.. (Ed.), *The Scanlon Plan: A Frontier in Labor-Management Cooperation. Cambridge*, MA:MIT Press, 1958.

Liebfried, K. & McNair, C.J. Benchmarking, *A Tool for Continuous Improvement*, New York:Harper Business, 1993.

Luthans, F. , & Peterson, S.J.360-degree Feedback with Systematic Coaching: Empirical Analysis Suggests a Winning Combination. *Human Resource Management*, 2003, 42: 243-256.

McCarthy, A.M. & Garavan, T.N. 360o Feedback Process: Performance, Improvement and Employee Career Development, *Journal of European Industrial Training*, 2001, 25:5-32.

Marris, R. *The Economic Theory of Managerial Capitalism*, *London:* Macmlllan, 1964.

Maeshall Fein, Improshare: A Technique for Sharing Productivity Gains with Employees. I*n The Compensation Handboo*k, ed. Rock, M.L. and Berger, L.A. New York: McGraw-Hill, 1993, pp.158-175.

Masi, D., Goff , M. *The evaluation of Employee Assistance Programs.* Public Personnel Management, 1987, 16 (4): 323-327.

Martin G. Wolf, Compensation: An Owerview. Lance A. Berger, Dorothy R. Berger, *The Compensation Handbook*, Fourth Edition, McGraw-Hill, 2000, p.41.

Maslow, A.H., *Motivation and Personality*, New York: Harper and Row, 1954.

McCormick, E.J., Jeanneret, P.R.& Mecham, R.C. A Study of Job Characteristics and Job Dimensions as Based on the Position Analysis Questionnaire (PAQ) . *Journal of Applied Psychology*, 1972, 56.

McClelland, D.C.Testing for Competence Rather Than for "Intelligence", *American Psychlogist*, Vov.28, Iss.1, 1973, pp.1-14.

McClelland, D.C.Identifying Competencies with Behavioral Event Interciews, *Psychological Science*, Vol.9, No.5, 1998, pp.311-339.

Ness, J.A. and Cuchzza, T.G., Tapping the Full Potential of ABC. *Harvard Business Review*, July-August 1995.

Oliver Sheldon. The Philosophy of Management, London:Issac Pitman Sons, 1924.

Peter F. Drucker, *The Practice of Management* , New York: Harper & Brathers, 1954.

Porter, L.W. and Lawler, E.F., *Managerial Attitudes and Performance*, Homewood, Ill.: Irwin-Dorsey, 1968.

Peiperl, M.A..Getting 360-degree Feedback Right. *Harvard Business Review*, 79, 147. 2001, January.

Pfau, B., &Kay, I.Does 360-degree Feedback Negatively Affect Company Performance? *HR Managzine*, 2000, 47（6）: 54-59.

Porter, M. How Competitive Forces Shape Strategy, H*arvard Business Review*, March-April, 1979.

Quazi, Ali M. & O' Brien, Dennis. An Empirical Test of a Cross-national Model of Corperote Social Responsibility. *Journal of Business Ethics*, 2000, 25（1）.

Ryff, C.D.Happiness is Everything, or is It? Explorations on the Meaning of Psychological Well-being. J*ournal of Personality and Social Psychology*, 1989, 57: 1069-1081.

Fine, S.A. Functional Job Analysis. T*he Job Analysis Handbook for Business*, *Industry and Government*. Gael, S.（ed.）, New York: John Wiley & Sons, 1988.

Sandver, Marcus H., *Labor Relations: Process and Outcomes*. Boston: Little, Brown and Company, 1987.26-34.

Shapiro, C., Stiglitz, J.E. Equilibrium Unemployment as a Worker Discipline Device, *American Economic Review*, 74, 1984.

Scitovsky, T. *The Joyless Economy: An Inquiry into Human Satisfaction and Consumer Dissatisfaction*. New York: Oxford University Press, 1976.

Spencer, Lyle M. Jr. and Signe M. Spencer, *Competency at Work*, New

York:John Wiley and sons，1993.

Smith，B.J. The Scanlon Plan Revisited: A Way to a Competitive Tomorrow. *Production Engineering*，1986，33：28-31.

Stanwick P.A.，Stanwick S.D. The Relationship Between Corporate Social Performance，and Organizational Size，Financial Performance，and Environmental Performance: An Empirical Examination. *Journal of Business Ethics*. 1998，Vol. 17，pp. 195-204.

Toegel，G.，&Conger，J.A.360-degree Assessment: Time for Reinvention. *Academy of Management Learning & Education*，2003，2：297-311.

Walsh，D.C. Employee Assistance Programs. *Health and Society*. 1982，Vol. 60，No. 3. pp，492-517.

Williamson，O.E.*The Economics of Discretionary Behaviour:Managerial Objectives in a Theory of the Firm*. Englewoood Cliffs，New Jersey:Prenticehall，1964.

Yeung，A. Competencies for Hr Professionals: An Interview with Richard B. Boyatzis，*Human Rasource Management*，Vol.35，Iss. 1，1996，pp.119-131.